佐野日本大学中等教育学校

所在地	〒327-0192 栃木県佐野市石塚町2555
電　話	0283-25-0111
ホームページ	https://ss.sano-nichidai.jp
交通案内	JR線「佐野駅」・「足利駅」・「小山駅」・「古河駅」・「自治医大駅」 利市駅」・「太田駅」・「館林駅」・「静和駅」・「栃木駅」・「板倉東洋

くわしい情報は

JN008062

トピックス

★ユネスコスクール加盟校。
★理科研究棟・天体ドーム・人工芝グラウンドなど，充実の施設。

創立年 昭和63年 ｜ 男女共学 ｜ 高校募集あり

2024年度応募状況

区分	応募数	受験数	合格数	倍率
第１回	128名	126名	117名	1.1倍
第２回	34名	30名	22名	1.4倍
第３回	9名	9名	8名	1.1倍
首都圏	82名	80名	68名	1.2倍

入試情報（参考：昨年度）

募集人数：男女計140名

試 験 日：2023年11月25日(本校受験)
出願期間：2023年10月28日～11月５日
試験科目：
　一般１回(午前)… ２科 または ４科，面接
　推　薦　(午後)… 作文，書類審査，面接

試 験 日：2023年12月10日(本校受験)
出願期間：2023年10月28日～12月３日
試験科目：
　一般２回 … ２科 または ４科，面接
　英語アドバンス…英語と１科(国語・算数)，面接
　自己アピール…作文，１科(国語・算数)，面接

試 験 日：2023年12月17日(日本大学法学部にて受験)
出願期間：2023年10月28日～2023年12月５日
試験科目：首都圏入試…２科または４科

試 験 日：2024年１月21日(本校受験)
出願期間：2023年10月28日～2024年１月14日
試験科目：一般３回 … ２科，面接

2024年春の主な大学合格実績

日本大学　・・・69名
医歯薬獣医看護系　・・・36名
早慶・上理・GMARCH・関関同立　・・・10名

教育の特色

６年間を通して生徒の持つ無限の可能性を引き出し，新しい時代を，自ら切り拓いて地域社会，グローバル社会に貢献する人材の育成
・知性と感性を高め人間性豊かな生徒
・創造性に富み，自ら工夫し主体的に行動する生徒
・志を高く持ち，何事にも積極的にチャレンジする生徒
・自他の違いを理解し，互いに協働できる生徒
・グローバルな視野を持ち，足元から行動できる生徒

教育目標

磨こう心
・自主創造の精神を涵養する
・体験的な学習による豊かな人間性を醸成する
・セルフコントロール能力を育成する
・体力の向上と健康の増進を図る

輝く知性
・進路実現のための学力の養成を目指す
・豊かな教養と文化的な素養の育成を目指す
・国際感覚とコミュニケーション能力を養成する
・情報活用能力の向上を図る

拓こう未来
・充実したキャリア教育と学習指導による希望進路の実現を目指す
・各界で活躍できるリーダー，パイオニアの育成を図る

編集部注―本書の内容は2024年4月現在のものであり，変更されている場合があります。正確な情報は，学校のホームページ等で必ずご確認ください。

算数 出題傾向＆対策

◆基本データ（2024年度１回）

試験時間／満点	50分／100点
問題構成	・大問数…５題 計算２題（15問）／応用小問２題（10問）／応用問題１題 ・小問数…28問
解答形式	解答のみを記入する形式になっている。必要な単位などはあらかじめ印刷されている。
実際の問題用紙	Ｂ５サイズ，小冊子形式
実際の解答用紙	Ｂ４サイズ

◆出題傾向と内容

▶過去３年の出題率トップ３
１位：四則計算・逆算42％　２位：角度・面積・長さ10％　３位：計算のくふう６％
▶今年の出題率トップ３
１位：四則計算・逆算29％　２位：角度・面積・長さ18％　３位：整数・小数・分数の性質５％

計算問題の出題数は多めで，なかにはくふうが必要なものもあります。

応用小問は，出題範囲がはば広く，数の性質や和と差，割合，図形分野などから出題されています。2024年度はデータの活用からも出題されました。合わせて10問ほどですが，それぞれ基本的な知識と計算力があれば解ける問題となっています。

応用問題では，図形や規則性をからめた問題が出題されますが，難問・奇問はありません。

全体的に，基本的でかたよりのない入試問題といえます。

◆対策～合格点を取るには？～

計算力は算数の基本的な力です。標準的な計算問題集を１冊用意して，毎日５問でも10問でも欠かさずに練習することが大切です。

数量分野では，割合と比や数の性質，数列などの問題に対して，教科書や参考書，問題集を使い，解法を確実に自分のものにしてください。

図形は基本パターンを徹底的に学習しましょう。教科書にある重要事項を整理するだけでなく，角度や面積の求め方については，問題集などを使って十分な演習を行ってください。

特殊算については，参考書などで基本を学習し，ひと通りの解き方を覚えておきましょう。

分野 ＼ 年度		2024		2023		2022	
		１回	２回	１回	２回	１回	２回
計算	四則計算・逆算	●	●	●	●	●	●
	計算のくふう	○	○	◎	◎		○
	単位の計算						
和と差	和差算・分配算	○		○	○		○
	消去算						
	つるかめ算			○		○	○
	平均とのべ				○	○	○
	過不足算・差集め算		○				
	集まり						○
	年齢算						
割合と比	割合と比	○	○	○		○	●
	正比例と反比例	○				○	
	還元算・相当算			○	○		
	比の性質	○	○	○	○		
	倍数算			○			
	売買損益		○		○		
	濃度						
	仕事算		○				
	ニュートン算						
速さ	速さ	○	○			○	
	旅人算						
	通過算						
	流水算						
	時計算						
	速さと比						
図形	角度・面積・長さ	●	●	◎	●	○	○
	辺の比と面積の比・相似	○		○		○	
	体積・表面積	◎		○	○	○	
	水の深さと体積						
	展開図		○	○			
	構成・分割					○	
	図形・点の移動	○			○		
表とグラフ							○
数の性質	約数と倍数	○	○	○			
	N進数					○	
	約束記号・文字式				○		○
	整数・小数・分数の性質	◎	○	○	○	○	◎
規則性	植木算						
	周期算						
	数列		○		○		
	方陣算						
	図形と規則		◎				
場合の数		○	○		○	○	
調べ・推理・条件の整理				○			○
その他		○	○				

※　○印はその分野の問題が１題，◎印は２題，●印は３題以上出題されたことをしめします。

社会 出題傾向＆対策

◆基本データ(2024年度１回)

試験時間／満点	理科と合わせて50分／50点
問題構成	・大問数…４題 ・小問数…25問
解答形式	記号選択，用語記入だけでなく，記述問題も数問出題されている。
実際の問題用紙	Ｂ５サイズ，小冊子形式
実際の解答用紙	Ｂ４サイズ

◆出題傾向と内容

●地理…１つのテーマにしぼった大問と他分野との複合による大問という，２つの大問で構成されています。テーマにしぼった大問では深い知識を要求する問題も見られます。グラフが多用されており，グラフを読み取っての記述問題も出題されますので，記述問題に慣れておく必要があります。

●歴史…第１回入試では１つのテーマに基づく会話文から，幅広い時代について出題されています。語句や記述の問題が多く，漢字指定の問題も見られます。第２回入試は江戸時代の経済という限定的なテーマで，思考力を中心とした出題もあり，出題傾向は一定であるとは言えませんので，柔軟な対応力が必要です。

●政治…日本国憲法(基本的人権)，三権(国会・内閣・裁判所)のしくみなどを中心に出題されます。小問単位では，他分野との複合問題や，時事的な要素が高い設問にも注意が必要です。また，国際連合や紛争問題，環境問題なども取り上げられることがあります。

分野＼年度			2024		2023		2022	
			1回	2回	1回	2回	1回	2回
日本の地理		地図の見方						
日本の地理		国土・自然・気候		○	○	○	○	○
日本の地理		資源	○			○	○	
日本の地理		農林水産業	○	★	★		○	○
日本の地理		工業				○	○	○
日本の地理		交通・通信・貿易	★	○		★	○	
日本の地理		人口・生活・文化						
日本の地理		各地方の特色			★			★
日本の地理		地理総合						
世界の地理				○		○		○
日本の歴史	時代	原始～古代	○	○	○	○	○	○
日本の歴史	時代	中世～近世	○	★	○	★	○	○
日本の歴史	時代	近代～現代	○	○	○	○	○	○
日本の歴史	テーマ	政治・法律史	○		○		★	
日本の歴史	テーマ	産業・経済史	○	○		○		
日本の歴史	テーマ	文化・宗教史			○			
日本の歴史	テーマ	外交・戦争史	○	○	★			○
日本の歴史	テーマ	歴史総合	★			★		★
世界の歴史						○		
政治		憲法	★		○			
政治		国会・内閣・裁判所		★	○		★	
政治		地方自治		★				
政治		経済	○					
政治		生活と福祉	○					
政治		国際関係・国際政治			○			○
政治		政治総合						
環境問題						★	○	
時事問題								
世界遺産								
複数分野総合			★	★	★	★	★	★

※　原始～古代…平安時代以前，中世～近世…鎌倉時代～江戸時代，近代～現代…明治時代以降

※　★印は大問の中心となる分野をしめします。

◆対策～合格点を取るには？～

まず，基礎を固めることを心がけてください。教科書のほか，説明がていねいでやさしい標準的な参考書を選び，基本事項をしっかりと身につけましょう。また，設問事項が広範囲にわたっているので，不得意分野をつくらないことが大切です。

地理分野では，都道府県ごとに地形や気候をまとめ，さらに産業のようすの学習へと広げましょう。世界地理については，日本とかかわりの深い国を中心に，自分で地図帳や参考書を使ってまとめておきましょう。また，様々なグラフを読みとる力をつけましょう。

歴史分野では，教科書や参考書を読むだけではなく，自分で年表を作って覚えると学習効果が上がります。それぞれの分野ごとに記入らんを作り，重要なことがらを書きこんでいくのです。本校の歴史の問題には，さまざまな時代や分野が取り上げられるので，この作業がおおいに威力を発揮するはずです。

政治分野では，日本国憲法の基本的な内容，特に政治のしくみが憲法でどのように定められているかを中心に勉強してください。また，経済分野や国際関係についてもふれておきましょう。

理科　出題傾向＆対策

◆基本データ(2024年度1回)

試験時間／満点	社会と合わせて50分／50点
問題構成	・大問数…4題 ・小問数…19問
解答形式	記号選択や図の作成のほかに，短文記述なども出題されている。
実際の問題用紙	B5サイズ，小冊子形式
実際の解答用紙	B4サイズ

◆出題傾向と内容

各分野の問題がかたよりなく取り上げられています。内容的には，基礎的なことがらを問うものが多く出題されていますが，なかには考えさせる問いも設けられており，油断できません。

●生命…昆虫，生物どうしのつながり，動物の分類，種子の発芽条件，植物の受粉方法，植物のしくみと生活，光合成と呼吸，人体のつくりとはたらき，消化のしくみなどについて出題されています。

●物質…水溶液の性質，物質のすがた，気体の性質，ものの燃え方，金属の性質などが取り上げられています。

●エネルギー…磁石・電磁石からの出題が目立つほか，電気回路，ものの温まり方，ふりこの運動，てこのつり合い，エネルギーの変換などが出題されています。

●地球…太陽と影の動き，月の見え方，流れる水のはたらき，日本付近の各季節の天気，天気の観測や変化，地層の観察と化石，岩石などが見られます。

分野	年度	2024		2023		2022	
		1回	2回	1回	2回	1回	2回
生命	植物			★		★	○
	動物	★		○			
	人体				★		★
	生物と環境						
	季節と生物		★				
	生命総合						
物質	物質のすがた		★		★		○
	気体の性質						
	水溶液の性質	★	○	○			○
	ものの溶け方			★			○
	金属の性質						○
	ものの燃え方						
	物質総合						
エネルギー	てこ・滑車・輪軸				★		
	ばねののび方						
	ふりこ・物体の運動		★		○		○
	浮力と密度・圧力						
	光の進み方						
	ものの温まり方						
	音の伝わり方						
	電気回路					○	
	磁石・電磁石	★		★		★	★
	エネルギー総合						
地球	地球・月・太陽系	○			★	★	○
	星と星座	○					
	風・雲と天候		★			★	
	気温・地温・湿度						★
	流水のはたらき・地層と岩石	★		○			○
	火山・地震						
	地球総合						
実験器具			○			★	
観察							
環境問題				○			
時事問題							
複数分野総合				★			★

※　★印は大問の中心となる分野をしめします。

◆対策～合格点を取るには？～

出題範囲は各分野にわたっており，設問の内容は基礎的なものが多くなっています。したがって，まずは基礎的な知識をはば広く身につけ，そのうえで問題集を使った演習をくり返すことで実力アップを目指しましょう。

「生命」は，身につけなければならない基本知識が多い分野です。ヒトのからだのしくみ，植物の成長などを中心に，ノートにまとめながら理解を深めましょう。

「物質」では，気体や水溶液などの性質に重点をおいて学習してください。中和反応や濃度の問題など，表やグラフをもとに計算する問題にも積極的に取り組むようにしましょう。

「エネルギー」では，計算問題としてよく出題される力のつり合いに注目しましょう。てこのつり合い，ばねの性質，ふりこの運動などについて，基本的な考え方を理解して，さまざまなパターンの計算問題にチャレンジしていきましょう。

「地球」では，太陽・月・地球の動き，星と星座，天気と気温・湿度の変化，流れる水のはたらき，地層と岩石などが重要なポイントになります。

国語 出題傾向＆対策

◆基本データ（2024年度１回）

試験時間／満点	50分／100点
問題構成	・大問数…６題 文章読解題３題／知識問題３題 ・小問数…37問
解答形式	記述形式が多い。適語・適文の書きぬきもあるが，文中のことばを使ってまとめるものも見られる。
実際の問題用紙	Ｂ５サイズ，小冊子形式
実際の解答用紙	Ｂ４サイズ

◆出題傾向と内容

▶近年の出典情報（著者名）
説明文：小倉朋子　外山滋比古　築山　節
小　説：梨木香歩　森　絵都　宮下奈都
韻　文：新川和江　加藤楸邨　橋本多佳子

●読解問題…説明文では，論旨の展開を正しく理解しているかどうかを問うもの，小説・物語文では，場面のようすや動作，登場人物の性格などをからめ，心情を問うものなどがあります。韻文では，鑑賞や詩の形式，表現技法などが問われています。

●知識問題…漢字の読みと書き取りは，ほぼ毎年出題されています。漢字以外の知識問題では，慣用句，熟語に関するもの，品詞，文学作品の知識などが見られます。

◆対策～合格点を取るには？～

文章読解の基礎力は，読書で身につきます。読書を通じて，さまざまな漢字・熟語・表現を覚えることができ，また，文脈をとらえ，要点を理解する力が自然とつくのです。最初は興味を持てる分野の本からでかまいません。読書習慣が身についてきたら，少しずつ内容のはばを広げるとともに，①主題，②指示語の内容，③段落・場面の構成，④人物の性格と心情などについても意識しながら読むようにしてください。

なお，詩・短歌・俳句も出題されていますので，有名な作品は読んでおきましょう。

漢字や語句については，問題集や参考書で単に暗記するのではなく，意味や使い方，同意語・反意語などを多面的にとらえることが大切です。

分野		年度	2024		2023		2022	
			1回	2回	1回	2回	1回	2回
読解	文章の種類	説明文・論説文	★	★	★	★	★	★
		小説・物語・伝記	★	★	★	★	★	★
		随筆・紀行・日記						
		会話・戯曲						
		詩	★		★		★	
		短歌・俳句		★		★		★
	内容の分類	主題・要旨				○	○	
		内容理解	○	○	○	○	○	○
		文脈・段落構成				○		
		指示語・接続語	○	○	○	○	○	○
		その他	○	○	○	○	○	○
知識	漢字	漢字の読み	○	○	○	○	○	○
		漢字の書き取り	○	○	○	○	○	○
		部首・画数・筆順						
	語句	語句の意味		○	○	○	○	
		かなづかい						
		熟語		★		★		★
		慣用句・ことわざ	★	★	○		★	
	文法	文の組み立て						
		品詞・用法			○	○	○	
		敬語						
	形式・技法		○	○		○	○	○
	文学作品の知識					○	★	○
	その他		★		★	★		★
	知識総合							
表現	作文							
	短文記述							
	その他							
放送問題								

※　★印は大問の中心となる分野をしめします。

「今の説明、もう一回」を何度でも

web過去問

ストリーミング配信による入試問題の解説動画

もっと古いカコモンないの?

カコ過去問

「さらにカコの」過去問をHPに掲載(DL)

声の教育社

詳しくはこちらから

2024年度 佐野日本大学中等教育学校

【算　数】〈第１回試験〉(50分)〈満点：100点〉

注意事こう
・定規は使用してもかまいません。
・円周率は3.14とする。

1 次の□にあてはまる数を求めなさい。

(1) $62 - 12 \times 4 = \square$

(2) $\frac{1}{4} + 2\frac{3}{8} = \square$

(3) $1\frac{3}{5} \times 2.5 = \square$

(4) $\frac{3}{5} \div \square = \frac{1}{10}$

(5) $4.2 \times \square = 9.66$

(6) $144 \div (\square - 16) = 16$

(7) $\frac{2}{3}$, $\frac{7}{12}$, $\frac{8}{9}$ の中で，一番大きい数と一番小さい数の差は□です。

(8) 48の約数の個数は□個です。

⑼ 108 : 252 を最《もっと》も簡単な整数の比にすると

□ : □ です。

⑽ 180g の 42％は □ g です。

2 次の □ にあてはまる数を求めなさい。

⑴ $\boxed{0}$, $\boxed{1}$, $\boxed{2}$, $\boxed{3}$ の４枚の数字のカードから，２枚のカードを選んで並べたとき，２ケタの整数は □ 個できます。

⑵ 三角形の面積が 36 ㎠で，底辺の長さが９ cmであるとき，高さは □ cmです。

⑶ $1\frac{1}{2} \times \frac{1}{4} - \frac{3}{4} \div 3 = \square$

⑷ $1.4 \times 5 + 1.4 \times 7 - 1.4 \times 1.2 - 1.4 \times 0.8 = \square$

⑸ $16 - \left\{ \frac{9}{10} \times \left(\frac{2}{3} + \frac{2}{5} \right) + \frac{3}{75} \right\} \times 8 = \square$

3 次の各問いに答えなさい。

(1) x と y は比例しています。次の表の □ に入る数を求めなさい。

x	10	400
y	35	□

(2) リボンが２本あります。赤いリボンの長さは青いリボンの長さの５倍で，青いリボンより 200 cm長いです。赤いリボンの長さを求めなさい。

(3) 30 を１から 30 までのすべての数で割《わ》ったとき，あまりになる数は何種類あるか求めなさい。ただし，あまりが０の場合も一種類に数えることとします。

(4) たかしくんは家から 1.5 kmはなれた公園に向います。家を９時に出発し，初めは分速 60 m で 13 分歩きました。その後 10 分休けいをして一定の速さで走ったところ，９時 29 分に公園に着きました。走ったときの速さを求めなさい。

(5) 次のデータは 10 人の生徒が 10 点満点のテストを行ったときの結果です。

名前	A	B	C	D	E	F	G	H	I	J
点数	4	9	6	1	5	3	6	10	5	6

このデータにおいて，平均値から中央値をひいたときの値《あたい》を求めなさい。

4　次の各問いに答えなさい。

⑴　右の図のような１辺が10 ㎝の立方体(A)があります。直方体(B)が100個集まると，立方体(A)と同じ体積になります。直方体(B)の横の長さ x を求めなさい。

(A)

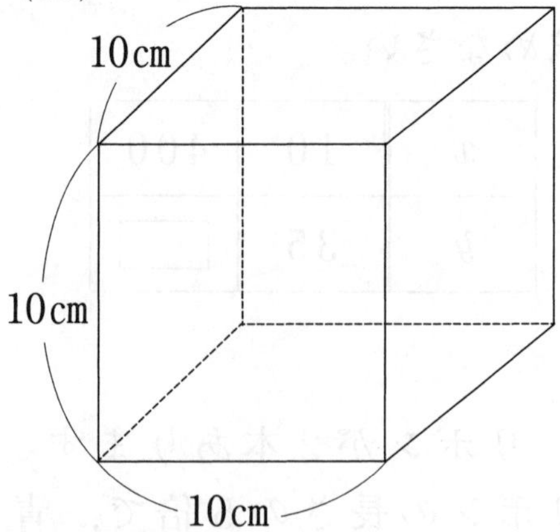

(B)

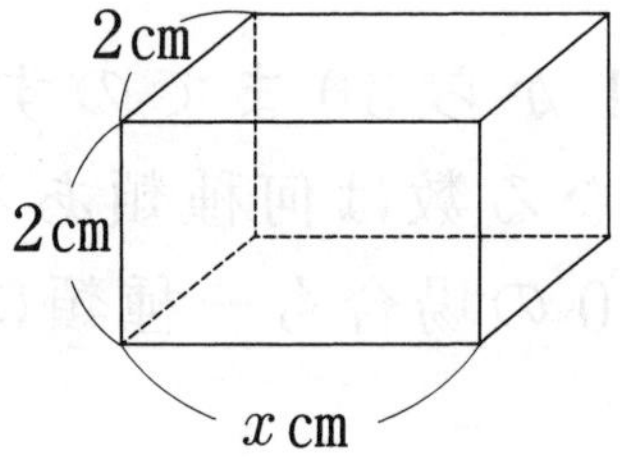

⑵　右の図の台形で㋐の角の大きさを求めなさい。

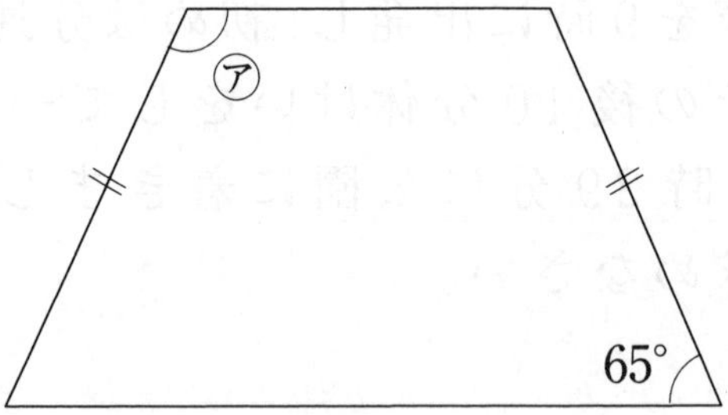

⑶　たて１cmよこ１cmの方眼紙に右のような図をかきました。色のついた部分の面積を求めなさい。

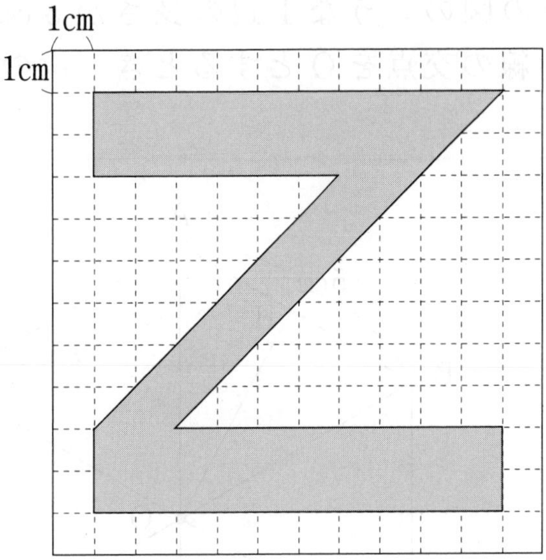

⑷　右の図の斜線《しゃせん》部の周りの長さを求めなさい。

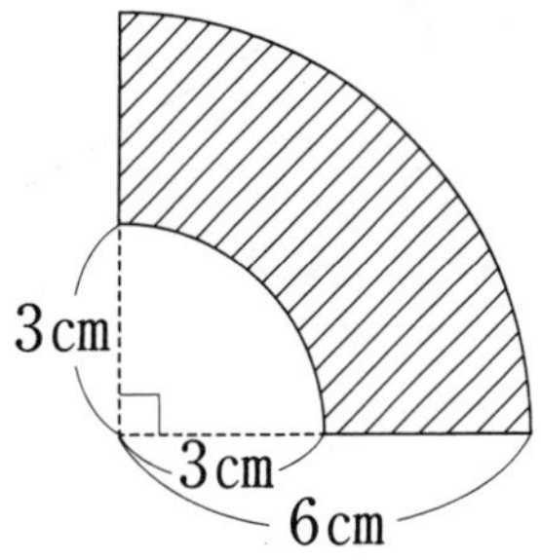

⑸　右の図のような１辺が４cmの立方体から底面が半径２cmで高さが４cmの円柱をくりぬきました。残った部分の体積を求めなさい。

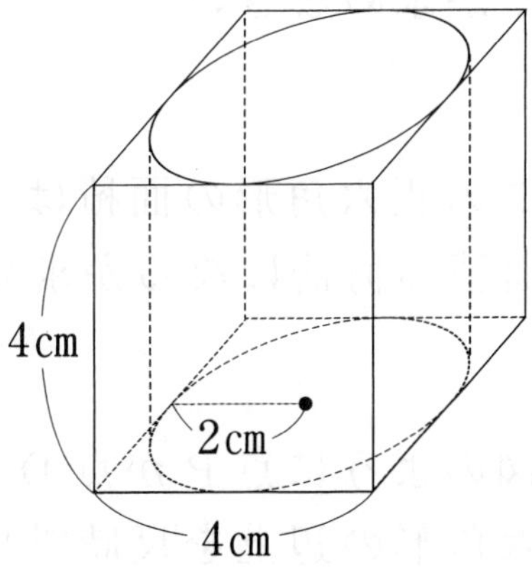

5 下の図のような１辺の長さが５㎝の正六角形があります。対角線の交点をＯとするとき，次の各問いに答えなさい。

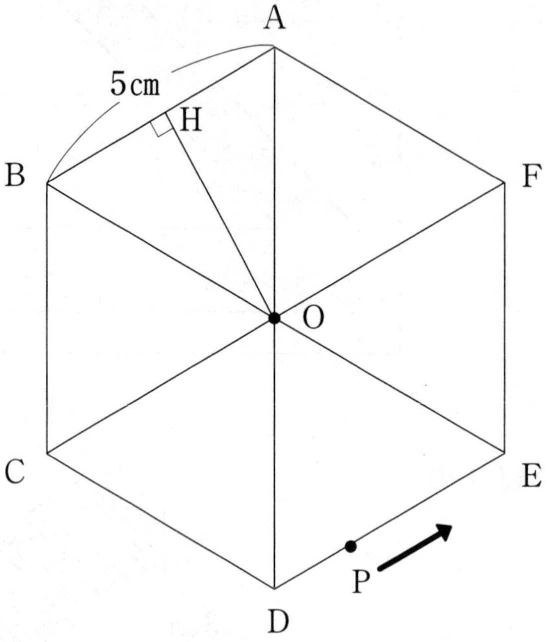

⑴ 三角形ＯＡＨの面積は，この正六角形の面積の何倍になるか求めなさい。

⑵ この正六角形の面積は，１辺の長さが10㎝の正六角形の面積の何倍になるか求めなさい。

⑶ 図のように点Ｐが点Ｄから出発して，秒速３㎜でこの正六角形の辺上を反時計回りで移動します。点Ｐが点Ｄを出発して2023秒たったとき，点Ｐはどの辺上にあるか答えなさい。

【社　会】〈第１回試験〉（理科と合わせて50分）〈満点：50点〉

1　次のグラフをみて，あとの問いに答えなさい。

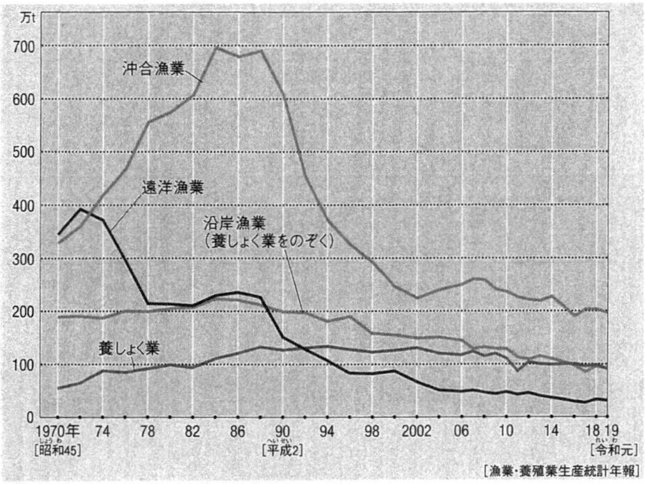

漁業別の生産量の変化

問１　上のグラフにある遠洋漁業《えんようぎょぎょう》は1973年ごろをピークに急激《きゅうげき》に減少《げんしょう》している。これは，1973年に各国《かっこく》の魚をとる範囲《はんい》が決められ，外国《がいこく》の船《ふね》がとる量《りょう》がきびしく制限《せいげん》されたことによる。この取り決めを何というか。

問２　問１が取り決められた年は，石油価格《せきゆかかく》が急激に高くなったため，それまでの急速《きゅうそく》な経済発展《けいざいはってん》が大《おお》きな影響《えいきょう》を受け，落《お》ち込《こ》んだ。1950年代から1973年まで続いた急速な経済発展を何というか。

問３　問２の期間《きかん》は国民《こくみん》の生活《せいかつ》も豊《ゆた》かになり，「三種《さんしゅ》の神器《じんぎ》」といわれるものが多《おお》くの家庭《かてい》に広《ひろ》まった。次のア～エのうち，1950年代後半の三種の神器にふくまれないのはどれか，記号で答えなさい。

ア．白黒《しろくろ》テレビ　　イ．電気冷蔵庫《でんきれいぞうこ》　　ウ．自動車《じどうしゃ》　　エ．電気洗濯《せんたく》機

問４　上のグラフでは，沖合漁業《おきあいぎょぎょう》も1988年ごろをピークに減少している。このころ，日本では土地《とち》などの価格《かかく》が本来《ほんらい》の価格よりも急激に高くなるという現象《げんしょう》が起きた。その経済は1991年に崩壊《ほうかい》し，その後，不景気《ふけいき》が長く続いたが，この経済の現象を何というか。

問５　問１が取り決められた1973年は，ある国際的《こくさいてき》な賞《しょう》で江《え》崎《ざき》玲《れ》於《お》奈《な》さんが物理学《ぶつりがく》賞を受賞《じゅしょう》した年でもある。物理学賞，平《へい》和《わ》賞など人類《じんるい》のために国際社会《こくさいしゃかい》に大きな貢献《こうけん》をした人におくられるこの賞は何というか。

問６　長い間，日本は世界でも有数《ゆうすう》の漁業がさかんな国であったが，近年では国内《こくない》での漁獲量《ぎょかくりょう》は減少し，中華人民共和国をはじめとした国々からの輸入量が半分をしめている。その理由について，右のグラフを参考に簡単に説明しなさい。

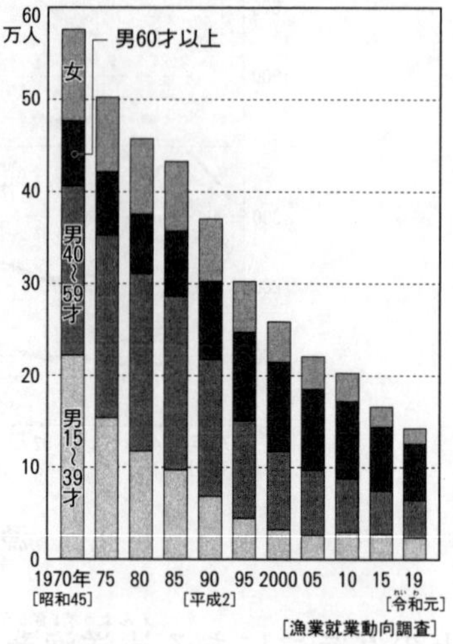

漁業で働く人数の変化

問７　現在、日本がもっとも魚介類《ぎょかいるい》を輸入している中華人民共和国とは，問１が取り決められた年から５年後，日本と中国の間ではある条約《じょうやく》が結ばれて，両国《りょうごく》の新たな交流《こうりゅう》が始まった。この条約名を答えなさい。

2 次の文を読んで，あとの問いに答えなさい。

れいか：今年のゴールデンウィークは石川《いしかわ》県で震度《しんど》６強《きょう》の地震《じしん》があったね。日本って本当に地震などの災害《さいがい》が多い国だね。

かずおみ：うん，本当に多いね。ちょうど100年前の９月１日には大きな地震もあって，死者《ししゃ》・行方不明者《ゆくえふめいしゃ》が約11万人も出た①そうだよ。特に東京《とうきょう》・横浜《よこはま》②で被害《ひがい》が大きくて，この日は現在《げんざい》，防災《ぼうさい》の日に指定《してい》されてるね。1995年１月17日には神戸市《こうべ》③を中心として阪神《はんしん》・淡路大震災《あわじだいしんさい》という大地震もあったね。

れいか：地震だけじゃなく，異常気象《いじょうきしょう》による大きなききんも多発《たはつ》しているね。江戸時代には，ききんによって物価《ぶっか》が大きくあがったので，農村《のうそん》では百姓一揆《ひゃくしょういっき》，都市《とし》でも打《う》ちこわしが起こったんだ。大阪《おおさか》では，幕府《ばくふ》の元役人《もとやくにん》・大塩平八郎《おおしおへいはちろう》が抗議《こうぎ》して兵《へい》をあげた④ことで，幕府《ばくふ》が大きなショックを受けたそうだよ。

かずおみ：鎌倉《かまくら》・室町時代《むろまちじだい》もけっして作物《さくもつ》が豊《ゆた》かだったわけではないそうで，草《くさ》や灰《はい》を肥料《ひりょう》にしたり，稲《いね》をかり取ったあとに麦《むぎ》などを作る農業も広まった⑤んだって。ぼくたちが住《す》んでいる佐野周辺《さのしゅうへん》で今もやってる農業だね。

れいか：古代《こだい》でも伝染病《でんせんびょう》やききんが広がり，全国各地で災害や反乱が起こることもあったそうだよ。聖武天皇《しょうむてんのう》は，仏教《ぶっきょう》の力《ちから》を借《か》りて人々の不安《ふあん》をしずめ，国を守ろうと考え，大仏《だいぶつ》をつくることを決めた⑥んだ。

問１ 下線部①について，この地震は何とよばれているか。地震名を答えなさい。

問２ 下線部②について，横浜は幕末《ばくまつ》から貿易港《ぼうえきこう》として発展《はってん》していた。1858年に結《むす》ばれ，横浜が開港《かいこう》することになった条約《じょうやく》は何という条約か。条約名を答えなさい。

問３ 下線部③について，神戸市はある県の県庁所在地《けんちょうしょざいち》である。この県名を答えなさい。

問4　下線部④について，大塩平八郎が兵をあげたのは，どの時期にあたるか。下のグラフを参考《さんこう》にア～エから1つ選び，記号で答えなさい。

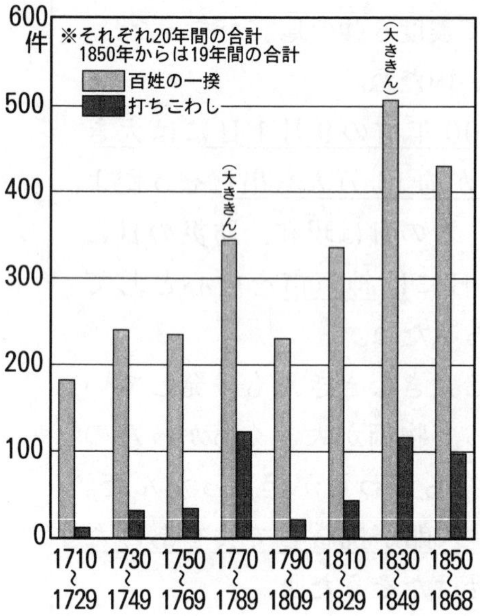

百姓の一揆と打ちこわしの件数

ア．1770～1789
イ．1810～1829
ウ．1830～1849
エ．1850～1868

問5　下線部⑤について，稲をかり取ったあとに麦などを作る農業を何というか。漢字3文字で答えなさい。

問6　下線部⑥について，聖武天皇がつくった大仏が置かれている寺はどこか。寺名を答えなさい。

3　次の図をみて，あとの問いに答えなさい。

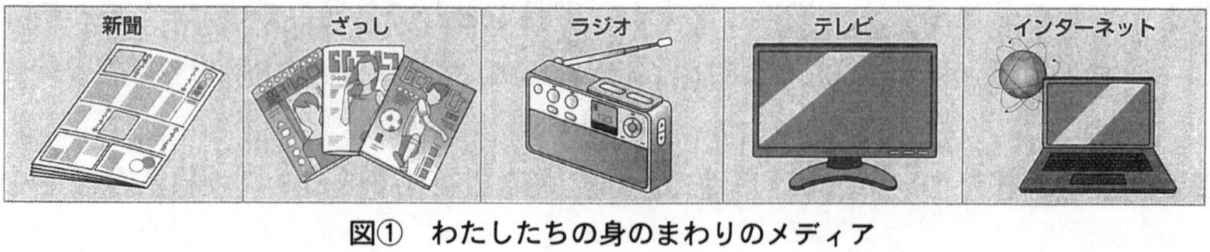

図①　わたしたちの身のまわりのメディア

問1　図①のようにわたしたちの身《み》のまわりにはたくさんのメディアがあり，それぞれに特徴《とくちょう》がある。新聞にはどのような特徴があるか，答えなさい。

問２　図①のテレビについて，ニュース番組ができるまでの順番《じゅんばん》として正しいものを，次のア～エから１つ選び，記号で答えなさい。

ア．情報収集《じょうほうしゅうしゅう》→取材→編集《へんしゅう》会議→原稿《げんこう》作成→映像の編集《へんしゅう》

イ．編集会議→取材→情報収集→原稿作成→映像の編集

ウ．取材→原稿作成→編集会議→情報収集→映像の編集

エ．編集会議→原稿作成→情報収集→取材→映像の編集

問３　図①のインターネットについて，下の図②はインターネットを使った犯罪《はんざい》件数《けんすう》の変化をあらわしたものである。インターネット利用をめぐる犯罪などの問題の例としてあてはまらないものはどれか，次のア～エから１つ選び，記号で答えなさい。

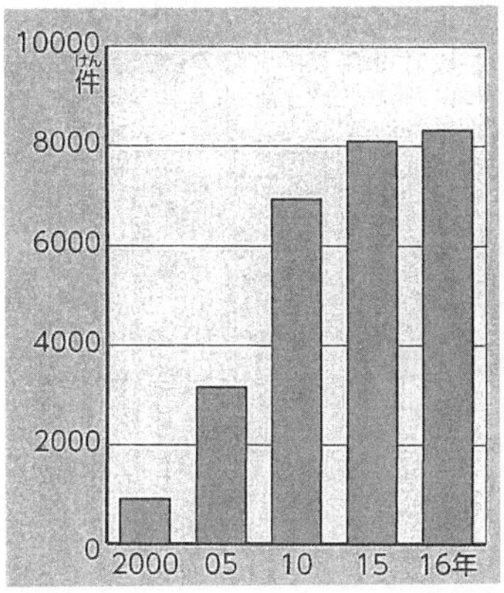

図②　インターネットを使った犯罪の件数

ア．ゲームのアイテムなどを購入《こうにゅう》しすぎることによる高額請求《こうがくせいきゅう》

イ．個人《こじん》情報の流出《りゅうしゅつ》

ウ．でたらめな情報や悪口を掲示板《けいじばん》などに書き込む

エ．震災《しんさい》時にＳＮＳ《エスエヌエス》などで安否確認《あんぴかくにん》

問４　図①の新聞やテレビ，ざっしについて，マスメディアの情報発信《はっしん》や報道《ほうどう》などによって，心の痛みを受けたり，生活や仕事に不利益《ふりえき》を受けたりするなど，深刻《しんこく》な損害《そんがい》を受けることを何というか。

問５　情報化した社会を生きるために，情報を送《おく》る側《がわ》と受《う》け取《と》る側のそれぞれに注意することがある。情報を送る側が注意することとしてあてはまらないものはどれか，次のア～エから１つ選び，記号で答えなさい。

ア．正確《せいかく》で役立《やくだ》つ情報を流す。

イ．まちがった情報や個人に関《かか》わる情報は流さない。

ウ．人がつくった情報をそのまま使う。

エ．相手《あいて》にとって不快《ふかい》な内容や表現《ひょうげん》にならないようマナーに注意する。

問６　正しい情報活用《かつよう》について述べた文としてあてはまらないものを，次のア～エから１つ選び，記号で答えなさい。

ア．どんな商品がどれだけ売れたかなどの情報を，レジで管理《かんり》している。

イ．情報ネットワークをいかして，患者《かんじゃ》の健康や命を守っている。

ウ．学校の調べ学習でインターネットを活用する。

エ．さまざまな産業《さんぎょう》で，容易《ようい》に個人情報を利用できるようにしている。

4　次の図をみて，あとの問いに答えなさい。

図①　国民の権利

図②　国民の義務

問１　図①のように，憲法《けんぽう》はさまざまな国民の権利《けんり》を保障《ほしょう》している。このような，一人一人が生まれながらにしてもっている，おかすことのできない権利を何というか。漢字５字で答えなさい。

問２　図①のような国民の権利の保障のため，すべての人が使いやすいようにデザインされた製品や生活環境《かんきょう》がある。このような製品や生活環境のことを何というか。

問３　図①のなかには，政治に参加する権利がある。現在，選挙で投票する権利を認《みと》められているのは満何才以上か。

問４　図②のように，憲法には，国民が果たさなければならない三つの義務についても定められている。その三つの義務は，働く義務，税金を納《おさ》める義務，子どもに［　A　］義務である。［　A　］にあてはまる語句を答えなさい。

問５　図②の税金について，私たちがものやサービスを購入したときにかかる税金を何というか。

問６　図②の税金について，納めた税金の使われ方として正しくないものを，次のア～エから１つ選び，記号で答えなさい。

ア．工場の建設《けんせつ》や会社をつくるなど人々《ひとびと》が働けるようにする。

イ．消防や救急，警察など安全で健康な暮らしを守る。

ウ．お年寄《としよ》りや障《しょう》がいのある人を支援《しえん》する。

エ．平等に教育を受けられるようにする。

【理　科】 〈第１回試験〉（社会と合わせて50分）〈満点：50点〉

注意事こう

定規は使用してもかまいません。

1 次の実験を行った。問いに答えなさい。

学校で飼っているメダカを，１週間観察していたが，①メダカは卵を産まなかった。メダカのことをもっと知りたくなり，図かんで調べてみた。すると，図のように，②せびれに切れこみがあり，しりびれのはばが広いメダカと，そうでないメダカがいることが分かった。この違いで，おすとめすを見分けることができる。さらに，図かんには，メダカのたんじょうについて書いてあり，めすが卵を産み，おすが（　A　）を出すことが書いてあった。これらが結びついた卵を（　B　）ということが分かった。③メダカはふ化するまでに形を変えながら成長して，少しずつ大人のメダカの形に変化していくらしい。

問１　下線部②のメダカはおすかめすか答えなさい。

問２　（　A　）に入る言葉を答えなさい。

問３　（　B　）に入る言葉を答えなさい。

問４　下線部③について，次の㋐～㋓を卵からふ化するまでの順に並べ替えなさい。

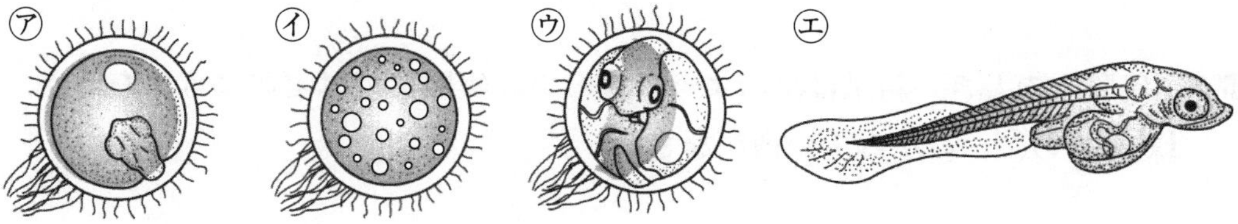

問５　下線部①について，なぜメダカは卵を産まないのか，原因として考えられることを答えなさい。

2　クリップと棒磁石《ぼうじしゃく》を使って，次のような実験をした。問いに答えなさい。

【準　備】右図のように，２個の金属のクリップに細い糸をつけ，手で持てるようにする。

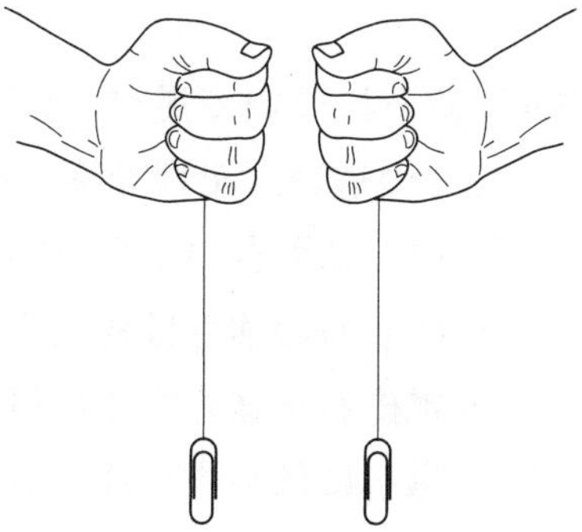

【実験１】
クリップAに棒磁石のN極を近づけた後，クリップA・Bを近づけた。

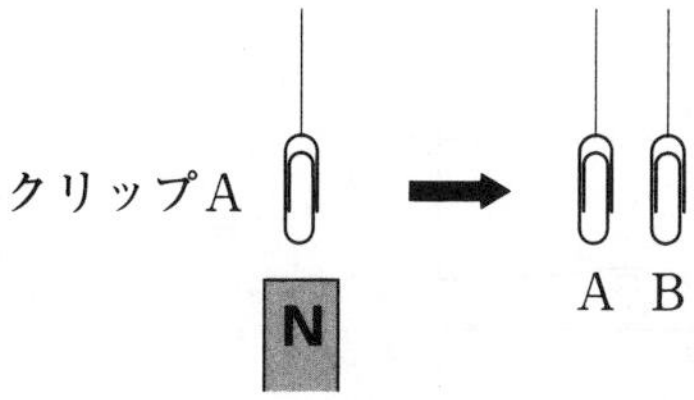

【実験２】
それぞれのクリップにN極を近づけた後，クリップA・Bを近づけた。

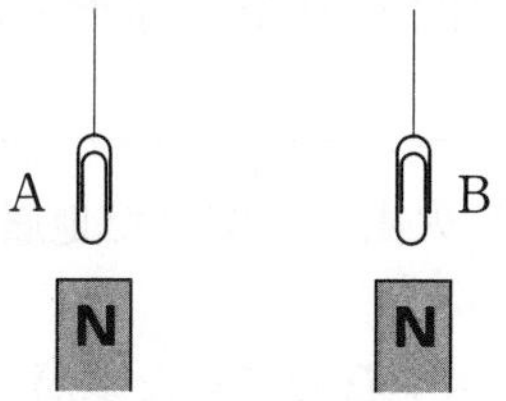

【実験３】
クリップAにN極，クリップBにS極を近づけた後，クリップA・Bを近づけた。

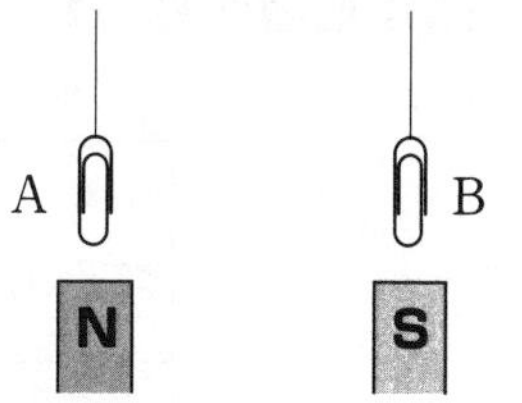

【結　果】

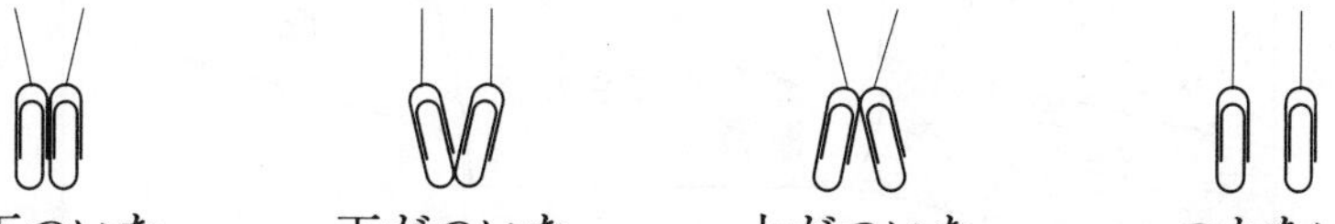

㋐ 上下ついた　㋑ 下がついた　㋒ 上がついた　㋓ つかない

問１　どちらのクリップも磁石に引きつけられた。このクリップには何が含まれているか答えなさい。

問２　実験１のとき，結果は㋐のようになった。実験２ではどのようになるか，【結果】の㋐～㋓から１つ選びなさい。

問３　実験３ではどのようになるか，㋐～㋓から１つ選びなさい。

問４　実験１～３から，磁石に近づけた後，クリップはどのようになっているか説明しなさい。

問５　磁石について述べている以下の文章を読み，**間違っているもの**を次の㋐～㋓から１つ選び，記号で答えなさい。

㋐ 磁石に引きつけられるのは金属である。
㋑ 棒磁石の強さは変えられないが，電磁石の強さは変えられる。
㋒ 電磁石を強くするには，コイルのなかに鉄の芯を入れるとよい。
㋓ 磁石には必ずＮ極とＳ極がある。

3　次の文は地球表面の地層《ちそう》と地球から見える星について述べている。問いに答えなさい。

地球表面では，大地が削《けず》られたり，新しくできたりする変化が起きている。下の図は地層が見られる崖《がけ》とその間の道路の様子である。

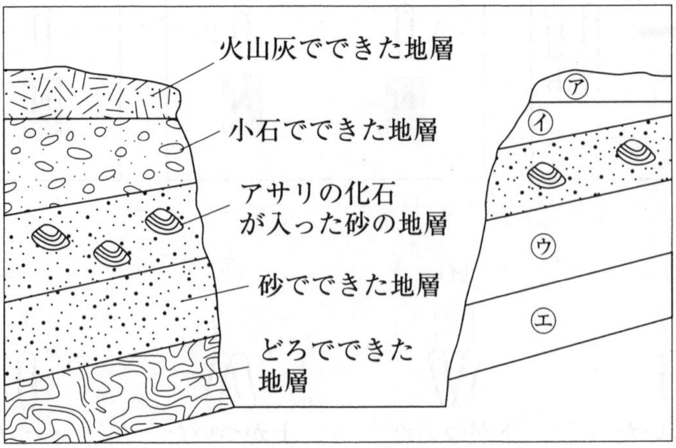

問１　㋐～㋓の層で，一番新しい層はどれか答えなさい。

問２　㋐～㋓の層のうち，陸地から一番離れた場所で積もった層はどれか。その理由も答えなさい。

問３　地球から見える星について，**間違っている文**を次の㋐～㋓から１つ選び，記号で答えなさい。

㋐ 星座の並びを作る星には，赤く見える星や青く見える星がある。
㋑ 日本で東の空に見える全ての星は，一日の間で南の空を通って西に移動する。
㋒ 月の表面は鏡のようになめらかで，太陽の光をよく反射して，光っている。
㋓ 地球から一番近い星は月である。

問４　北の空にひしゃくの形に並んだ星の並びが見えた。１時間毎《ごと》に見ると，しだいに位置が変わって見えた。次の㋐～㋓を時間の経過順に並べ替えなさい。

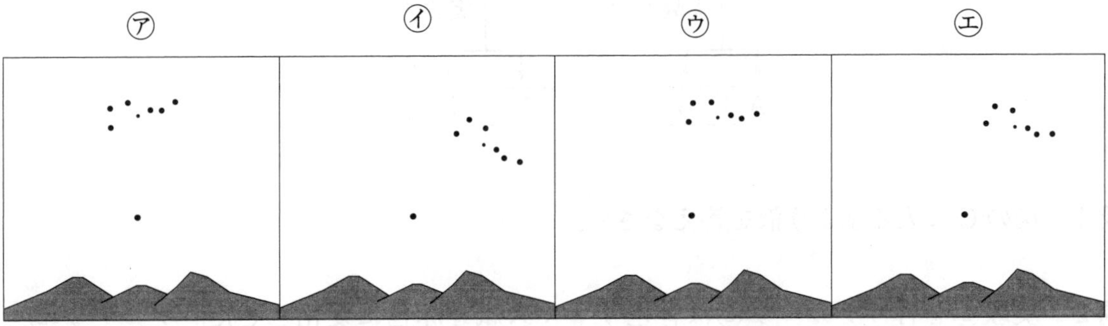

4 次の実験を行った。問いに答えなさい。

５つのビーカーに，それぞれ塩酸，炭酸水，石灰水，食塩水，アンモニア水を用意した。それぞれのもつ性質によって，この５つの水よう液を区別する実験を下の図のように行った。

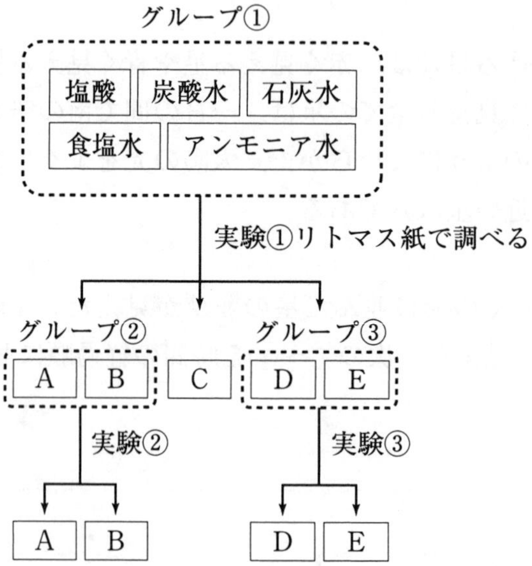

問１ 図のＣに入る水よう液を答えなさい。

問２ 実験②を行うグループ②は青色リトマス紙を赤色に変化させた。グループ②は酸性，中性，アルカリ性のどれか答えなさい。

問３ 実験②では，どのような実験をすると，それぞれの水よう液が分類できるか答えなさい。

問４ 実験③では，どのような実験をすると，それぞれの水よう液が分類できるか答えなさい。

問一　この詩の形式を漢字五字で答えなさい。

問二　この詩に用いられている表現技法として適当なものを、次の中から二つ選び、番号で答えなさい。

１　反復法　　２　倒置法

３　擬《ぎ》人法　　４　省略法

問三　――部①とはどういうことですか。次のⅠ・Ⅱの条件に合うように答えなさい。

Ⅰ　「ポプラの葉は～～～。けれど、「わたし」は～～～～という こと。」という形で答えなさい。

Ⅱ　「一個の人間」という語を必ず用いなさい。

問四　――部②・③がたとえていることがらを、それぞれ自分の言葉で具体的に答えなさい。

問五　――部④とありますが、「風」がたとえているものは何ですか。自分で考えて答えなさい。

問六 ――部⑥とありますが、その特徴を二つ答えなさい。

問七 [A]・[B]に入る語として適当なものをそれぞれ選び、番号で答えなさい。

1　こわごわ　2　いやいや
3　しみじみ　4　ぞくぞく
5　ますます　6　そわそわ

問八 [C]には「人形などをしかけの糸などをあやつって動かすこと」を意味するひらがな四字の言葉が入ります。自分で考えて答えなさい。

六

次の詩を読んで、あとの問いに答えなさい。

名づけられた葉　新川和江

ポプラの木には　ポプラの葉
何千何万芽をふいて
緑の小さな手をひろげ
いっしんにひらひらさせても
ひとつひとつのてのひらに
載《の》せられる名はみな同じ　〈ポプラの葉〉

わたしも
いちまいの葉にすぎないけれど
あつい血の樹液《じゅえき》をもつ
にんげんの歴史の幹《みき》から分かれた小枝《こえだ》に
不安げにしがみついた
①おさない葉っぱにすぎないけれど
わたしは呼ばれる
わたしだけの名で　朝に夕に

だからわたし　考えなければならない
誰のまねでもない
②葉脈の走らせ方を　刻みのいれ方を
せいいっぱい③緑をかがやかせて
うつくしく散る法を
④名づけられた葉なのだから　考えなければならない
どんなに風がつよくとも

問一 ――部①とありますが、どうしてですか。その理由をわかりやすく答えなさい。

問二 ――部②の理由として適当なものを次の中から選び、番号で答えなさい。

1　リカちゃん人形が送られてくるには早すぎると思ったから
2　リカちゃん人形にしては包装紙が古くさかったから
3　おばあちゃんがリカちゃん人形を持っているとは思わなかったから
4　おばあちゃんの家には人形など一つもなかったから

問三 ――部③とありますがどうしてですか。その理由を答えなさい。

問四 ――部④として適当なものを次の中から選び、番号で答えなさい。

1　ようこがリカちゃん人形に対して深いあこがれを示していたとき
2　友達みんながリカちゃん人形を持っていて、ようこだけ持っていなくていじめられたとき
3　おばあちゃんから欲しがっていた人形がもらえるとわかったとき
4　友達のお母さんからようこだけリカちゃん人形を持っていなかったと知らされたとき

問五 ――部⑤からわかる母さんの気持ちとして適当なものを次の中から選び、番号で答えなさい。

1　おばあちゃんからの初めてのおくりものだったから
2　おばあちゃんのおくりものは、いつもへんなものだったから
3　せっかくのおくりものを悪く言うことができなかったから
4　ようこの気持ちをもりあげようと必死だったから

を頼《たの》まれたりしていた。

「いいんだよ、ようこのところへいくんだったら。ところで、説明書《せつめいしょ》はちゃんと読んでいるようだったかい。」

「説明書《せつめいしょ》？　あ、いえ、お人形ごと、自分の部屋《へや》にいってしまったものですから。」

「そうかい。そうしたら、わからないことがあったら、いつでもおばあちゃんに電話するようにいっておくれ。」

「わかりました。伝《つた》えます。」

……お人形の説明書《せつめいしょ》ってなんだろう。あれ、[C]でもあるのかしら。

母さんは首をかしげた。

さて、肝心《かんじん》のお人形だが、名前は確《たし》かに⑥りかちゃんという。おばあちゃんのいうとおり、気だてのいい人形だ。だから、ようこがこんなにがっかりして、抱《だ》いてもやらずほうっておいても、それは少しは悲しかったけれど、恨《うら》んでなんかいなかった。

恨《うら》まない、っていうのは、人形にはとてもめずらしい資質《ししつ》だ。美徳《びとく》といっていい。

―今日からここが私のお部屋《へや》ね。

りかちゃんはあたりをぐるりと見まわした。六畳《じょう》の部屋にベッドと机《つくえ》と本棚《ほんだな》がある。ベッドにはようこが、こちらに背《せ》を向けて眠《ねむ》っている。がっかりした、悲しい情《なさ》けない気持ちが、無数《むすう》の小さな粒子《りゅうし》になって波のようにりかちゃんに伝《つた》わってくる。

―ようこちゃん、つらいね。

りかちゃんは同情《どうじょう》する。そして祈《いの》る。

すると目には見えないけれど、部屋《へや》に漂《ただよ》っていた「悲しい切《せつ》ない」粒《つぶ》つぶが、急に小さくなった。「ちょっとメランコリック」ぐらいになった。

それは劇的《げきてき》な変化だった。人間の実際的《じっさいてき》な働《はたら》きかけもなく、ふつう、自然界《しぜんかい》にこんな急激《きゅうげき》な変化は起こらない。りかちゃんは祈《いの》る力のある人形なのだ。

―おなかがすいた。麻子《あさこ》さんは今夜はなにを食べたのかしら。

りかちゃんは、ずっといっしょだった麻子さんに思いを馳《は》せた。麻子さんというのは、ようこのおばあちゃんの名前だ。

―だいじょうぶよ、麻子さん。私、きっとようこちゃんとうまくいく。

りかちゃんは遠くの麻子さんに声をかけた。

「ちょっとメランコリック」な粒《つぶ》は、そのときはもう小さいさわやかな霧《きり》のようになっていた。

（梨木香歩『りかさん』）

おばあちゃんの、妙《みょう》に力強い言《い》い方《かた》を、少し変《へん》には思った。けれど、まさか半紙《はんし》に「りかちゃん」と筆《ふで》で書いて、古い抱《だ》き人形《にんぎょう》の箱《はこ》に入れてくるとは想像《そうぞう》だにしなかった。

……こんなの、リカちゃんじゃない。

ようこはみじめな気持ちで体を引きずるようにしてベッドに入った。

②母さんは小包《こづつみ》がきたときから、いやな予感《よかん》がしていた。

もしもようこが楽しみにしているとおりのリカちゃん人形だったら、デパートの包装紙《ほうそうし》できっちりとした小包のはず。けれど配達《はいたつ》のお兄さんがもってきたそれは、使い古しの油紙《あぶらがみ》に包まれていた。

あんなに待っていたのだもの。母さんはようこのがっかりが痛《いた》いほどわかった。ようこがお人形に興味《きょうみ》を示《しめ》すなんて、今までそんなになかった。

二週間ほど前、遊びにいった友達《ともだち》の家で、偶然《ぐうぜん》そのとききた（ようこをのぞいた）みんなが、リカちゃん人形をもってきていた。

そのときからようこはずっと、リカちゃん人形が欲《ほ》しかった。③けれど両親にはいいだせないでいた。父さんも母さんも、みんながもっているから、という理由では動かない人たちだった。でもそのリカちゃん人形の一件《いっけん》は、母さんはようこの友達《ともだち》のお母さんから知らされていた。母さんも思いあぐねていた。

おばあちゃんから、プレゼント何《なに》がいいって電話があったのは④そんなときだったのだ。けれどおばあちゃんを悪くいうことはできない。優《やさ》しい気持ちで送ってくれたのだから。

だから、母さんはことさらに、「まあ、なんてかわいいお人形。」と声を張《は》りあげたのだが、⑤そのつくりものめいた明るさは、ようこの気持ちを［ B ］沈《しず》ませるだけだった。

夜、ようこがベッドに入ったあと、母さんはおばあちゃんに電話をかけた。おばあちゃんの家はようこの家から歩いたら一時間ほど、車だったら十分もあれば着《つ》く距離《きょり》なのだけれど、おばあちゃんはときどきこうやっていろんなものを小包《こづつみ》にして送ってくる。いつもなら、ようこも電話口に出てありがとうをいうのだけれど、今日のようこはそんな気分になれない。母さんも無理強《むりじ》いはしない。

「もしもし、あ、おばあちゃんですか。今日、お人形届《とど》きました。ありがとうございました。」

「おや、もう着《つ》いたのかい。」

「ええ。おばあちゃんのコレクションのものでしょう。大事《だいじ》にされていたのではなかったんですか。」

おばあちゃんのところにはいろんな人形がある。集めているうちに、古道具《ふるどうぐ》や骨董《こっとう》を商《あきな》う人たちともなじみになって、人形の様式《ようしき》や調度《ちょうど》などにくわしいことを見込《みこ》まれ、その修復《しゅうふく》

問二 B について、次のⅠ・Ⅱに答えなさい。

Ⅰ B にあてはまる語句を自分で考えて答えなさい。

Ⅱ Ⅰでその語句を入れた理由を説明しなさい。

問三 1 ・ 2 にあてはまる接続語を次の中からそれぞれ選び、番号で答えなさい。

1 つまり　　2 また　　3 しかし
4 たとえば　　5 だから

五 次の文章を読んで、あとの問いに答えなさい。

「ああ。」

ようこはひとりになって A 箱《はこ》をのぞくと、①悲しくてため息が出た。

母さんの前では、いっしょうけんめいがまんしていたけれど、（不満《ふまん》そうな顔をしたら、せっかくのおばあちゃんからのプレゼントなのになんですか、っていわれるに決まってるから）、がっかりのあまり、涙《なみだ》が出そうだ。

ようこは、リカちゃん人形が欲《ほ》しかったのだ。

でも、送られてきたのは真っ黒の髪《かみ》の市松人形《いちまつにんぎょう》だった。ほっそりした「リカちゃん」の倍《ばい》近くある。

なんでこんなことになったんだろう。

ええと、このあいだのおばあちゃんとの電話のやりとりはこんなふう。

「今度のお雛祭《ひなまつ》りに、ようこは欲《ほ》しいものはあるかい。」

「ようこはねえ、おばあちゃん、『リカちゃん』が欲しいの。」

「なんだえ、それは。」

「お人形よ、おばあちゃん、知らないの。」

「人形なら、ようく、知ってる。お人形のりかちゃんなら気だてのいい子だ。雛祭《ひなまつ》りにはぴったりだ……よし。」

だからこそ、「ごちそうさま」のひとことを言ってみましょう。

そのひとことだけでも、「食事が終わった」というオフの意識が芽生えるはずです。言ったあとに、すぐまた食べるということは、しにくくなるでしょう。

家庭内でも、「食事のときにはテレビを消す」、「食べた食器は次の日まで放置しない」などのオン・オフは、常識としていうまでもありません。

（小倉朋子『「いただきます」を忘れた日本人～食べ方が磨く品性～』）

※《注》所作…動作・たちいふるまい。
ボーダーレス…国境や社会的な境目がなくなるということ。
曖昧…発言や行動がはっきりせず、こうだと判断できない様子。
履物…靴やサンダルなどの、地面を歩くために足にはく物。
ウォーキングクローゼット…人が中に入って歩くスペースのある収納庫。ウォークインクローゼット。
お膳…食物をのせる台。
ちゃぶ台…座って食事をするためのテーブル。折りたたみできる脚がついている。
ランチョンマット…食器をのせるためにテーブルにしく布。
慶事…結婚、出産などのお祝いにあたいする出来事。
仏事…仏教に関する行事。
秩序…物事が正しい状態を保つために守る一定のきまり。
たしなみ…発言や行動に気を配ること。
お頭…祝い事用の、尾も頭もつけたままの焼魚。

問一 ――部Aとはどういうことですか。次の各文がその説明として正しければ○、あやまっていれば×と書きなさい。

1　日本人が長い間習慣としてきた物事のオン・オフの所作が失われつつあることが原因で、日本人の食事のマナーも大きく変わってしまったということ。

2　かつてははっきりしていた日本の四季の変化が曖昧になり、そのことが日本の食事内容や所作をも大きく変化させてしまったということ。

3　日本の生活文化に根差した様々なオン・オフの所作がなくなりつつあることと、日本人の食事のオン・オフの感覚が薄れつつあることとは強い関係があるということ。

4　日本人の、食事の始まりと終わりを大切にする感覚は、日常生活におけるオン・オフの感覚の減少とともに失われつつあるということ。

5　日本人の長い間の生活様式は、四季があることや、様々な神事・習わしの存在によって保たれてきたが、日本人のメンタリティの変化によってどんどんけじめのないものになりつつあるということ。

冬物の衣類をしまって、春物を出し、またしまう。
寝る前に布団を敷《し》いて、起きたら片づける。
障子《しょうじ》を張り替えて、畳《たたみ》を張り替える。
冬にコタツを出して、春にはしまう。
……きりがありません。

［１］、そんな日本の生活は、すっかり一変しました。
さすがに靴《くつ》は脱いでいますが、流行によっては冬でも袖なしのタンクトップを着たり、初夏にブーツを履く人もいます。※ウォーキングクローゼットはとても便利で、季節ごとに衣類を入れ替える必要もありません。畳に布団の生活は、フローリングにベッドの生活に取って代わられつつあります。

食卓にもオンとオフはつねにありました。
「いただきます」に始まり、「ごちそうさま」で終わる。
毎日、毎食、※お膳を出しては片づける。
毎日、毎食、食器をそろえては片づける。
食事がすんだら、椅子《いす》をテーブルに入れる。
古くは※ちゃぶ台を出してはたたむ。

私の家ではテーブルだったため、ちゃぶ台の習慣は未経験ですが、ほかはすべて幼少から現在まで、私が毎日続けていることです。

「テーブルについたら椅子を引きなさい」、「今日の料理に合わせてぴったりのグラスと※ランチョンマットを出しておいてね」、「洗ったお皿はすぐに棚《たな》にしまいましょう」と、親に厳しく言われていたので、たまたまいまでも続いているだけのこと。いまや食器洗いは洗浄機《せんじょうき》にお任せだったり、ランチョンマットは出したままでしまってないご家庭も多いことでしょう。

こうした習慣は、やったりやらなかったりではなく、［　Ｂ　］ことに意味があるのではないかと思います。

また、招かれた席や他人といっしょのときだけではなく、家庭内や、たとえひとりの食事の場合でも、習慣として繰り返すことが、かつての美意識だったのではないでしょうか。

また、ハレの日（祝い事など特別なとき）とケの日（日常生活）を使い分けることや、※慶事の際に食べる料理や食器、※仏事の際の決まりごとなど、かぎられた期間や時間におけるオンとオフに重きを置き、※秩序と※たしなみをもって食事を大切にしてきたのです。そうして、自然の恵みや、先祖から受け継いだ習わし、食材のいのちに礼をつくす気持ちを込めたのだと思います。

［２］、上質の鯛が手に入ったからといって、悲しい席で鯛のお※頭《かしら》は決して食べないのです。

一日三食というわけでもなく、オフィスで仕事をしながらパンをかじったり、ちょこちょこダラダラ食べるなど、〝なんとなく〟食事をする人が珍しくない現代。

三　次に示すものは、**さくはなちゃん**のおうちの**「おいしいホットケーキの作り方」**についてのメモです。順序を表す言葉を手がかりにして、正しい順序になるように、1～5を並べかえ、番号で答えなさい。

1　弱火で約3分焼き、小さなあわがプツプツ出たら、一気にひっくり返す。

3　弱火で２分焼き、火が通っているか、確認する。

5　次に、フライパンを中火で熱し、ぬれぶきんの上で少し冷ましたあと、弱火にして生地を高めの位置から一気に流し入れる。

2　最後に、好みでバターやシロップ、クリームやフルーツをもりつける。

4　まず、ボールに卵と牛乳を入れよく混ぜ、ホットケーキミックスを加えて軽く混ぜる。

四　次の文章を読んで、あとの問いに答えなさい。

日本人はさまざまな物ごとの始まり（オン）と終わり（オフ）を生活に根づかせ、日々のなかでくり返して生きてきました。

しかし、習慣になっていたはずの〝終始《しゅうし》〟の※所作《しょさ》は、いまの私たちの暮らしにはあまり感じられません。多くの習慣の、オンとオフとの境目《さかいめ》が、なくなりつつあるのです。

食の※ボーダーレス化がいわれて久しい今日ですが、日常生活のオンとオフが※曖昧《あいまい》になったことと、食のボーダーレス化とは、A深い関係があると思います。

日本人が日本人らしくありたいと願うのならば、いま一度、食べ方にもオンとオフを取り戻す試みが必要だと思います。

日本人のオンとオフの感覚は、四季がはっきりした土地柄や、神事や代々の習わしと深く関係した独特な生活文化だと私は思います。米を主体に暮らしてきた稲作文化であることも、一年間というサイクルのリズムをつくる上で、オン・オフの軸になっています。

そのため、一年中、次つぎとやらねばならないことが多くて、暮らしそのものがたいへん忙しいといっても過言ではないでしょう。

玄関を境に、※履物《はきもの》を履《は》いたり、脱いだり。

2024年度

佐野日本大学中等教育学校

【国語】〈第一回試験〉（五〇分）〈満点：一〇〇点〉

一 次の各文の――部について、１～５のカタカナは漢字に直し、６～10は読み方をひらがなで書きなさい。

1 タイボウしていた企画が進行し始めた。

2 交差点をウセツする。

3 バスのジョウコウ口。

4 祖母から季節のタヨりが届く。

5 だれにでも美点はソナわっている。

6 一昼夜、捜索《そうさく》は続いた。

7 正解を導くのは容易である。

8 画一的な指導はできない。

9 夕暮れの家路を急ぐ。

10 計画を入念に練る。

二 次の意味となる「目」に関する慣用句が完成するように、あとの語群から最も適当なものをそれぞれ選びなさい。

1 目に（　　）…ひどくて見過ごせない様子。

2 目が（　　）…とても好きなこと。

3 目を（　　）…とても信じられない様子。

4 目を（　　）…きびしく見張ること。

5 目が（　　）…ものを見る目が養われていること。

6 目から（　　）へぬける…とてもかしこいこと。

7 目の上の（　　）…じゃまなもの。

8 目を（　　）…好意的に世話をすること。

9 目も（　　）…相手にしないこと。

10（　　）目で見る…広い心で見守ること。

語群

届く　ない　鼻　あまる　浮かぶ

こぶ　疑う　皿　かける　光らす

高い　長い　角　肥える　くれない

2024年度
佐野日本大学中等教育学校 ▶解説と解答

算　数　＜第１回試験＞（50分）＜満点：100点＞

解　答

[1] (1)　14　(2)　$2\frac{5}{8}$　(3)　4　(4)　6　(5)　2.3　(6)　25　(7)　$\frac{11}{36}$　(8)　10個　(9)　3：7　(10)　75.6g

[2] (1)　9個　(2)　8cm　(3)　$\frac{1}{8}$　(4)　14　(5)　8

[3] (1)　1400　(2)　250cm　(3)　15種類　(4)　分速120m　(5)　0

[4] (1)　2.5cm　(2)　115度　(3)　$50cm^2$　(4)　20.13cm　(5)　$13.76cm^3$

[5] (1)　$\frac{1}{12}$倍　(2)　$\frac{1}{4}$倍　(3)　辺EF上

解　説

[1] 四則計算，逆算，分数の性質，約数，比，割合

(1)　$62-12\times4=62-48=14$

(2)　$\frac{1}{4}+2\frac{3}{8}=\frac{2}{8}+2\frac{3}{8}=2\frac{5}{8}$

(3)　$1\frac{3}{5}\times2.5=\frac{8}{5}\times2\frac{1}{2}=\frac{8}{5}\times\frac{5}{2}=4$

(4)　$\frac{3}{5}\div\square=\frac{1}{10}$　よって，$\square=\frac{3}{5}\div\frac{1}{10}=\frac{3}{5}\times\frac{10}{1}=6$

(5)　$4.2\times\square=9.66$　よって，$\square=9.66\div4.2=2.3$

(6)　$144\div(\square-16)=16$より，$\square-16=144\div16=9$　よって，$\square=9+16=25$

(7)　それぞれの分数を通分して分母を36にすると，$\frac{2}{3}=\frac{24}{36}$，$\frac{7}{12}=\frac{21}{36}$，$\frac{8}{9}=\frac{32}{36}$なので，一番大きい数と一番小さい数の差は，$\frac{8}{9}-\frac{7}{12}=\frac{32}{36}-\frac{21}{36}=\frac{11}{36}$となる。

(8)　48を割《わ》ることができる数は，1，2，3，4，6，8，12，16，24，48の10個ある。また，素因数分解を用いて求めることもできる。右のように，48を素因数分解すると，48＝2×2×2×2×3となる。2×2×2×2の約数の選び方は，4＋1＝5（通り）あり，3の約数の選び方は，1＋1＝2（通り）ある。したがって，約数はその組み合わせになるので，その個数は，5×2＝10(個)である。

```
2)48
2)24
2)12
2) 6
   3
```

(9)　108：252＝(108÷36)：(252÷36)＝3：7

(10)　180×0.42＝75.6(g)である。

[2] 場合の数，面積，四則計算，計算の工夫

(1)　[0]，[1]，[2]，[3]の4枚の数字のカードから2枚のカードを選んで2ケタの整数を作るとき，十の位には[0]以外の[1]，[2]，[3]の3枚のいずれかを，一の位には十の位で選ばなかった3枚のいずれかを並べることができる。したがって，2ケタの整数は，3×3＝9(個)できる。

(2)　三角形の面積は，(底辺)×(高さ)÷2で求められるので，$9\times\square\div2=36$より，$9\times\square=36\times2=72$　よって，$\square=72\div9=8$なので，三角形の高さは8cmと求められる。

(3)　$1\frac{1}{2}\times\frac{1}{4}-\frac{3}{4}\div3=\frac{3}{2}\times\frac{1}{4}-\frac{3}{4}\times\frac{1}{3}=\frac{3}{8}-\frac{1}{4}=\frac{3}{8}-\frac{2}{8}=\frac{1}{8}$

⑷　1.4×５＋1.4×７－1.4×1.2－1.4×0.8＝1.4×（５＋７－1.2－0.8）＝1.4×10＝14

⑸　$16-\left\{\frac{9}{10}\times\left(\frac{2}{3}+\frac{2}{5}\right)+\frac{3}{75}\right\}\times 8=16-\left\{\frac{9}{10}\times\left(\frac{10}{15}+\frac{6}{15}\right)+\frac{1}{25}\right\}\times 8=16-\left(\frac{9}{10}\times\frac{16}{15}+\frac{1}{25}\right)\times 8$
$=16-\left(\frac{24}{25}+\frac{1}{25}\right)\times 8=16-1\times 8=16-8=8$

3　比例，分配算，整数の性質，速さ，データの活用

⑴　xとyは比例しているので，xが２倍，３倍，…，となるとき，yも２倍，３倍，…，となる。xが，400÷10＝40(倍)になっているので，yも40倍になる。よって，□＝35×40＝1400と求められる。

⑵　青いリボンの長さを①として，青いリボンと赤いリボンの関係を図に表すと，右の図１のようになる。図１で，赤いリボンの長さは青いリボンの長さの５倍なので⑤と表すことができ，⑤－①＝④にあたる長さが青いリボンと赤いリボンの長さの差の200cmとわかる。したがって，①にあたる量(青いリボンの長さ)は，200÷４＝50(cm)となり，赤いリボンの長さは，50×５＝250(cm)となる。

図１

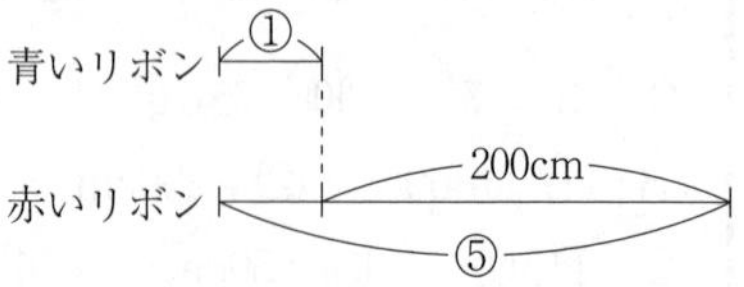

⑶　あまりは割る数より必ず小さくなるので，30から順に30を割っていくと右の図２のようになる。図２より，30で割ったときのあまりは０で，割る数を１小さくすると，あまりは１大きくなる。割る数が16のとき，あまりは14となり，割る数が15以下の場合，あまりは必ず15未満になるので，最も大きいあまりの数は14，最も小さいあまりの数は０とわかる。したがって，あまりになる数は０以上14以下の整数になることがわかるので，14－０＋１＝15(種類)である。

図２

30÷30＝１（あまり０）
30÷29＝１あまり１
30÷28＝１あまり２
30÷27＝１あまり３
⋮
30÷16＝１あまり14
30÷15＝２（あまり０）
⋮

⑷　たかしくんが13分歩いて10分休けいしたことから，走った時間は，29－(13＋10)＝６(分)である。歩いた道のりは，60×13＝780(m)なので，走った道のりは，1.5(km)＝1500(m)より，1500－780＝720(m)とわかる。したがって，走ったときの速さは，毎分，720÷６＝120(m)と求められる。

⑸　データを点数が小さい順に整理すると，右の図３のようになる。データの個数が10個なので，中央値は５番目と６番目のデータの数値の平均だから，（５＋６）÷２＝5.5である。また，平均値は，（データの数値の合計）÷（データの個数）で求められるので，（１＋３＋４＋５＋５＋６＋６＋６＋９＋10）÷10＝55÷10＝5.5となる。したがって，平均値から中央値をひいたときの値《あたい》は，5.5－5.5＝０である。

図３

１，３，４，５，５，６，６，６，９，10

4　体積，角度，面積，長さ

⑴　立方体（A）の体積は，10×10×10＝1000(cm^3)であり，これは直方体（B）が100個集まったものと同じ体積なので，直方体（B）１個の体積は，1000÷100＝10(cm^3)とわかる。よって，直方体（B）の横の長さxは，２×２×x＝10，４×x＝10，x＝10÷４＝2.5(cm)である。

⑵　右の図１のように，点Dを通り辺ABに平行な直線と，辺BCの交わる点をEとする。四角形ABEDは平行四辺形だから，AB＝DEであ

図１

る。また，AB＝DCより，三角形DECはDE＝DCの二等辺三角形になる。二等辺三角形の底角は等しいので，角DEC＝角DCE＝65度であり，角DEB＝180－65＝115(度)となる。平行四辺形ABEDで，向かい合う角の大きさは等しいので，㋐＝角DEB＝115(度)である。

(3)　右の図２のように，色のついた部分を，台形㋐，平行四辺形㋑，長方形㋒の３つにわけて考える。(台形㋐の面積)＝(10＋８)×２÷２＝18(cm^2)，(平行四辺形㋑の面積)＝２×６＝12(cm^2)，(長方形㋒の面積)＝２×10＝20(cm^2)なので，色のついた部分の面積は，18＋12＋20＝50(cm^2)と求められる。

図２

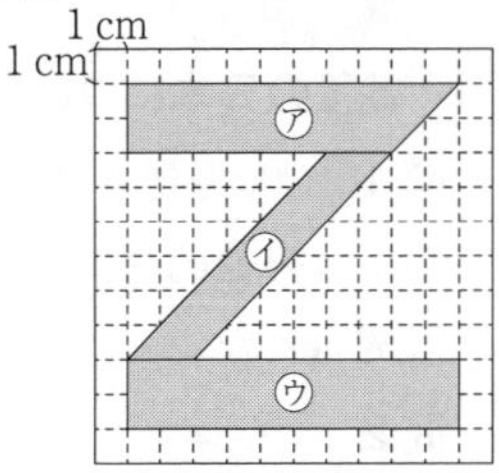

(4)　斜線《しゃせん》部の周りの長さは，半径６cmの円の周りの長さの$\frac{1}{4}$と，半径３cmの円の周りの長さの$\frac{1}{4}$と，直線部分の長さ，（６－３）×２＝６(cm)の和である。したがって，斜線部の周りの長さは，12×3.14÷４＋６×3.14÷４＋６＝(12＋６)×3.14÷４＋６＝18×3.14÷４＋６＝4.5×3.14＋６＝14.13＋６＝20.13(cm)と求められる。

(5)　立方体の体積は，４×４×４＝64(cm^3)で，くりぬいた円柱の体積は，２×２×3.14×４＝50.24(cm^3)とわかる。よって，残った部分の体積は，64－50.24＝13.76(cm^3)になる。

5　面積比，点の移動

(1)　右の図のように，正六角形ABCDEFは三角形OAHと合同な12個の三角形に分けることができる。したがって，三角形OAHの面積は正六角形の面積の，１÷12＝$\frac{1}{12}$(倍)になることがわかる。

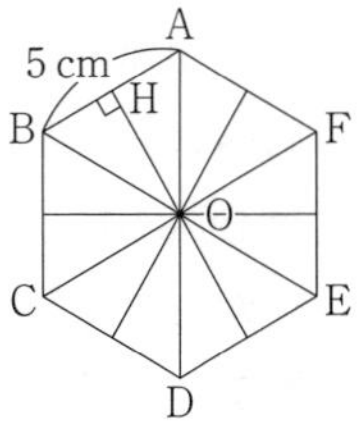

(2)　面積の比は，(相似比)×(相似比)で求められる。１辺の長さが５cmの正六角形と１辺の長さが10cmの正六角形の相似比は，５：10＝１：２であり，その面積の比は，（１×１）：（２×２）＝１：４となる。したがって，１辺の長さが５cmの正六角形の面積は１辺が10cmの正六角形の面積の，１÷４＝$\frac{1}{4}$(倍)と求められる。

(3)　点Ｐは2023秒たったとき，３×2023＝6069(mm)移動することがわかる。正六角形の１辺の長さは，５(cm)＝50(mm)より，点Ｄ→点Ｅ→点Ｆ→点Ａ→点Ｂ→点Ｃ→点Ｄまでの１周の長さは，50×６＝300(mm)である。よって，点Ｐは，6069÷300＝20(周)あまり69(mm)より，点Ｄから反時計回りに69mm移動している。１辺の長さは50mmより，69÷50＝１(辺)あまり19(mm)なので，2023秒たったとき，点Ｐは点Ｅから19mm反時計回りに移動しているため，辺EF上にある。

社　会　＜第１回試験＞（理科と合わせて50分）＜満点：50点＞

解　答

1　**問１**　200海里水域／漁業専管水域／排他的経済水域(EEZ)　**問２**　高度経済成長　**問３**　ウ　**問４**　バブル経済　**問５**　ノーベル賞　**問６**　(例)　漁業で働く若い人が減少し，高齢化が進んでいるから。　**問７**　日中平和友好条約　**2**　**問１**　関東大震災　**問２**　日米修好通商条約　**問３**　兵庫県　**問４**　ウ　**問５**　二毛作　**問６**　東大寺　**3**　**問１**　(例)　文字と写真を使ってくわしく情報を伝える。／何度も読み返すことができる。／持ち運びができ，どこでも読むことができる。／必要な情報を切り抜いて保存することができる。

など　**問２**　ア　**問３**　エ　**問４**　報道被害　**問５**　ウ　**問６**　エ　**4**　**問１**　基本的人権　**問２**　ユニバーサルデザイン　**問３**　満18才(歳)以上　**問４**　教育を受けさせる　**問５**　消費税　**問６**　ア

解　説

1　戦後の日本についての問題

問１　200海里水域は沿岸から約370kmの範囲内《はんいない》の海域である。1982年に採択《さいたく》された国連海洋法条約では排他《はいた》的経済水域として，水産資源だけでなく海底の鉱産資源などを管理する権利も沿岸国に認められた。

問２　1973年，第四次中東戦争をきっかけとしてオイルショック(石油危機)が起こり，高度経済成長は終わりを告げた。

問３　ウの自動車《じどうしゃ》はカラーテレビ，クーラー(冷房《れいぼう》専用のエアコン)とともに，「３Ｃ」として1960年代後半から急速に普及《ふきゅう》した。

問４　地価や株価が経済の実力以上の高値となり，泡《あわ》(バブル)のようにふくれあがったことから「バブル経済」といった。

問５　日本初のノーベル賞《しょう》受賞者は，1949年に物理学《ぶつりがく》賞を受賞した湯川秀樹《ゆかわひでき》である。ノーベル賞には物理学賞，化学賞，生理学・医学賞，文学賞，平和《へいわ》賞，経済学賞の６分野があり，経済学賞は日本人受賞者が出ていない。

問６　2019年の漁業で働く人数が1970年の３分の１以下に減少しているだけでなく，39才以下の割合が大きく低下していることに注目する。

問７　中華人民共和国《ちゅうかじんみんきょうわこく》との国交は1972年の日中共同声明によって正常化している。その日中共同声明をふまえて，1978年に日中平和友好条約が結ばれた。

2　自然災害が起きた時期の出来事についての問題

問１　1923年９月１日に起きた関東大震災《かんとうだいしんさい》は，建物の倒壊《とうかい》と出火によって多くの犠牲者《ぎせいしゃ》を出した。また，混乱の中でデマが広がり，多くの朝鮮《ちょうせん》人や中国人，社会主義者が殺害された。

問２　日米修好通商条約は，大老の井伊直弼《いいなおすけ》が朝廷《ちょうてい》の許可を得ないままに結んだ条約で，函館《はこだて》・神奈川《かながわ》(横浜)・新潟《にいがた》・兵庫《ひょうご》(神戸)・長崎《ながさき》の５港の開港と貿易を認めた。この条約には，日本に関税自主権がなく，相手国に領事裁判権を認めるという不平等な内容が含《ふく》まれていた。

問３　神戸市は全国有数の貿易港である神戸港とともに発展した都市だが，阪神《はんしん》・淡路大震災《あわじだいしんさい》で港の機能や市街地が壊滅的《かいめつてき》な被害《ひがい》を受けた。

問４　大塩平八郎《おおしおへいはちろう》の乱が起きたのは1837年である。

問５　同じ土地で同じ作物を一年に２回栽培《さいばい》することは，二期作という。

問６　東大寺は，聖武天皇が全国に建立させた国分寺の頂点である総国分寺としての役割を持っていた。

3　情報・通信についての問題

問１　ざっしは写真やイラストが多いためわかりやすいという特徴《とくちょう》，ラジオは音声だけなので自動車の運転中などでも利用できるという特徴，テレビは映像と音声で情報を伝えるため誰《だれ》にでもわかりやすいという特徴，インターネットは知りたい情報をすぐに検索《けんさく》できるなどの特徴がある。

問２　ニュース番組には正しい情報を伝える役割が求められる。情報を集め，その情報が正しいか，取材をして深く掘《ほ》り下《さ》げることが大切である。

問３　問題文は「犯罪などの問題の例としてあてはまらないもの」である。震災時のSNSでの安否《あんぴ》確認《かくにん》は，インターネットの持つ大きな役割の一つである。

問４　報道被害を起こさないためには，プライバシーの権利に配慮《はいりょ》して正確な情報を報道することが大切である。

問５　インターネット上の情報には不正確《ふせいかく》なものも多い。また，著作物をつくった人には著作権が認められているため，無断転用はしてはならない。

問６　個人情報保護法が制定されており，個人情報を取《と》り扱《あつか》う企業《きぎょう》はプライバシーの権利に配慮し，適切に個人情報を扱うことが求められている。

4　基本的人権についての問題

問１　基本的人権には，平等権，自由権，社会権，請求権《せいきゅうけん》などがある。

問２　ユニバーサルデザインとは，障がいの有無や年齢《ねんれい》などに関係なく，すべての人が利用できるようにデザインされた製品や生活環境《かんきょう》のことである。

問３　2016年に選挙年齢は満20才以上から満18才以上に引き下げられた。世界の多くの国々が選挙年齢を満18才以上としていることとともに，少子高齢化によって若い世代の意見が反映されにくくなっている状況《じょうきょう》を改善することも選挙年齢引き下げの理由の一つに挙げられる。

問４　子どもに教育を受けさせる義務は保護者に課せられたものであり，子どもには「教育を受ける権利」が保障されている。

問５　消費税は間接税の一つで，国の財政収入のうち大きな割合を占《し》めている。現在，ものやサービスを購入《こうにゅう》した際には10％の消費税が課せられるが，酒類・外食を除く食料品と定期購読している週２回以上発行の新聞は８％の軽減税率が適用されている。

問６　税金は社会保障や道路や河川改修など公共のために使われる。アは企業による経済活動である。

理　科　＜第１回試験＞（社会と合わせて50分）＜満点：50点＞

解　答

1　**問１**　おす　**問２**　精子　**問３**　受精卵　**問４**　㋑→㋐→㋒→㋓　**問５**　（例）　おすだけだった。　**2**　**問１**　鉄　**問２**　㋓　**問３**　㋐　**問４**　（例）　磁石のようになっている。　**問５**　㋐　**3**　**問１**　㋐　**問２**　㋓／**理由**…（例）　どろは小さいつぶなので，遠くまで運ばれるから。　**問３**　㋒　**問４**　㋑→㋓→㋒→㋐　**4**　**問１**　食塩水　**問２**　酸性　**問３**　（例）　鉄を加える。　**問４**　（例）　息をふきこむ。

解　説

1　メダカの成長についての問題

問１　メダカのおすは，せびれに切れこみがあって，しりびれのはばが広い。それに対して，めすは，せびれに切れこみがなく，しりびれのはばがせまい。図では，上のメダカがおす，下のメダカがめすである。

問２　メダカの産卵では，おすがめすと並んで泳ぎ，ひれでめすにしげきをあたえる。すると，めすがそのしげきに反応して卵を産み出し，その際におすは精子を出す。

問３　めすが産み出した卵とおすが出した精子が結びつくことを受精といい，受精した卵を受精卵という。産み出した卵は受精しないと成長し始めない。

問４　産み出されたばかりの卵では，卵の中の全体に油のつぶが見られる(㋑)。その油のつぶはしだいに集まって大きなつぶとなり，卵の中の胚《はい》という部分が成長し始める。やがて体のもとができ(㋐)，すがたがはっきりしてくるまで成長すると(㋒)，からをやぶって子メダカが出てくる(㋓)。

問５　卵を産まなかった理由として考えられることとしては，おすだけしかいなかったこと，めすが親になるまで成長していなかったこと，産卵に適した環境《かんきょう》(水温など)になっていなかったことなどが考えられる。

2 磁石のはたらきについての問題

問１　ふつう金属のクリップは鉄でできている。鉄には磁石に引きつけられる性質がある。

問２　実験１で，クリップＡに棒磁石のＮ極を近づけると，クリップＡには磁石の性質が発生する(クリップＡが弱い磁石になる)。このとき，クリップＡの下側(棒磁石側)の端《はし》にはＳ極ができ，上側の端にはＮ極ができる。よって，クリップＡとクリップＢを近づけると，磁石と鉄を近づけることと同じなので，㋐のように上下ともくっつく。実験２では，クリップＡだけでなくクリップＢも磁石の性質を帯び，下側の端にＳ極，上側の端にＮ極ができる。したがって，クリップＡとクリップＢを近づけると，磁石の同じ極どうしを近づけるのと同じになるので，たがいに反発し合って，㋓のようにくっつかない。

問３　実験３で，クリップＢには棒磁石のＳ極を近づけたから，下側の端にＮ極，上側の端にＳ極ができる。クリップＡは下側の端がＳ極，上側の端がＮ極となっているので，クリップＡとクリップＢを近づけると，磁石のちがう極どうしを近づけるのと同じで，㋐のように上下ともくっつく。

問４　問２でも述べたように，クリップに棒磁石を近づけると，クリップが磁石の性質を帯びるようになる。

問５　磁石に引きつけられるのは，金属の中でも鉄やニッケルなどの限られたものだけである。アルミニウムや銅は磁石に引きつけられないので，すべての金属が引きつけられるわけではない。

3 地層と天体についての問題

問１　地層は土砂などが積み重なってできるものなので，ふつう下の方ほど古く，上の方ほど新しい。

問２　川に流されてきた土砂(小石・砂・どろ)が海に出ると，つぶの大きいものほど早くしずむので，つぶの大きい小石(れき)は陸地の近いところに積もり，次につぶの大きい砂は陸地からやや離《はな》れたところに積もり，つぶの小さいどろは陸地からもっとも離れたところに積もる。なお，図を見ると，火山灰でできた地層と小石でできた地層の境目は水平だが，ほかの地層どうしの境目はかたむいている。このようすから，小石でできた地層がたい積してから土地が持ち上がって陸地となり，その上に火山灰がたい積したと考えられる。つまり，火山灰は陸地で積もっている。

問３　月の表面は，大小さまざまなクレーター(くぼみ)が多数あったり，いくつも山があったりして，鏡のようになめらかにはなっていない。

問４　ひしゃくの形をした星の並びは北斗《ほくと》七星といい，北の空で北極星を中心に反時計回りに回って見える。

4 水よう液を見分ける実験についての問題

問１　リトマス紙は水よう液の酸性・中性・アルカリ性を調べるために使うものなので，実験①では水よう液を酸性・中性・アルカリ性に分けている。グループ①の５つの水よう液のうち，塩酸と炭酸水は酸性，石灰水とアンモニア水はアルカリ性，食塩水は中性なので，Ｃは食塩水とわかる。

問２　リトマス紙には赤色と青色があり，青色リトマス紙が赤色に変化したら酸性，赤色リトマス紙が青色に変化したらアルカリ性，両方とも変化しなかったら中性である。したがって，グループ②は酸性，グループ③はアルカリ性となる。

問３　塩酸と炭酸水を見分ける方法としては，鉄やアルミニウム，マグネシウムなどを加える（さかんに水素のあわを発生して鉄などがとけた方が塩酸），石灰石にかける（さかんに二酸化炭素のあわを発生して石灰石がとけた方が塩酸），においをかぐ（鼻につくにおいがする方が塩酸），石灰水を加える（白くにごった方が炭酸水）などが考えられる。

問４　石灰水とアンモニア水を見分ける方法としては，ストローで息をふきこむ，または炭酸水を加える（どちらも，白くにごった方が石灰水），においをかぐ（鼻につくにおいがする方がアンモニア水）などが考えられる。

国　語　＜第１回試験＞（50分）＜満点：100点＞

解　答

一 **1～5**　下記を参照のこと。　**6**　いっちゅうや　**7**　ようい　**8**　かくいつ　**9**　いえじ　**10**　ね(る)　二 **1**　あまる　**2**　ない　**3**　疑う　**4**　光らす　**5**　肥える(高い)　**6**　鼻　**7**　こぶ　**8**　かける　**9**　くれない　**10**　長い　三 4→5→1→3→2　四 **問１**　**1**　×　**2**　×　**3**　○　**4**　○　**5**　×　**問２**　Ⅰ　(例)　毎日続けていく／毎日毎食繰り返す　Ⅱ　(例)　直前に「やったりやらなかったりではなく」とあるので，「続けていく」という内容で前の方を探していくと，「私が毎日続けていることです」とあるから。　**問３**　**1**　3　**2**　5　五 **問１**　(例)　自分が期待していた「リカちゃん人形」ではなく市松人形が届いたから。　**問２**　2　**問３**　(例)　両親はみんながもっているからという理由では動かない人たちだから。　**問４**　4　**問５**　3　**問６**　**(一つ目)**(例)　恨まないという美徳がある。　**(二つ目)**(例)　祈る力をもっている。　**問７**　**A**　3　**B**　5　**問８**　からくり　六 **問１**　口語自由詩　**問２**　2，3　**問３**　(例)　(ポプラの葉は)どの葉をとっても同じ「ポプラの葉」と呼ばれる(。けれど，「わたし」は)この世界でかけがえのない「一個の人間」だ(ということ。)　**問４**　②　(例)(自分自身の)人生の過ごし方　③　(例)　(自分の)命　**問５**　(例)　人生の逆境(壁，邪魔をするもの)

●漢字の書き取り

一 **1**　待望　**2**　右折　**3**　乗降　**4**　便(り)　**5**　備(わって)

解　説

一　漢字の書き取りと読み

1　物事の出現や発生を待ち望むこと。　**2**　右に曲がって進むこと。　**3**　乗り物に乗ることと降りること。　**4**　音読みは「ベン」で,「便利」などの熟語がある。　**5**　音読みは「ビ」で,「準備」などの熟語がある。　**6**　丸一日のこと。　**7**　簡単であること。　**8**　個性や事情を考えずに一つにそろえること。　**9**　自分の家へ帰る道のこと。　**10**　音読みは「レン」で,「練習」などの熟語がある。

二　慣用句の完成

1　「彼《かれ》の行動はひどすぎて，目にあまる」のように用いる。　**2**　「私は甘《あま》いものが好きで，特にケーキには目がない」のように用いる。　**3**　「久しぶりに訪れた町の，あまりの変化に目を疑う」のように用いる。　**4**　「犯人に逃《に》げられないように目を光らす」のように用いる。　**5**　「美術品には目が肥えている」のように用いる。　**6**　「彼は目から鼻へぬけるような人物で，感心するしかなかった」のように用いる。　**7**　「自由な発言をいつも邪魔《じゃま》されて，彼はずっと私の目の上のこぶだった」のように用いる。「目の上のたんこぶ」と言うことも多い。　**8**　「彼は後輩《こうはい》に親切だが，特にあの後輩に目をかけているみたいだ」のように用いる。　**9**　「彼は真面目で，勉強以外のことには目もくれない人だ」のように用いる。　**10**　「まだ未熟だが，あの新人の成長を長い目で見る」のように用いる。

三　メモの並べかえ

２のメモが「最後に」，４のメモが「まず」，５のメモが「次に」で始まっていることに着目すると，この三つのメモは，４→５→２の順序で並ぶことがわかる。１と３のメモには手がかりになる順序を表す言葉そのものはないが，弱火で焼いていることから，「弱火にして」と書かれている５のメモのあとに並ぶことがわかる。また，３ではすでに火が通っているので１よりあとに並ぶことがわかる。これらをまとめると，「まず」のある４，「次に」のある５，まだ焼き始めたばかりの１，火が通っている３，「最後に」とある２の順序になる。

四　出典：小倉朋子《おぐらともこ》『「いただきます」を忘れた日本人～食べ方が磨《みが》く品性～』。

筆者は，食事をするときのオンとオフという今の日本人が失ってしまったものを取り戻《もど》すことの重要性について，オン・オフの具体的な例をあげながら論じている。

問１　この「深い関係」というのが，何と何の関係であるのかをとらえる。「日常生活のオンとオフが曖昧《あいまい》になったこと」と「食のボーダーレス化」，つまり，昔のような日本人らしい食事の仕方との関係である。１は，「日本人の食事」についてオンとオフがなくなりつつあることは述べられているが，「日本人の食事のマナー」が変わったとは述べられていないので，誤り。２は，「日本の四季の変化が曖昧に」なったということは述べられていないので，誤り。３は，「日本の生活文化」の中での「オン・オフの所作」がなくなってきたことと，「日本人の食事のオン・オフ」の感覚が薄《うす》れつつあることとの関連性を述べているので，正しい。４は，「日常生活におけるオン・オフ」の感覚がなくなってきたことで，「食事の始まりと終わり」を大切にする感覚も失われつつあるという内容なので，関係の説明として正しい。５は「日本人のメンタリティの変化」について述べられていないので，誤り。

問２　Ⅰ　空欄《くうらん》Ｂの直前が「ではなく,」であることに着目する。「ではなく,」の前の内容と逆の内容が空欄Ｂにあてはまることになる。「やったりやらなかったり」の内容と反対の意味にあたるものは，空欄Ｂの２段落前にある，「私が毎日続けていること」である。　Ⅱ 「直前とは反対の内容が入ると思った」のような書き方では，なぜそう思ったのかが書かれていないので不十分。なぜそう思い，その結果どう考えたかなど，空欄Ｂにあてはまる内容は何かを考えたときの自分の思考の流れを，順を追って書く。なお，理由を説明することから，末尾は「から。」「ので。」などの理由を表す言葉で結ぶ。

問３　**１**　空欄の前に書かれていたのは，かつての日本の生活の様子であり，あとではその生活が「すっかり一変しました」とあるので，前に書かれていたことと反対のことが続いていることになる。したがって，前の内容とは反対の内容を続けるときに用いる「しかし」がふさわしい。　**２**　空欄の前に書かれていたのは，日本人は食事の際の決まりごとなどを重要視し，秩序《ちつじょ》とたしなみをもって食事を大切にして，「自然の恵《めぐ》みや，先祖から受け継《つ》いだ習わし，食材のいのちに礼をつくす気持ちを込《こ》めたのだと思う」という筆者の考えであり，空欄のあとではそうした考えからすれば当然の結果と言える日本人の行動が続いている。したがって，前の内容に当然の内容を続けるときに用いる「だから」がふさわしい。

五　**出典：梨木香歩《なしきかほ》『りかさん』**。ようこはリカちゃん人形がほしかったが，おばあちゃんは市松人形を送ってきた。ようこはがっかりし，ようこの母さんは困ってしまうが，この人形はただの人形ではなかった。

問１　直後の段落の終わりにも「がっかりのあまり，涙《なみだ》が出そうだ」とあり，ようこがそう感じるようになったのがどのようなできごとによるのかは，さらにそのあとに書かれている。「ようこは，リカちゃん人形が欲しかった」のに，「送られてきたのは真っ黒の髪《かみ》の市松人形だった」からである。

問２　直後に理由が述べられている。「リカちゃん人形だったら，デパートの包装紙できっちりとした小包のはず」なのに，「使い古しの油紙に包まれていた」からというのが理由である。この内容に合うのは２。１は「早すぎる」という時期の問題ではないので合わない。３は，ようこの母さんはおばあちゃんがリカちゃん人形をデパートで買うと思っていたわけなので，「リカちゃん人形を持っているとは思わなかった」が合わない。４の「家には人形など一つもなかった」は，あとでようこの母さんが市松人形をおばあちゃんのコレクションだと知っていたことが書かれているので，合わない。

問３　直後の一文が理由になっている。「父さんも母さんも，みんながもっているから，という理由では動かない人たち」だからである。

問４　「リカちゃん人形の一件」，つまり，ようこをのぞいた友達みんながリカちゃん人形をもっていたということを友達のお母さんから知らされて，ようこの母さんが「思いあぐねていた」ときである。これに合うのは４。ここでは，ようこではなくて，ようこの母さんの視点で話が進んでいるので，ようこの気持ちを示している１は合わない。ようこは「いじめられた」わけではないので，２は合わない。「人形がもらえるとわかった」のはおばあちゃんから電話があって，おばあちゃんとようこが話してからのことであり，順番がおかしいので，３は合わない。

問５　「そのつくりものめいた明るさ」が指すのは，「まあ，なんてかわいいお人形」とようこの母さんが声を張りあげたことである。母さんが声を張りあげたのは，「おばあちゃんを悪くいうことはできない。優しい気持ちで送ってくれたのだから」という気持ちからなので，それに合う３が正解。１は「初めてのおくりものだった」という内容が書かれていないので誤り。２は「いつもへんなものだった」という内容が書かれていないので誤り。また，ここでの母さんはようこではなく，おばあちゃんの気持ちを考えているので，４は合わない。

問６　「特徴《とくちょう》」とは，他と比べて目立っている点のことなので，この人形が普通《ふつう》の人形とは違《ちが》っているように書かれているところを探していく。「恨《うら》まない，っていうのは，人形にはとてもめずらしい資質だ。美徳といっていい」という点と，「りかちゃんは祈《いの》る力のある人形なのだ」という点の二つが見つかる。「特徴」を問われているので，「真っ黒の髪」などとしても誤りではない。

問７　**Ａ**　ようこはすでに「母さんの前」にいるときに箱の中身がリカちゃん人形ではなくて市松人形だということを知り，そのときは「いっしょうけんめいがまんしていた」のである。ひとりになって改めて箱をのぞいたときは，リカちゃん人形ではなくて市松人形であることを知った上で，悲しい気持ちでのぞいているのだから，「しみじみ」があてはまる。　**Ｂ**　ようこの心は，おばあちゃんから送られてきたのがリカちゃん人形ではなくて市松人形だとわかったことですでに沈《しず》んでいたのだから，母さんの「つくりものめいた明るさ」でさらに気持ちが沈んでしまうのである。それに合うのは「ますます」である。

問８　糸やぜんまい，あるいは水力などを用いて人形などを動かすことを「からくり」という。また，そうした仕《し》掛《か》けのある人形のことを「からくり人形」とよぶ。

六　**出典：新川和江《しんかわかずえ》「名づけられた葉」**。ポプラなどの葉とは違って固有の名前を持つことのできている人間として，どんな困難があったとしても自分で考えて自分らしく精一杯《せいいっぱい》生きたいという作者の願いを，固有の名を持つことができないポプラの葉のありように重ね合わせ，比較《ひかく》する形で表現されている。

問１　現代の一般的《いっぱんてき》な話し言葉，すなわち「口語」で書かれているので「口語詩」である。また，七音・五音のように音数に決まりがある詩(定型詩)とはなっていない「自由」な詩であることから，「自由詩」である。

問２　「わたしは呼ばれる／わたしだけの名で」「考えなければならない／誰のまねでもない／葉脈の走らせ方を　刻みのいれ方を／……うつくしく散る法を」「考えなければならない／どんなに風がつよくとも」など，普通とは語の順序を逆にして印象を強める「倒置法《とうちほう》」の表現が何か所かある。また，「緑の小さな手をひろげ」「いっしんにひらひらさせても」「ひとつひとつのてのひらに」などの，ポプラの葉を人間の手のように見立てているところが，人でないものを人にたとえて表現する「擬人法」である。「考えなければならない」が二度繰《く》り返されているが，同じ語を繰り返して強調する「反復法」が用いられていると言えるほどではない。他に用いられている表現技法としては，たとえば行末が「葉」という名詞(体言)で終わっている「名詞止め(体言止め)」や，「わたしも／いちまいの葉にすぎないけれど」「血の樹液」などの「ようだ」を使わずに間接的にたとえている「隠喩《いんゆ》(暗喩)」がある。

問３　第一連でポプラの葉はどの葉も同じようにポプラの葉としか呼ばれないとあるのと比べて，第二連では「わたし」は「わたしだけの名」で呼ばれるとある。これは，他の葉との違いなどないとされてしまうポプラの葉とは違い，他とは違う個性をちゃんと持った人間として扱われているということである。

問４　②　葉脈を走らせたり刻みを入れたりするのは，植物が生きる上で行うことである。それにたとえているのだから，人間が生きる上で行うこと，すなわち人生を過ごすということである。
③「緑」とは植物で言えば色であり，生きるために必要な要素である。また，「緑をかがやかせて」「うつくしく散る」とあるので，せいいっぱい「緑」をかがやかせるというのは，せいいっぱい生きること，命を燃やしてかがやかせることということになる。

問５　葉につよく風があたると散ってしまったり枝が傷《いた》んでしまったりする。つよい風は逆境をたとえているのである。

Memo

2024年度 佐野日本大学中等教育学校

【算　数】〈第２回試験〉(50分)〈満点：100点〉

注意事こう
・定規は使用してもかまいません。
・円周率は3.14とする。

1 次の□にあてはまる数を求めなさい。

(1) $67 - 12 \times 3 = \square$

(2) $\frac{1}{3} + 1\frac{5}{6} = \square$

(3) $0.9 \div 3\frac{3}{4} = \square$

(4) $\frac{\square}{14} \div 1\frac{1}{7} = \frac{3}{16}$

(5) $31.36 \div \square = 5.6$

(6) $180 \div (112 - \square) = 5$

(7) $\frac{3}{2}$ より大きく $\frac{53}{5}$ より小さい数の中で整数は□個です。

(8) 24と48の最小公倍数は最大公約数の□倍です。

⑼　9.1 : 6.5 を最《もっと》も簡単な整数の比にすると

□ : □ です。

⑽　150g の 25％は □ g です。

2　次の □ にあてはまる数を求めなさい。

⑴　[1]，[2]，[3]，[4]，[5] の５枚の数字のカードから，２枚のカードを選んで並べたとき，２ケタの奇数は □ 個できます。

⑵　ひし形の対角線の長さがそれぞれ，10㎝，7㎝のひし形の面積は □ ㎠です。

⑶　$1\frac{3}{7} \div \frac{10}{11} - \frac{5}{9} \div \frac{7}{12} =$ □

⑷　$1.7 \times 1.2 + 1.7 \times 1.3 - 1.7 \times 0.7 - 1.7 \times 0.8 =$ □

⑸　$\left(1\frac{1}{6} + \frac{2}{9}\right) \div 2.5 - \frac{4}{9} =$ □

3 次の各問いに答えなさい。

(1) ある商品を定価の2割《わり》引きで買いました。1000円をはらったところ，おつりは320円でした。ある商品の定価を求めなさい。

(2) あるクラスでえんぴつを分けるのに，1人に9本ずつ分けると24本あまり，1人に12本ずつ分けると78本不足します。えんぴつは全部で何本あるか求めなさい。

(3) 家から1.6kmはなれている公園に行くために，兄が分速100mで向かいました。その後，弟が分速80mで追いかけて行ったところ，兄が公園に着いてから8分後に着きました。弟は兄が出発してから何分後に出発したか求めなさい。

(4) 1分間に3Lずつ水を入れると18分で満杯《まんぱい》になる空《から》の水そうがあります。この水そうに1分間に2Lずつ水を入れ，満杯の$\frac{2}{3}$の量まで水を入れたとき，何分かかったか求めなさい。

(5) 次のデータは10人の生徒が10点満点のテストを行ったときの結果です。

名前	A	B	C	D	E	F	G	H	I	J
点数	2	5	10	7	1	2	8	2	3	7

このデータにおいて，中央値と最頻値《さいひんち》をたしたときの値《あたい》を求めなさい。

4 次の各問いに答えなさい。

(1) 右の図の斜線《しゃせん》部の面積を求めなさい。

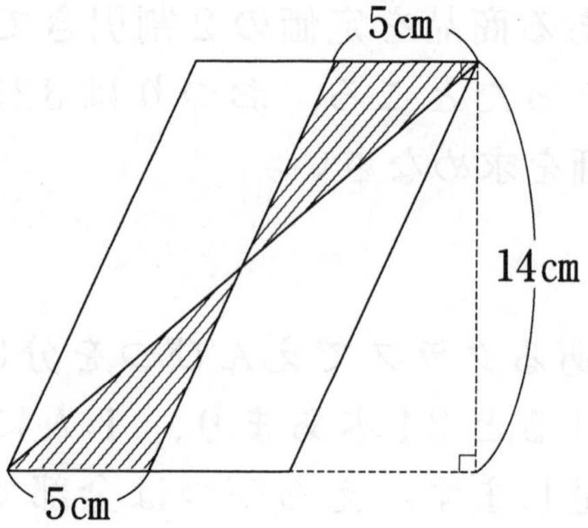

(2) 右の図の平行四辺形で，ＡＣとＢＣの長さが等しいとき，㋐の角の大きさを求めなさい。

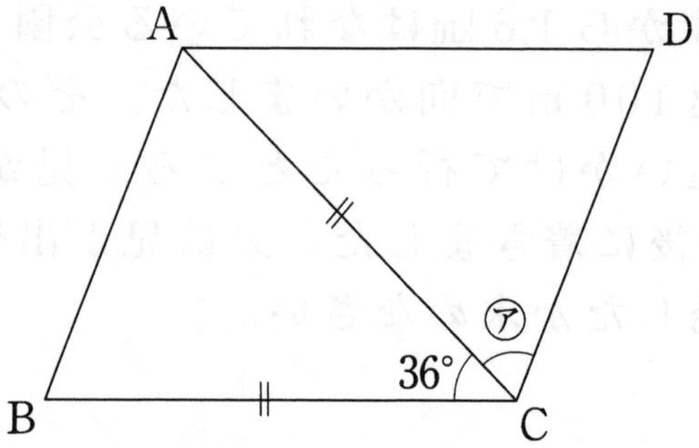

(3) 右の図の色のついた部分の角度の合計を求めなさい。

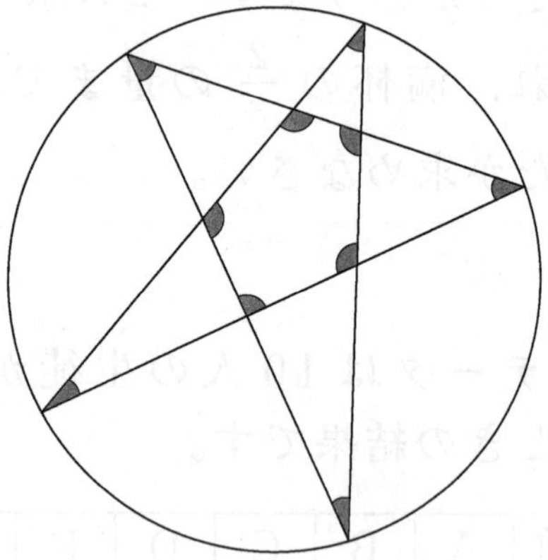

⑷　下の図は長方形の土地に幅《はば》が５ｍの道をつくったときの図です。斜線部の面積の合計を求めなさい。

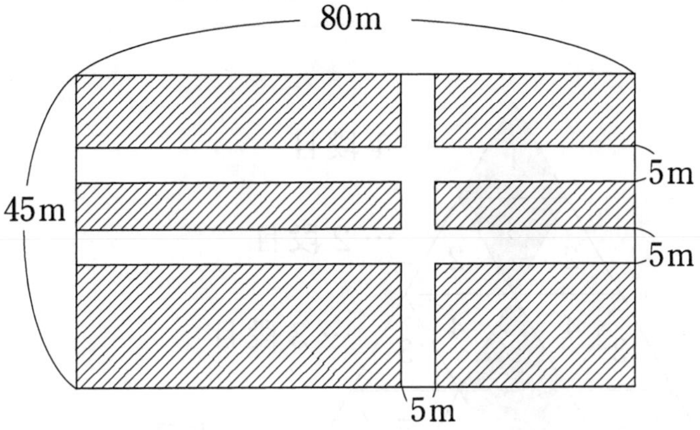

⑸　下の図はある角柱の展開《てんかい》図です。この角柱の体積を求めなさい。

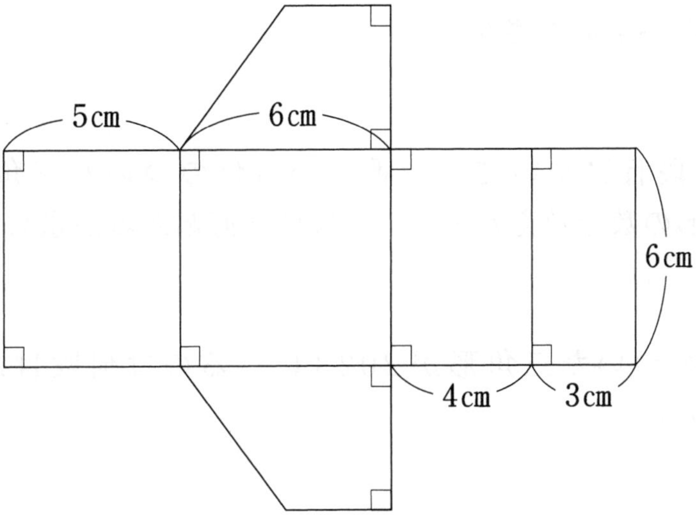

5 下の図のように規則的に三角形をならべ数字を書いていきます。また，各段の真中の三角形に色をつけていきます。このとき，次の各問いに答えなさい。

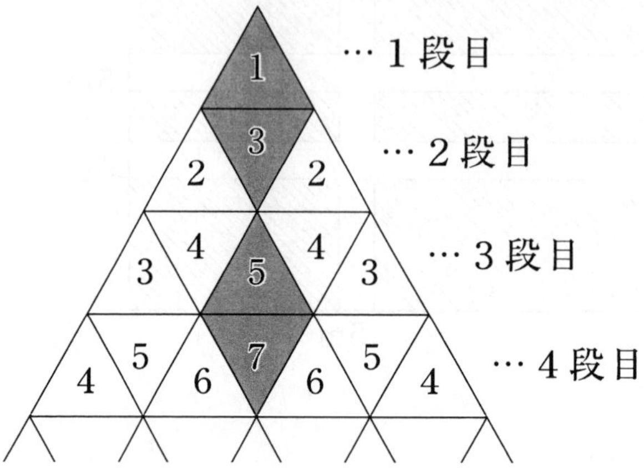

⑴　５段目の三角形に書かれた数字を全てたすと，いくつになるか求めなさい。

⑵　20段目について，一番左から色のついた三角形まで三角形の数を数えたとき，三角形は何個あるか求めなさい。

⑶　色のついた三角形が2023になるのは何段目か求めなさい。

【社　会】〈第２回試験〉（理科と合わせて50分）〈満点：50点〉

1　次の日本と中国《ちゅうごく》に関する問いに答えなさい。

問１　中華人民共和国《ちゅうかじんみんきょうわこく》は，現在，日本の最大《さいだい》の貿易相手国《あいてこく》である。次のア～エの日本の輸入品《ゆにゅうひん》のうち，中国が第１位の輸入品を選び，記号で答えなさい。

ア．コンピューター　　イ．石炭《せきたん》　　ウ．鉄鉱石《てっこうせき》　　エ．石油《せきゆ》

問２　下の写真《しゃしん》は，710年につくられた平城京《へいじょうきょう》を復元《ふくげん》した模型《もけい》である。平城京やのちにつくられる平安京《へいあんきょう》は，当時《とうじ》の中国の都《みやこ》にならって，道路《どうろ》によって碁盤《ごばん》の目のように区切《くぎ》られていた。この当時の中国の都名を答えなさい。

問３　下の絵は鎌倉時代《かまくらじだい》に２度にわたって中国の大軍《たいぐん》が九州北部《きゅうしゅうほくぶ》に攻《せ》め込《こ》んできた様子《ようす》を描《か》いたものである。この戦《たたか》いを何というか。

問４　1931年，中国東北部《とうほくぶ》にいた日本軍が中国軍を攻撃《こうげき》し，戦乱《せんらん》が起こった。この事《じ》件《けん》を何というか。

問５　下の写真は中国の伝統的《でんとうてき》な行事《ぎょうじ》の様子を写したものである。日本の正月《しょうがつ》にあたるこの行事は何というか。

問６　日本と中国は領土《りょうど》や国境《こっきょう》をめぐる解決《かいけつ》していない課題《かだい》をかかえている。日本と中国との間にある課題は，下のア～エのうちどれか。記号で答えなさい。

ア．色丹島《しこたんとう》　　イ．竹島《たけしま》　　ウ．南鳥島《みなみとりしま》　　エ．尖閣諸島《せんかくしょとう》

問７　戦後，1972年に国交《こっこう》が回復《かいふく》した日本と中国はおたがいの首都《しゅと》に大使館《たいしかん》を置いて，外交《がいこう》をおこなっている。日本の大使館が置かれている中国の首都名を答えなさい。

2 江戸時代《えどじだい》の職業《しょくぎょう》や経済《けいざい》について，次の問いに答えなさい。

問１ 下の絵《え》は，今《いま》から200年ほど前《まえ》，江戸の街《まち》でもとくににぎわっていた通《とお》りを描《か》いた「熙代勝覧《きだいしょうらん》」というものである。この絵にあるＡ～Ｄの人物《じんぶつ》のいずれかを選び，その職業《しょくぎょう》を次のア～カから選び，記号で答えなさい。

ア．猿回《さるまわ》し　イ．水売《みずう》り　ウ．菓子屋《かしや》
エ．牛車《うしぐるま》　オ．呉服屋《ごふくや》　カ．八百屋《やおや》

問２ 問１について，そう思った理由《りゆう》を次のア～カから選び，記号で答えなさい。なお，問１と問２は両方《りょうほう》が正しい組み合わせの時に正解《せいかい》とする。

ア．現代《げんだい》のトラックにあたるような荷車《にぐるま》を，牛に引かせているから。
イ．長《なが》い柄《え》の桶《おけ》で井戸《いど》から水をくみ，売り歩いているから。
ウ．立派《りっぱ》な蔵《くら》づくりのお店《みせ》で，高級《こうきゅう》な呉服《ごふく》（着物《きもの》）の商品《しょうひん》が置かれていそうだから。
エ．猿を背負《せお》っており，手には猿に芸《げい》をさせる道具《どうぐ》を持っているから。
オ．長《なが》ねぎなどの野菜《やさい》を近《ちか》くの市場《しじょう》で仕入《しい》れ，売り歩いているから。
カ．紙風船《かみふうせん》をふくらませているからなのか，子どもたちが集まっているから。

問３　16世紀《せいき》ごろから本格的《ほんかくてき》な開発《かいはつ》が始まった石見銀山《いわみぎんざん》の良質《りょうしつ》な銀は，南蛮貿易《なんばんぼうえき》でヨーロッパに広がり，ヨーロッパとアジアの経済・文化の交流《こうりゅう》に大きな影響《えいきょう》を与えた。石見銀山があったのは現在の島根《しまね》県である。右の地図のうち，島根県はどれか。地図中のア～オから選び，記号で答えなさい。

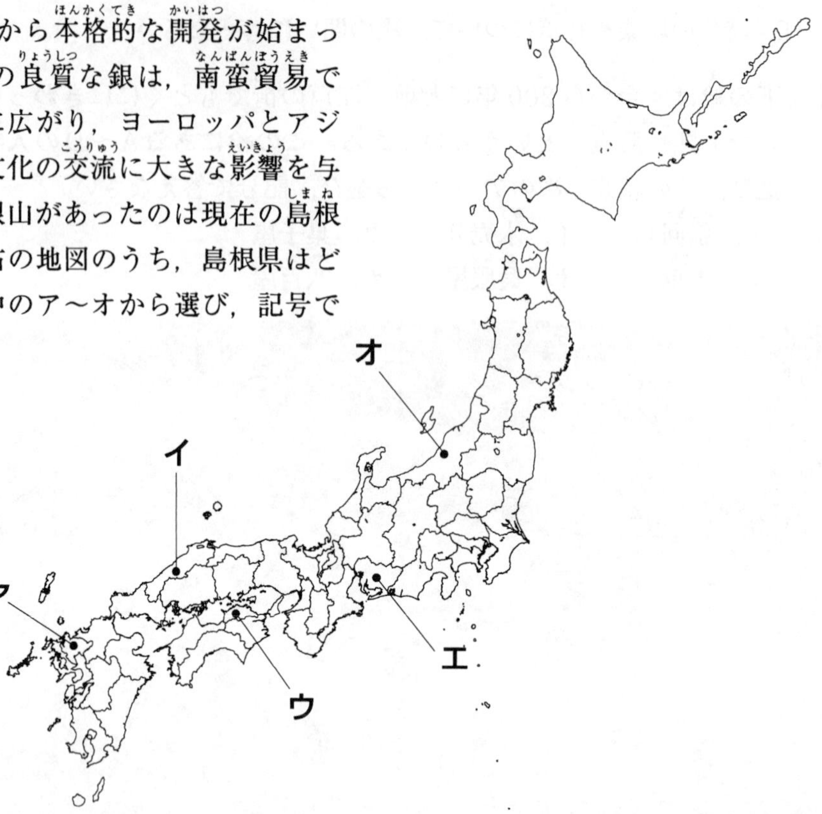

問４　江戸幕府は鎖国政策《さこくせいさく》をとっていたが，いくつかの窓口《まどぐち》ではほかの国《くに》や地域《ちいき》との交流《こうりゅう》や貿易《ぼうえき》がおこなわれていた。朝鮮《ちょうせん》との窓口になっていたのは下のア～オのうちどれにあたるか。記号で答えなさい。

ア．島原《しまばら》　イ．薩摩《さつま》　ウ．対馬《つしま》　エ．松前《まつまえ》　オ．長崎《ながさき》

問５　江戸時代は農業《のうぎょう》においても農具《のうぐ》の改良《かいりょう》など，開発《かいはつ》が進《すす》んだ。下の絵ア～エは江戸時代に使われるようになった農具を描《えが》いたものである。ア～エのうち，風を利用し米などのもみがらやゴミを取《と》り除《のぞ》く農具はどれか。記号で答えなさい。

ア．

イ．

ウ．
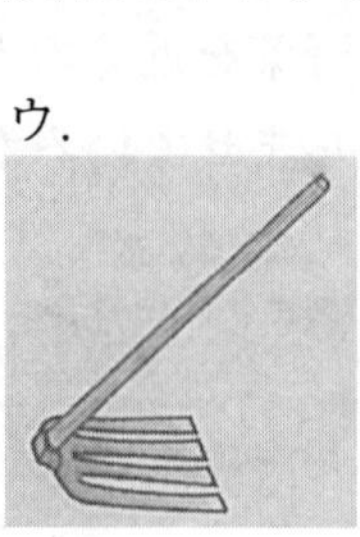
エ．

問６　江戸時代は何回も大きなききんが起こり，人々《ひとびと》を苦《くる》しめた。このような時期《じき》に農村《のうそん》で起こった反乱《はんらん》を何というか。漢字４字で答えなさい。

問７　江戸時代は平和が続き，社会が安定するとともに，江戸や大阪で文化が発展した。下の絵は，東海道《とうかいどう》の名所風景《めいしょふうけい》を描《えが》いた「東海道五十三次《ごじゅうさんつぎ》」である。この作者《さくしゃ》を下のア〜エから選び，記号で答えなさい。

ア．歌川広重《うたがわひろしげ》
イ．近松門左衛門《ちかまつもんざえもん》
ウ．杉田玄白《すぎたげんぱく》
エ．葛飾北斎《かつしかほくさい》

3　次の文章を読んで，あとの問いに答えなさい。

りくさんたちは，農業や水産業の学習をふり返り，どのような課題があったか話し合いました。

りく：①日本人の食生活が変化して，米の生産量が消費量《しょうひりょう》を上回り，米が余《あま》っているという課題がありました。
めい：②水産業では，とれる魚の量が少なくなったり，魚を外国から輸入《ゆにゅう》していることがあげられます。
りく：米をつくっている農家では，③消費者の願いにこたえるために，おいしくて安全な米づくりに取り組んでいました。
めい：農業も水産業も働く人が減っていることも大きな課題でした。

りくさんたちは，日本とおもな国の食料自給率《じきゅうりつ》について，資料《しりょう》をもとに調べてみました。

りく：④どうして日本の食料自給率は低いのだろう。価格《かかく》とも関係があるのかな。
めい：日本の食料は，多くを輸入にたよっているんだね。⑤小麦や大豆のほとんどを輸入していますね。
りく：40年前に比《くら》べると，食料自給率は約３分の２になっています。いったい，なにがあったのだろう。

問1　下線部①について，下のグラフⅠ，Ⅱを参考《さんこう》にして食生活と輸入について分かることを説明しなさい。ただし，必ず「肉」と「輸入」の用語を使うこと。

グラフⅠ

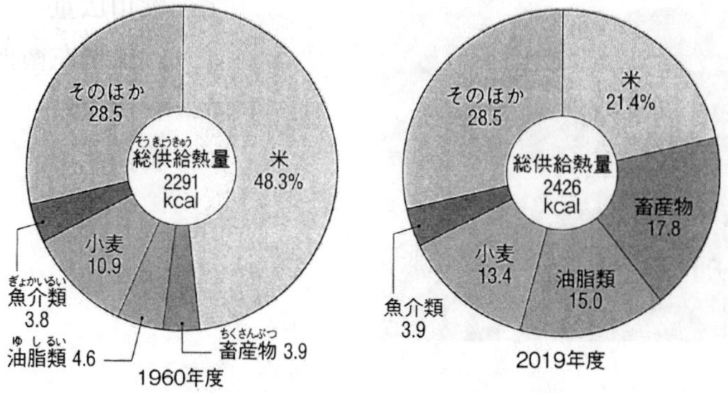

一人1日あたりの食べ物の割合の変化

グラフⅡ

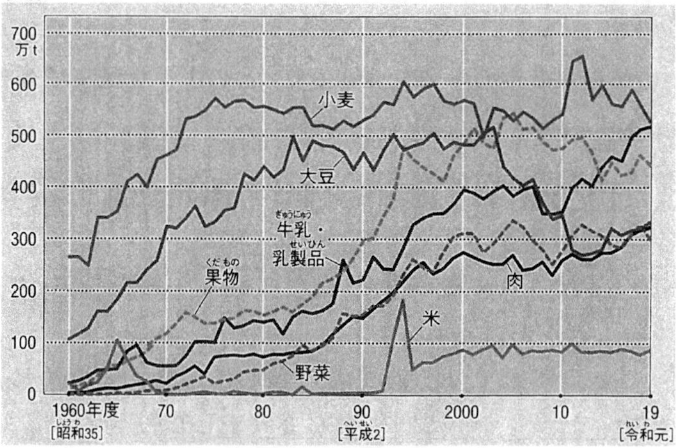

食料品別の輸入量の変化

問2　下線部②について，漁業《ぎょぎょう》の分類《ぶんるい》の1つに，日本近海で10 t《トン》以上の船を使って，数日がかりでおこなわれる漁業がある。それを何というか。

問3　下線部③について，その土地の地形や気候に合わせて，おいしくて育てやすい作物をつくるために，いろいろな品種《ひんしゅ》のよいところを集めて，新しい品種をつくり出すことを何というか。

問４　下線部④について，右のグラフは日本とおもな国の食料自給率をあらわしたものである。日本にあてはまるものをグラフ中のア～オから１つ選び，記号で答えなさい。

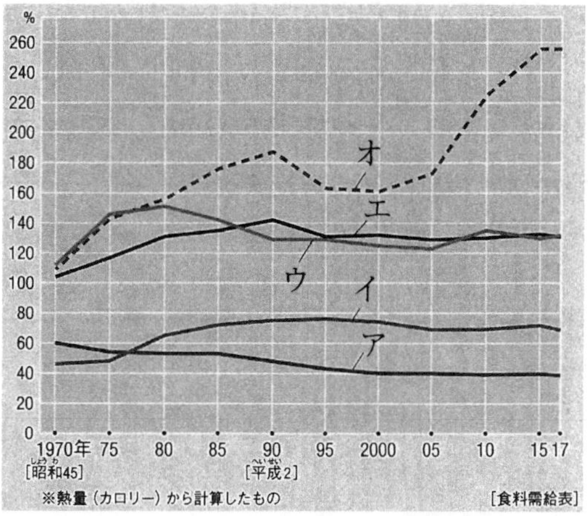

問５　下線部⑤について，右のグラフは日本のおもな食料の自給率をあらわしたものである。小麦にあてはまるものをグラフ中のア～オから１つ選び，記号で答えなさい。

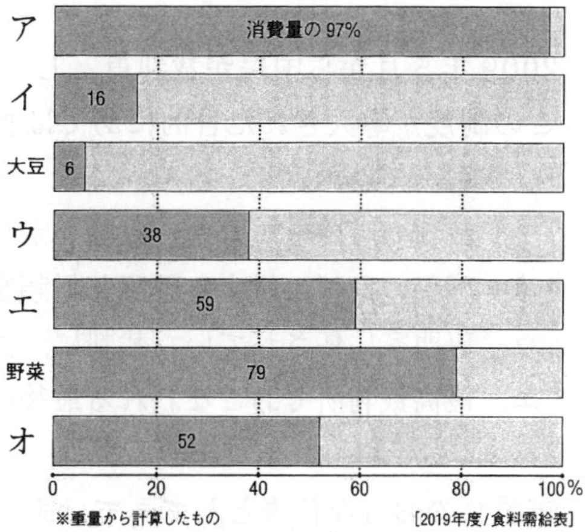

問６　わたしたちの食生活は豊《ゆた》かになったが，食料自給率の高い米の消費量が減り，輸入された食料品が増え，日本の食料全体の自給率が低下している。その一方で，食べられる食料を大量にすてているという問題もある。このように食べることができたはずの売れ残りや期限《きげん》を過ぎた食品，食べ残しなどの食品が廃棄《はいき》されることを何というか。

４　裁判所《さいばんしょ》と市議会《しぎかい》のはたらきについて，あとの問いに答えなさい。

問１　裁判所のはたらきにあてはまらないものはどれか，次のア～エから１つ選び，記号で答えなさい。

ア．罪《つみ》を犯《おか》した疑《うたが》いのある人が有罪《ゆうざい》か無罪《むざい》かの裁判をおこない，判決《はんけつ》を出す。
イ．法律《ほうりつ》や政治《せいじ》が憲法《けんぽう》に違反《いはん》していないか判断する。
ウ．法律を制定《せいてい》する。
エ．人々の間に起きた争《あらそ》いごとや犯罪《はんざい》を，憲法や法律《ほうりつ》によって解決する。

問2　右の図のように，裁判のまちがいを防ぎ，人権《じんけん》を守るために，同じ事件について３回まで裁判を受けることができる制度がある。この制度を何というか。制度名を答えなさい。

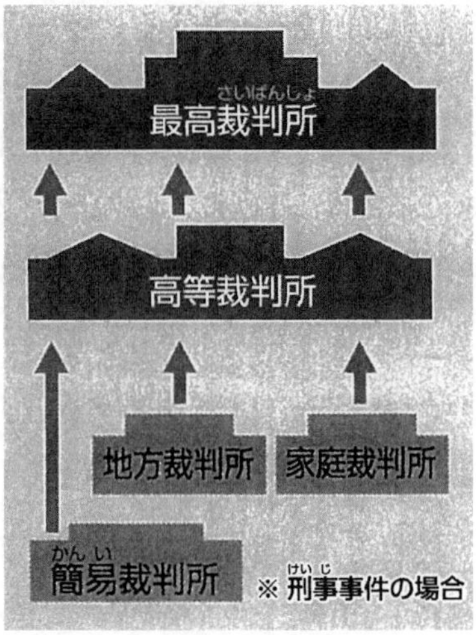

問3　2009年５月から国民が裁判員《いん》として裁判に参加《さんか》する裁判員制度がはじまった。この制度が導入された目的にあてはまらないものはどれか，次のア～エから１つ選び，記号で答えなさい。

ア．裁判の時間を短くするねらいがある制度
イ．国民の裁判に対する理解《りかい》と信頼《しんらい》を深《ふか》めるための制度
ウ．専門家に任されていた裁判に，国民の感覚を取り入れるための制度
エ．最高裁判所でおこなわれる最後の判決に国民が参加する制度

問4　市議会のおもな仕事としてあてはまらないものはどれか，次のア～エから１つ選び，記号で答えなさい。

ア．市の税金を決めること
イ．条例を制定，改正，廃止《はいし》すること
ウ．市の仕事が正しくおこなわれているかどうかを調査し，問題点を指摘《してき》すること
エ．新設する施設《しせつ》の設計図を作成すること

問5　市議会のおもな仕事の１つとして，市の１年間に使われるお金（支出）や入ってくるお金（収入《しゅうにゅう》）についてあらかじめ見積《みつ》もりを立てることがある。このことを何というか。漢字２字で答えなさい。

問6　市長や市議会議員になるには選挙で立候補《りっこうほ》し，当選しなければならない。市長や市議会議員の選挙に立候補できる年令は満何才以上か。

【理　科】〈第２回試験〉（社会と合わせて50分）〈満点：50点〉

注意事こう

定規は使用してもかまいません。

1　手指の消毒に使う消毒液の多くにはエタノールがふくまれている。エタノールは，下のような性質がある。また，グラフは100％のエタノールと，消毒用エタノールを温めたときの温度変化の様子である。問いに答えなさい。

エタノールの性質

1．水とよく混ざる。

2．水と混ざったエタノールは中性を示す。

3．20℃のときは無色透明の液体。

4．蒸発《じょうはつ》しやすい。

5．気体の状態のとき，特に燃えやすい。

グラフA

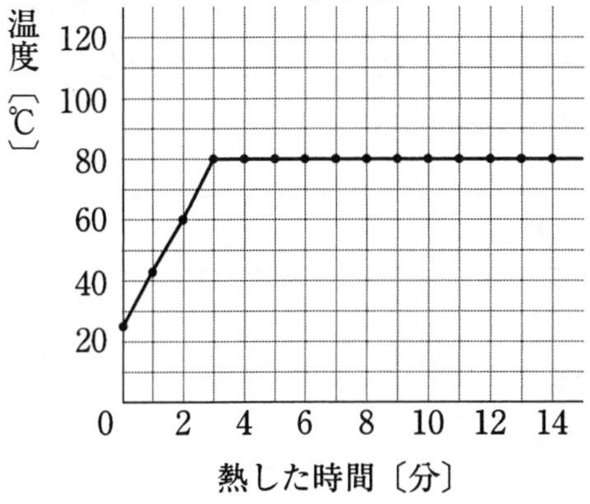

グラフB

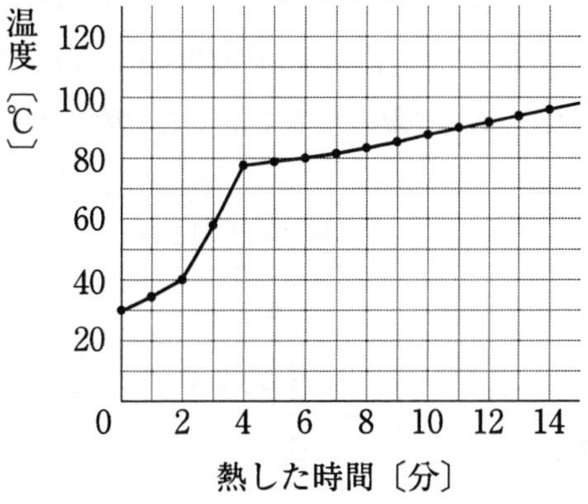

問１　100％エタノールを加熱したときのグラフはA，Bのどちらか答えなさい。

問２　図のように，90℃のお湯の中に，100％エタノールの入った試験管を入れた。そのときのエタノールの状態がわかるように図示しなさい。

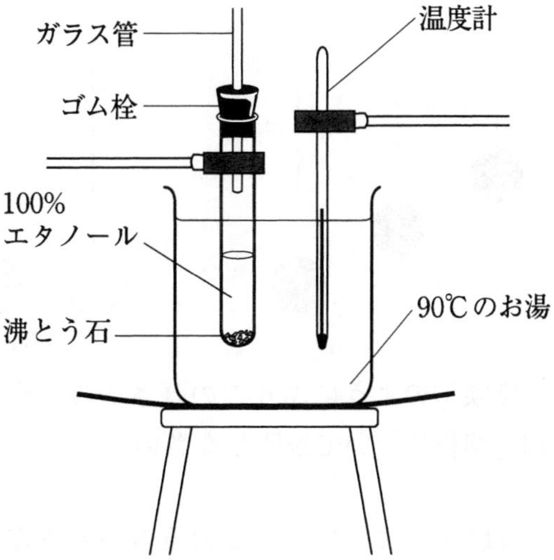

問３　図で，試験管の口のゴム栓に長いガラスの管がつけてあるのは安全に実験を行うためである。なぜ，安全になるのか説明しなさい。

問４　体積の割合で77％のエタノールがふくまれている消毒用エタノールがある。この消毒用エタノール500mLには何mLのエタノールがふくまれているか答えなさい。

問５　身の回りにはさまざまな液体がある。この中で赤リトマス紙を青く変える液体はどれか，次の㋐〜㋓から１つ選び，記号で答えなさい。
㋐ アンモニア水　　㋑ 炭酸水　　㋒ 砂糖水　　㋓ 食塩水

2　次の実験を行った。問いに答えなさい。

ブランコに乗っているときに，もののゆれ方にはどのような関係があるのか興味を持ち，ふりこを作って下の表のように変化をつけて研究してみた。ただし，図の中の○，◍，●の材料は，木，ガラス，金属とする。

	ふりこの長さ	おもりの重さ	ふれはば
実験①	変える	変えない	変えない
実験②	変えない	変える	変えない
実験③	変えない	変えない	変える

実験①　　　実験②　　　実験③

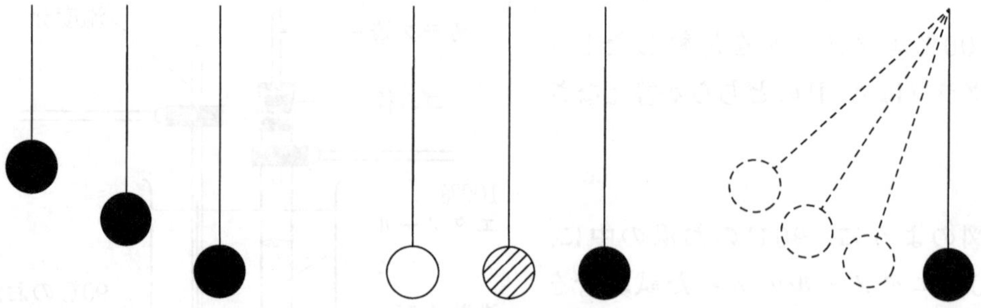

問１　実験①のようにふりこの長さのみを変えたとき，ふりこの長さと１往復する時間の関係について説明しなさい。

問２　実験②のようにふりこの重さのみを変えたとき，ふりこの重さと１往復する時間の関係について説明しなさい。

問３　実験③のようにふりこのふれはばのみを変えたとき，ふりこのふれはばと１往復する時間の関係について説明しなさい。

問４　実験①～③の結果からゆっくりゆれるブランコの模型を作るなら，どんなブランコを作るといいか答えなさい。

3　超大型の台風が私の住んでいる地域に接近するというニュースを見て，家族で防災について話し合った。問いに答えなさい。

Ａ：台風のときは，どんな防災対策をするべきなの？
Ｂ：台風は大雨が降ることと，強い風が吹くことがあるから，雨と風に気をつけないといけないね。
Ａ：雨が降るということは，台風は，どの種類の雲なの？
Ｂ：（　ア　）だよ。
Ａ：なるほど！
Ｂ：この地域は台風の進行方向の右側になりそうだから，特に注意しないとね。
Ａ：なんで右側だから注意するの？
Ｂ：台風の進み方は北半球では，（　イ　）に回転しながら進むため，進行方向の右側は，強い風が吹くことになるからだよ。
Ａ：ハザードマップも確認しておこうね！
Ｂ：そうだね，じゃあ，大雨が降ったときに避難《ひなん》する場所を決めておこうか。
Ａ：大きい施設が避難所になるよね。この地域なら，①家の近くの公民館，川の近くの病院，丘の上の学校，崖《がけ》の近くの運動公園があるけど……。
Ｂ：この地域で安全なのは，（　ウ　）だよ。何かあったら（　ウ　）で台風が過ぎるのを待とう。
Ａ：わかった！今回の超大型の台風は本当に怖いよね。
Ｂ：その通り。しかし，台風が来ることは，悪いことだけじゃないよ。
Ａ：②台風が来て，良いことって何があるの？

問１　（　ア　）にあてはまる言葉を答えなさい。

問２　（　イ　）にあてはまる言葉を答えなさい。

問３　（　ウ　）にあてはまる言葉を下線部①から選んで答えなさい。

問４　下線部②について考えられることを答えなさい。

4 佐野日本大学中等教育学校には，たくさんのさくらの木がある。さくらには，ソメイヨシノやオオシマザクラなどいろいろな種類がある。同じ種類のさくらは，同じ地域では，ほぼ同じタイミングで咲くことが知られている。さくらの花が咲くまでのステップは以下のようになっている。

ステップ1　前年の夏に花芽ができて，一度成長が止まった休眠《きゅうみん》状態になる。

ステップ2　秋から冬にかけて，一定の期間低温（5℃以下）におかれることで休眠状態から目覚める。

ステップ3　春の気温の上昇とともに目覚めた花芽が成長する。

ステップ4　花芽が成長したところで開花する。

問1　同じ種類のさくらかどうかを知るために，何に注目して観察したらよいか。2つ書きなさい。

問2　下の図1は佐野日本大学中等教育学校の校章で，さくらの花をモチーフにしている。中央のSNのマークの部分には実際の花ではなんというつくりがあるか。また，その部分が育つと何ができるか答えなさい。

図1

問３　花が咲くのに必要なエネルギーのもとはデンプンである。冬の間さくらの木はどこにデンプンをたくわえているか調べるには，どのような実験をしたらよいか。短い文で答えなさい。

問４　表１から，2022年と比べて，2023年の方がより早くさくらが咲いたことがわかる。正しい理由のものを，次の㋐～㋓から１つ選び，記号で答えなさい。

表１：さくらの開花日

地点名	2022年開花観測日	2023年開花観測日
札幌	4月23日	4月15日
仙台	4月　8日	3月26日
新潟	4月　8日	3月27日
東京	3月20日	3月14日
名古屋	3月22日	3月17日
大阪	3月23日	3月19日
福岡	3月21日	3月18日

㋐ 2022年より，2023年の冬は気温の高い日が多かったので花芽が休眠しなかった。
㋑ 2022年より，2023年は春の気温の上昇が早かったので花芽の成長が早かった。
㋒ 2023年より，2022年の冬は気温の高い日が多かったので早く休眠から目覚めた。
㋓ 2023年より，2022年の春は気温の上昇が遅かったので休眠から目覚めるのが遅かった。

問5　さくらの開花がいつ頃になるかを予想して発表しているのが，図2のさくら開花前線である。図2を見ると，暖かい南の地域から順に開花するのではなく，開花前線はでこぼこしている。その理由として考えられるものを，次の㋐～㋓から1つ選び，記号で答えなさい。

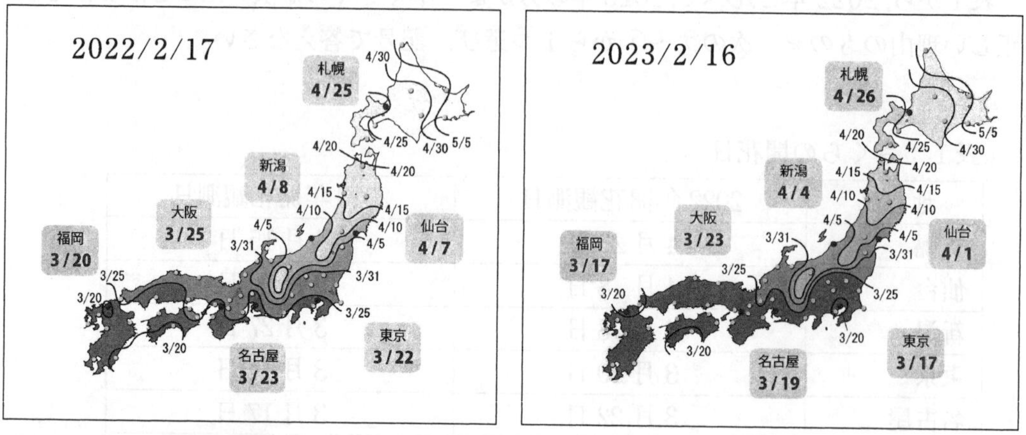

図2：さくら開花前線

㋐ 北の方から冷たい空気が入ってくるため，気温が上がらないから。
㋑ 資料の2年は異常気象だったため。平年はでこぼこのない線になる。
㋒ 高い山は，周辺より気温が低いため。
㋓ 高い山のさくらは休眠に入るのが遅いので，咲くのも遅くなる。

問6　2023年は，東京で開花して12日後に仙台で開花した。東京～仙台間を350kmとすると，さくら開花前線の移動の速さは29km/日といえる。この速さを時速（m／時）であらわしなさい。その際，小数第一位を四《し》捨《しゃ》五《ご》入《にゅう》して整数で答えること。

問一　A〜Eの俳句の季語と季節を答えなさい。

問二　体言《たいげん》止めの句を選び、記号で答えなさい。

問三　切れ字が使われている句を選び、記号で答えなさい。

問四　次の１〜３の解説文に合う句をそれぞれ選び、記号で答えなさい。

１　母と子の何げない動作から母を案じる子どもの心をとらえた句

２　ぶっきらぼうな表現にすごさと同時に俳句的なこっけいさが出ている句

３　作者は病気の身であったためか、まずしいもの弱いもの小さいものなどに味方をし、愛情を持っていたことがわかる句

問三 ―― 部Aについて、次のⅠ・Ⅱに答えなさい。

Ⅰ 「その点」とはどのような点ですか。最も適当なものを次の中から選び、番号で答えなさい。

1 よくないことを楽しそうにやるという点
2 スリルを楽しむという点
3 はめを外すことを楽しむという点
4 こわくても表情に出さないという点

Ⅱ Ⅰの答えの理由になっている一文を、本文中からそのまままぬき出しなさい。

問四 ―― 部Bの理由を説明しなさい。

問五 ―― 部Cと言った理由は何ですか。これを説明した次の文の□にあてはまる言葉を自分で考えて書きなさい。

どうどうと笑いながら言えば□から。

問六 ―― 部Dとはどういう意味ですか。「屋根のぼり」という言葉を用いて説明しなさい。

問七 ―― 部Eの理由は何ですか。「屋根」・「金網」という二語を用いて、一文で説明しなさい。

問八 ―― 部Fとあるが、キオスクがうなずいた理由を説明しなさい。

六 次の俳句を読んで、あとの問いに答えなさい。

A 鮟鱇《あんこう》の骨まで凍《い》てぶちきらる　加藤楸邨《かとうしゅうそん》

B 一ところくらきをくぐる踊《おどり》の輪　橋本多佳子《はしもとたかこ》

C 落椿《おちつばき》われならば急流へ落つ　鷹羽狩行《たかはしゅぎょう》

D 咳《せき》をする母を見上げてゐ(イ)る子かな　中村汀女《なかむらていじょ》

E 雀《すずめ》らも海かけて飛べ吹流《ふきなが》し　石田波郷《いしだはきょう》

だ川のまわりを草やぶが覆《おお》っていて、その奥にひっそりと何軒かの家が建ちならんでいる。

　この川ぞいの一帯は、いつ通ってもまるで人の気配がしなかった。ひとすじの光ももらさない家々の窓。たまにどこかのベランダにだしっぱなしの洗濯物を見かけて、「ああ、人が住んでいる」と、なぜだか心がなごんでしまうほど。

　そんな絶好の場所にひとつ、まえから目をつけていた屋根があるのだ。E簡単すぎてのぼりがいがなさそうだから、これまで放っておいた濃紺のかわら屋根。

　なんといっても、この屋根は、低かった。

　建築家がミスでもしたのか。ありきたりの屋根はもう飽《あ》きた、このへんでひとつ個性的な屋根をつくってやらぁと企んだのか。ほかの屋根にくらべると二メートルは確実に低い。そのくせ、むりやりちょうじりをあわせるように、二階の屋根はふつうの高さにそろえてある。

「　2　」

　七瀬さんがずばり、この家の特徴をつかんだ。

へんな形の家なのだ。胴体がやけにひらったく、そのぶん頭の長い雪だるまみたいな。

　でもまあ、住民にしてみればそんなのよけいなおせわだろうし、わたしたちにしてみれば屋根は低いほどありがたい。

　おまけにその家は、周囲の草やぶとのさかいに金網をはりめぐらせていた。金網は屋根の少し上までとどいている。つまりこの金網をのぼっていけば、屋根のほうから「まあ、おあがりなさい」と手をさしのべてくれるわけだ。

　キオスクもこれでは文句のつけようがなかった。

「これにのぼるから」

　わたしがいうと、一瞬ぴくっと体をふるわせてから、Fわずかにうなずいて見せた。

（森絵都『宇宙のみなしご』）

問一　　1　にあてはまる言葉として最も適当なものを次の中から選び、番号で答えなさい。

1　ひりひり　　2　ずきんと

3　ひんやり　　4　ぴりり

問二　　2　にあてはまる言葉として最も適当なものを次の中から選び、番号で答えなさい。

1　おもしろい家　　2　へんな家

3　むずかしそうな家　　4　こわそうな家

五 次の文章を読んで、あとの問いに答えなさい。

冷たい風がほおをたたく。

はじめて屋根にのぼったのは秋のはじまり。あの夜ふけの町はわたしたちをあたたかくむかえてくれたのに、冬のはじまりともなると町全体が［ 1 ］と辛口《からくち》だった。

屋根のぼりという遊びは冬にはむいていない、と実感する。いまはまだいいけれど、じきにもっともっと寒くなるだろうし、ハアハアと白い息をはきながら屋根にのぼったって、ぜんぜん楽しそうじゃない。楽しくなければ遊びじゃない。

Aその点で屋根のぼりという遊びは、キオスクにもまったくむいていなかった。

びくびくしすぎて、楽しむどころじゃないのだ。

「ねぇねぇ、本当にだいじょうぶなの?」

わたしたちの背中にかくれるようにして歩きながら、キオスクはひっきりなしに弱気な声をあげつづけた。

「さっきすれちがった人、へんな目で見てたよ。ぼくたちのこと」

「あ、そう」

「まずいんじゃないの? 中学生が夜中におおぜいで歩いてるなんて」

おおぜいってほどでもないけれど、たしかに四人ともなるとかなり目につく。足音も大きくなるし、「近所のおばさんちから帰るところです」なんてBいいわけも通用しない。

そのへんの対策は考えてあった。

「もしだれかになんかいわれたらね」

リンがキオスクにいった。

「学校の課題で天体観察をしてるんです、っていえばいいんだよ。夏にあったじゃん、そういうの」

「でももう冬だし」

「だいじょうぶ。C大切なのは季節じゃなくて笑顔だよ。どうどうと笑いながらいうの」

「え、笑顔ね」

とてもそんなよゆうはなさそうだった。

いざ屋根をえらぶ段階になっても、キオスクはじゃまもの以外のなにものでもなかった。

「むずかしそう」

「すべりそう」

「見つかりそう」

などと、D素人のくせにいちいち文句をつけてくる。

「だったら犬小屋にでものぼってなっ」

わたしがかっとしてどなりつけると、今度はしゅんとしてひと言もしゃべらなくなった。七瀬さんがはげましの声をかけても、キオスクはだまりこんだまま返事もしない。

そのすきにわたしとリンで屋根を決めた。

もうなんども足をはこんだことのある川ぞいの道。黒ずん

問五　［Ａ］にあてはまるものとして最も適当なものを次の中から選び、番号で答えなさい。

1　まったく違っている。自分の仮定を証明する結果が必ずあるはずだ。

2　あくまで可能性のひとつでしかない。別の可能性もあるはずだ。

3　そうなる可能性が高いに違いない。それを補強するような実験を行うべきだ。

4　きっと正しいに違いない。この内容はあきらめて、別の分野に取り組むべきだ。

問六　――部(2)とありますが、これを言いかえている部分を本文中から三十字以内でぬき出し、はじめと終わりの三字を答えなさい。

問七　――部(3)とありますが、それを本文中からぬき出しなさい。

問八　――部(4)とありますが、これはどういうことですか。解答らんに合うように本文中からぬき出しなさい。

問九　本文の内容に合致するものを次の中から選び、番号で答えなさい。

1　遺伝情報がＤＮＡにあるという発見は、科学者たちにすぐに受け入れられた。

2　ナースは遺伝子の機能の発見のため、分裂酵母を使った実験を繰り返した。

3　ナースは、大事な手掛かりとなる分裂酵母の変異株をゴミ箱に捨てたままにし、後悔した。

4　ナースは実験の途中で終業時間になると、作業のことはもう思い出さなかった。

遺伝子の変異体ではないことが分かり、私は［B］した。なんと、まったく新しい遺伝子で、最終的に、細胞周期の制御方法を紐解《ひもと》く鍵だったのだ！

この新しい遺伝子を細胞分裂周期2（cell division cycle 2）、略して *cdc2* と名づけた。

科学で偉大な功績を残す人は、「今はオン、今はオフ」と切り替えて暮らしているのではなく、②寝ても覚めても研究のことを考え続けています。もし、給料をもらうためだけに働いているのであれば、終業時間が来たら「はい、今日の実験は終わり」と完全にオフモードになるでしょう。ナースが(4)そうしたスタンスで研究に取り組んでいたら、ペトリ皿をゴミ箱に捨てたあと、家に帰ってリラックスして、そのままビールを飲んで寝てしまったかもしれません。でも彼は、「もしかしたら、あそこにお宝があるのではないか……？」と思い直して、自転車に飛び乗り、丘を駆け上がって研究室に戻った。こういうエピソードを聞くと、一流の人はみな、自分の仕事に大きなこだわりを持っているのだなと思います。それは、あらゆる職種に共通するものではないでしょうか。

（竹内薫『WHAT IS LIFE? 生命とは何か』（NHK「100分de名著 for ティーンズ」番組テキスト）より）

※《注》懐疑的…物事の意味や価値について、疑いを持つ姿勢

問一 ――部①の語の意味を答えなさい。

問二 ――部②と同じ意味になるように【　】に漢数字を二つ入れて四字の言葉を作りなさい。

【　】時中

問三 ［B］にあてはまる四字熟語として最も適当なものを次の中から選び、番号で答えなさい。

1　右往左往　　2　粉骨砕身《ふんこつさいしん》
3　狂喜乱舞《きょうきらんぶ》　　4　一喜一憂

問四 ――部(1)とありますが、それはなぜですか。これを説明した次の文の［ア］～［カ］にあてはまる語を、本文中からそれぞれぬき出して答えなさい。

・［ア］のような［イ］な構造の分子が［ウ］のように［エ］な［オ］の［カ］のはずがないと考えられていたから。

のとも違います。合理的・論理的に考えて、可能性が否定できないものは捨てない、そういった姿勢が科学者にとっては重要だということです。

遺伝子がＤＮＡでできていることが解明されると、生物学は新たな時代を迎えました。その中でナースは、「細胞」と「遺伝子」を結びつける上で細胞分裂のプロセスが重要な役割を担《にな》っていることに気づきます。

そこでナースは、(2)細胞分裂の周期を決めている遺伝子は何か、それがどのように機能するかを発見するために、分裂酵母を使って実験を繰り返します。細胞周期に関与する「突然変異型」の遺伝子を含む酵母株を見つけ出そうとしたのです。このことについて、ナースは自動車のたとえを使って、とてもわかりやすく述べています。

　自動車の仕組みを思い浮かべてみてほしい。壊れてしまったら自動車が動かなくなる部品はたくさんある。たとえば、車輪、車軸、車体、エンジンなど。これらの部品はもちろん、すべて重要だけれど、(3)運転手が自動車の速度を制御するために使うものは一つもない。細胞周期に話を戻すと、われわれが本当に見つけたかったのは、アクセルやギアボックスやブレーキに相当するものだったんだ。つまり、細胞がどれだけ「速く」細胞周期を進んでゆくかを制御する遺伝子だ。

ただ、この酵母株を見つける作業には①とてつもない時間がかかりました。顕微鏡をずっと覗いて、小さいまま細胞分裂を終えてしまう周期に関与する株（ウィー変異体）をひとつ見つけるのに一週間。数ヶ月かけてウィー変異体を五十個集めても、どれもすでに*ｗｅｅ１*（ウィー１）と名づけられていた株の変異体にすぎず、目新しい発見には至らないという始末でした。

そんなある日、ナースはまた別のウィー変異体を見つけます。ナースは、その日も気が遠くなるような作業を続けていて、疲《つか》れていました。新しい株だが、これも「十中八九、また同じ*ｗｅｅ１*遺伝子の変異型に違いない」と思い、変異体が載っていたペトリ皿をゴミ箱に捨ててしまいます。そして一服するために帰宅するのですが、そこでナースは、突然、後悔の念におそわれます。

　その夜、私は急に後悔の念におそわれた。もしこの変異体が他の五〇のウィー変異体とは別物だったらどうする？　とりわけ暗くジメジメしたエジンバラの夜の帳《とばり》が下りていた。でも私は、いてもたってもいられず、自転車に飛び乗ると、丘を駆け上って研究室に戻った。

　それから数週間かけて、侵入した菌類から新しいウィー変異体をなんとか分離した。そして、これが*ｗｅｅ１*

三

次の1〜10の［ア］〜［コ］にはひらがな一字を入れ、また（あ）〜（こ）に入る最も適当な語をあとの語群から選び、記号で答えなさい。ただし語群の選択肢は一度しか使えません。

1 大目玉［ア］（あ）
2 恥［イ］（い）
3 あきらめ［ウ］（う）
4 手間［エ］（え）
5 あとかた［オ］（お）
6 大台［カ］（か）
7 意地［キ］（き）
8 示し［ク］（く）
9 思案［ケ］（け）
10 あて［コ］（こ）

語群

A はずれる　B かける　C のる
D 通す　E くう　F つく
G くれる　H ない　I かく
J つかない

四

次の文章を読んで、あとの問いに答えなさい。

次のステップは「遺伝子」です。遺伝子は、細胞の中核をなすもので、みなさんもご存じのDNAでできています。このことは、分子生物学者のオズワルド・アベリーらによって一九四四年に発見されました。

しかし、アベリーの結論について、(1)当時の生物学者の多くは※懐疑的でした。ナースは、次のように述べています。

そのころには、細胞の中で遺伝子を運ぶ染色体にDNAが含まれていることは広く知られていたが、大方の生物学者は、

「DNAなんて、単純で取るに足らない分子だろう。遺伝みたいに、複雑怪奇な現象の原因であるはずがない」

と、考えていた。

私はいろいろなノーベル賞の受賞者にインタビューをしているのですが、そこで思うのは、ノーベル賞を獲《と》る人の多くが、「みんながこう思っているから、こうだよね」と他の人の意見や考えに流されるのではなく、常に「みんながこうだと言っていることは、［　A　］」と考え、研究していることです。これは、たとえば芸能人が人と同じことをやっても駄目《だめ》だから別のことをやる、という

2024年度 佐野日本大学中等教育学校

【国　語】〈第二回試験〉（五〇分）〈満点：一〇〇点〉

一　次の各文の――部について、1～5のカタカナは漢字に直し、6～10は読み方をひらがなで書きなさい。

1　その条件ではショウフクできない。
2　生と死とのキョウカイ線。
3　台本にシュウセイを加える。
4　お金をカす。
5　家はこのアタりだ。
6　完成までに三年かかった労作だ。
7　反対意見が続出した。
8　食品の衛生管理に注意する。
9　野菜が傷む。
10　マフラーを編む。

二　次の1～10の――部の熟語は間違っています。同じ読み方で正しい熟語を答えなさい。

1　生命保健に入る。
2　念頭のあいさつをする。
3　スキーの同行会。
4　紅葉には次期が早い。
5　先生の過程訪問がある。
6　みんなで強力して完成させた。
7　生徒意外の入室を禁じる。
8　暖かな紀行にめぐまれる。
9　社会の大成に反対する。
10　病気は解放に向かった。

2024年度

佐野日本大学中等教育学校 ▶解説と解答

算 数 ＜第２回試験＞（50分）＜満点：100点＞

解 答

$\boxed{1}$ (1) 31 (2) $2\frac{1}{6}$ (3) $\frac{6}{25}$ (4) 3 (5) 5.6 (6) 76 (7) 9個 (8) 2倍 (9) 7：5 (10) 37.5g $\boxed{2}$ (1) 12個 (2) 35cm^2 (3) $\frac{13}{21}$ (4) 1.7 (5) $\frac{1}{9}$ $\boxed{3}$ (1) 850円 (2) 330本 (3) 4分後 (4) 18分 (5) 6 $\boxed{4}$ (1) 35cm^2 (2) 72度 (3) 720度 (4) 2625m^2 (5) 108cm^3 $\boxed{5}$ (1) 61 (2) 20個 (3) 1012段目

解 説

$\boxed{1}$ 四則計算，逆算，整数の性質，約数と倍数，比，割合

(1) $67-12\times3=67-36=31$

(2) $\frac{1}{3}+1\frac{5}{6}=\frac{2}{6}+1\frac{5}{6}=1\frac{7}{6}=2\frac{1}{6}$

(3) $0.9\div3\frac{3}{4}=\frac{9}{10}\div\frac{15}{4}=\frac{9}{10}\times\frac{4}{15}=\frac{6}{25}$

(4) $\frac{\square}{14}\div1\frac{1}{7}=\frac{3}{16}$より，$\frac{\square}{14}=\frac{3}{16}\times1\frac{1}{7}=\frac{3}{16}\times\frac{8}{7}=\frac{3}{14}$ よって，$\square=3$

(5) $31.36\div\square=5.6$ よって，$\square=31.36\div5.6=5.6$

(6) $180\div(112-\square)=5$より，$112-\square=180\div5=36$ よって，$\square=112-36=76$

(7) $\frac{3}{2}=1.5$，$\frac{53}{5}=10.6$なので，1.5より大きく10.6より小さい整数の個数を数えればよい。あてはまるのは，2以上10以下の整数なので，$10-2+1=9$（個）となる。

(8) 右のように連除法を行うと，最大公約数は，$2\times2\times2\times3=24$で，最小公倍数は，$2\times2\times2\times3\times1\times2=48$である。したがって，最小公倍数は最大公約数の，$48\div24=2$（倍）である。

2)	24	48
2)	12	24
2)	6	12
3)	3	6
	1	2

(9) $9.1:6.5=91:65=(91\div13):(65\div13)=7:5$

(10) $150\times0.25=37.5$（g）である。

$\boxed{2}$ 場合の数，面積，四則計算，計算の工夫

(1) $\boxed{1}$，$\boxed{2}$，$\boxed{3}$，$\boxed{4}$，$\boxed{5}$の5枚の数字のカードから2枚のカードを選んで2ケタの奇数を作るとき，一の位には$\boxed{1}$，$\boxed{3}$，$\boxed{5}$の3枚のいずれかを，十の位には一の位で選ばなかった4枚のいずれかを並べることができる。したがって，2ケタの奇数は，$3\times4=12$（個）できる。

(2) 対角線の長さがそれぞれ10cm，7cmのひし形の面積は，$10\times7\div2=35$（cm^2）である。

(3) $1\frac{3}{7}\div\frac{10}{11}-\frac{5}{9}\div\frac{7}{12}=\frac{10}{7}\times\frac{11}{10}-\frac{5}{9}\times\frac{12}{7}=\frac{11}{7}-\frac{20}{21}=\frac{33}{21}-\frac{20}{21}=\frac{13}{21}$

(4) $1.7\times1.2+1.7\times1.3-1.7\times0.7-1.7\times0.8=1.7\times(1.2+1.3-0.7-0.8)=1.7\times1=1.7$

(5) $\left(1\frac{1}{6}+\frac{2}{9}\right)\div2.5-\frac{4}{9}=\left(1\frac{3}{18}+\frac{4}{18}\right)\div2.5-\frac{4}{9}=1\frac{7}{18}\div2.5-\frac{4}{9}=\frac{25}{18}\div\frac{5}{2}-\frac{4}{9}=\frac{25}{18}\times\frac{2}{5}-\frac{4}{9}=$

$\frac{5}{9}-\frac{4}{9}=\frac{1}{9}$

3 売買損益，過不足算，速さ，仕事算，データの活用

⑴　1000円をはらっておつりが320円だったことから，売り値は，1000－320＝680(円)とわかる。680円が定価の２割引きの値段にあたるので，定価は，680÷(１－0.2)＝680÷0.8＝850(円)である。

⑵　えんぴつを12本ずつ分けるときと９本ずつ分けるときの全体の差は，24＋78＝102(本)である。このとき，１人あたりの本数の差は，12－９＝３(本)なので，クラスの人数は，102÷３＝34(人)とわかる。したがって，えんぴつの本数は，９×34＋24＝330(本)と求められる。

⑶　兄が公園に着くまでにかかった時間は，1.6(km)＝1600(m)より，1600÷100＝16(分)で，弟が公園に着くまでにかかった時間は，1600÷80＝20(分)である。公園に着くまでにかかった時間の差は，20－16＝４(分)で，弟が公園に着いたのは兄が公園に着いた８分後であることから，８－４＝４(分)より，弟は兄が出発してから４分後に出発したことがわかる。

⑷　水そうの容積は，３×18＝54(L)で，水そうの$\frac{2}{3}$の量まで水を入れるとき，その量は，54×$\frac{2}{3}$＝36(L)となる。水は１分間に2Lずつ入れたので，36Lの水を入れるのにかかった時間は，36÷２＝18(分)である。

⑸　データを点数が小さい順に整理すると，右の図のようになる。データの個数が10個なので，中央値は５番目と６番目の値《あたい》の平均だから，(３＋５)÷２＝４である。また，最頻値《さいひんち》は最もデータの個数が多い値なので，２である。したがって，中央値と最頻値をたしたときの値は，４＋２＝６と求められる。

１，２，２，２，３，５，７，７，８，10

4 面積，角度，展開図

図１

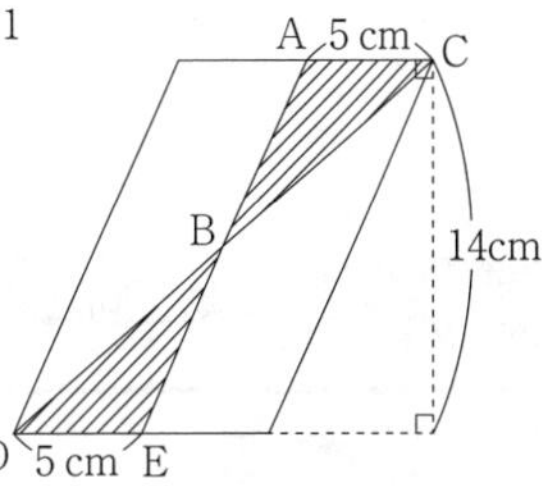

⑴　右の図１で，三角形ABCと三角形EBDにおいて，辺ACと辺DEは平行なので，錯角《さっかく》の関係にある角は等しくなり，角BAC＝角BED，角BCA＝角BDEである。また，AC＝EDであることから，１つの辺とその両はしの角がそれぞれ等しくなっているので，三角形ABCと三角形EBDは合同である。それぞれの三角形で辺AC，辺EDを底辺とすると高さは等しく，その和は14cmになるので，三角形ABCの高さは，14÷２＝７(cm)であり，面積は，５×７÷２＝17.5(cm²)である。合同な図形は面積が等しいので，斜線部《しゃせんぶ》の面積は三角形ABCの２倍の面積であり，17.5×２＝35(cm²)となる。

図２

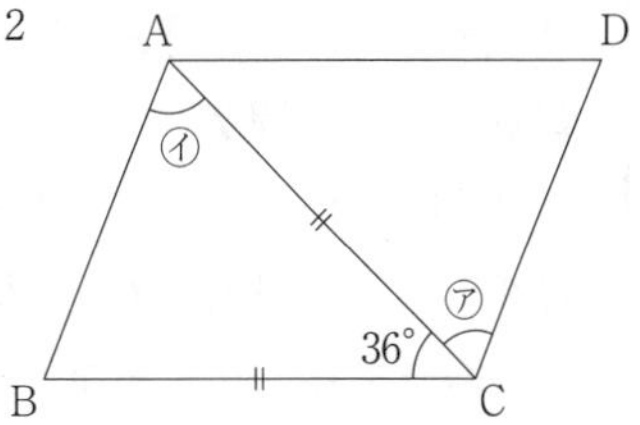

⑵　右の図２で，三角形ABCは二等辺三角形だから，㋑の角の大きさは，(180－36)÷２＝72(度)である。辺ABと辺DCは平行であることから，錯角の関係にある角は等しくなるため，㋑の角の大きさと㋐の角の大きさは等しい。したがって，㋐の角の大きさは72度である。

図３

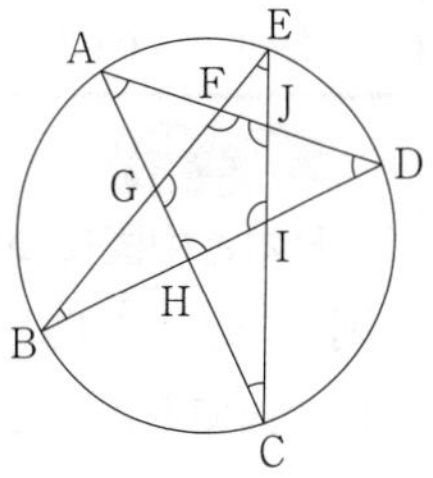

⑶　右の図３で，色のついた部分の角度の合計は，三角形AHD，三角形BIE，四角形FGCJのそれぞれの内角の和の合計と等しくなる。よって，180＋180＋360＝720(度)と求められる。

(4) 下の図４のように，道を平行に土地のはしに移動する。たての長さは，45－５－５＝35(m)，横の長さは，80－５＝75(m)なので，斜線部の面積は，35×75＝2625(m^2)となる。

(5) 下の図５のように，展開図を組み立ててできる角柱は，四角形ABCDを底面とした高さが６cmの四角柱である。下の図６より，四角形ABCDは台形で，その面積は，（３＋６）×４÷２＝18(cm^2)なので，求める四角柱の体積は，18×６＝108(cm^3)となる。

図４

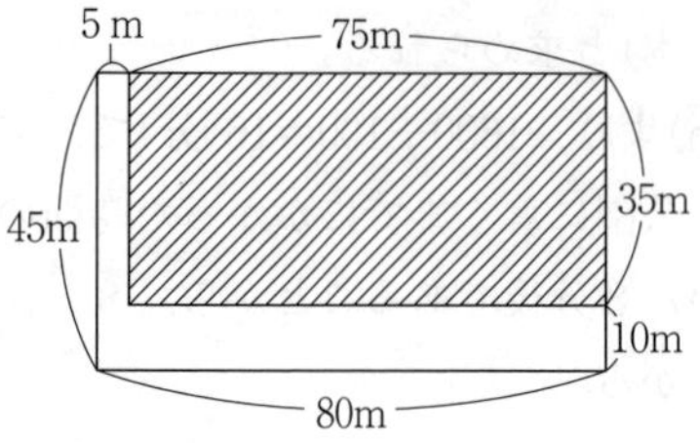

図５

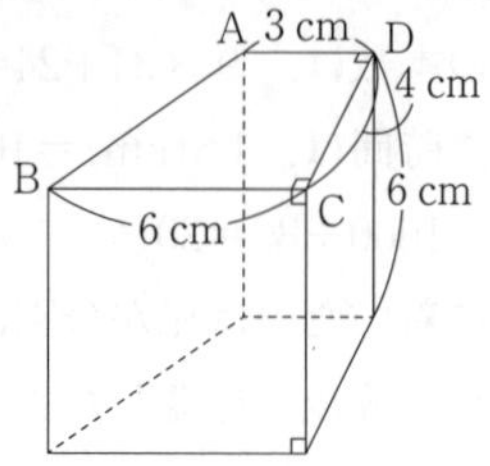

図６

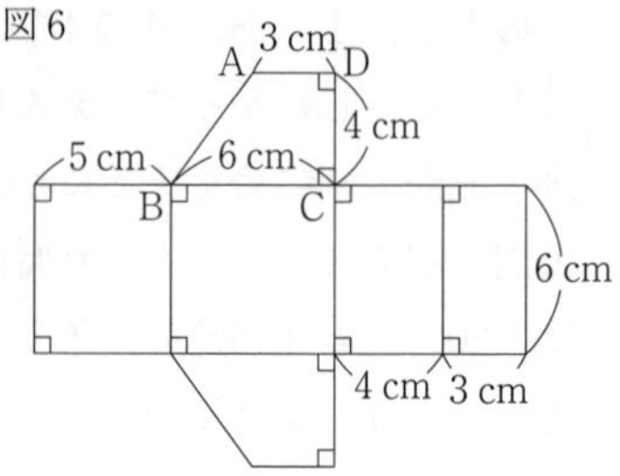

5 規則性

(1) ５段目の三角形に書かれた数字は，右の図のようになる。よって，５段目に書かれた数字を全てたすと，５＋６＋７＋８＋９＋８＋７＋６＋５＝61となる。

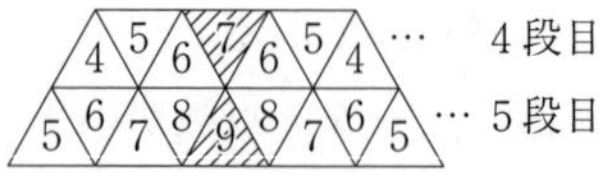

(2) 一番左から色のついた三角形までの三角形の数を数えると，１段目は１個，２段目は２個，３段目は３個，４段目は４個，…，となるので，20段目のときは20個である。

(3) 色のついた三角形の数字を順番に並べると，１，３，５，７，９，…，となり，２ずつ増えているので，□段目の色のついた三角形に書かれた数は，１＋２×(□－１)である。これが2023になるので，１＋２×(□－１)＝2023より，２×(□－１)＝2022，□－１＝1011　よって，□＝1012となる。したがって，1012段目である。

社　会　＜第２回試験＞（理科と合わせて50分）＜満点：50点＞

解　答

1 **問１**　ア　**問２**　長安　**問３**　元寇／蒙古襲来　**問４**　満州事変　**問５**　春節　**問６**　エ　**問７**　北京　**2** **問１**　A－ア・B－ウ・C－カ・D－エ　**問２**　A－エ・B－カ・C－オ・D－ア(問１の人物・職業・問２の３つがすべて正しく書けて２点)　**問３**　イ　**問４**　ウ　**問５**　ア　**問６**　百姓一揆　**問７**　ア　**3** **問１**　(例)　食生活が変化して，肉や牛乳・乳製品など畜産物の輸入量が増加した。　**問２**　沖合漁業　**問３**　品種改良　**問４**　ア　**問５**　イ　**問６**　食品ロス／フードロス／食料ロス　**4** **問１**　ウ　**問２**　三審制　**問３**　エ　**問４**　エ　**問５**　予算　**問６**　満25才(歳)以上

解　説

1 日本と中国についての問題

問１　イの石炭《せきたん》とウの鉄鉱石《てっこうせき》はオーストラリア，エの石油はサウジアラビアが，日本の輸入先第１位の国である(2021年)。

問２　長安は現在の西安にあたる。平城京《へいじょうきょう》や平安京《へいあんきょう》がつくられた当時の中国の王朝は唐《とう》である。

問３　絵は肥後国の御家人《ごけにん》である竹崎季長《たけざきすえなが》が自らの活躍《かつやく》を描《えが》かせた『蒙古襲来絵詞《もうこしゅうらいえことば》』である。この場面は，元軍の集団戦法と「てつはう」とよばれる火薬兵器に一騎《いっき》打《う》ちで挑《いど》む竹崎季長が描かれている。

問４　満州事変は関東軍が南満州鉄道の線路を爆破《ばくは》し(柳条湖事件《りゅうじょうこじけん》)，それを中国側の仕業《しわざ》として軍事行動を起こしたことから始まった。

問５　春節は旧暦《きゅうれき》の正月で，１月下旬《げじゅん》から２月上旬の時期にあたる。爆竹が鳴らされ，獅子舞《ししまい》が披露《ひろう》されるなどの風習がある。

問６　アの色丹島《しこたんとう》は北方領土の一つで北海道に属するが，現在はロシアが不法占拠《せんきょ》している。イの竹島《たけしま》は島根県に属する島だが，現在は韓国《かんこく》が不法占拠している。ウの南鳥島《みなみとりしま》は東京都に属する日本の東端《たん》に位置する島である。

問７　北京は1949年の中華人民共和国《ちゅうかじんみんきょうわこく》成立の際に首都となった。また，13世紀には元のフビライ・ハンが大都として都を置いたことがある。

2 江戸《えど》時代についての問題

問１・問２　「熙代勝覧《きだいしょうらん》」は19世紀初期の江戸・日本橋の様子を描いたものである。問１のイの水売りの説明は問２のイにあたるが，水がこぼれないような深い桶《おけ》を担ぐ人物《じんぶつ》はＡ～Ｄには該当《がいとう》しない。また，問１のオの呉服《ごふく》屋の説明は問２のウにあたるが，立派な蔵《くら》づくりの店はＡ～Ｄには該当しない。

問３　アは佐賀《さが》県，ウは香川《かがわ》県，エは愛知県，オは新潟《にいがた》県である。

問４　対馬《つしま》の宗氏は，豊臣秀吉《とよとみひでよし》の朝鮮侵略《ちょうせんしんりゃく》により国交が途絶《とだ》えていた朝鮮との国交回復の仲立ちをおこなったことから，江戸幕府から朝鮮との貿易を独占《どくせん》することを認められた。イの薩摩《さつま》は琉球《りゅうきゅう》王国との窓口《まどぐち》，エの松前《まつまえ》は蝦夷《えぞ》地のアイヌとの交易の窓口，オの長崎《ながさき》は幕府の直轄《ちょっかつ》地でオランダ・中国との窓口となっていた。

問５　アを唐箕《とうみ》という。なお，イの千歯こきは稲《いね》の穂先《ほさき》からもみをはずす(脱穀《だっこく》)ための農具，ウの備中ぐわは深く耕すための農具，エの唐竿《からさお》は千歯こきで脱穀しきれなかったもみをはずす農具である。

問６　都市部で貧しい人々が起こす打ちこわしと混同しないようにする。

問７　イの近松門左衛門《ちかまつもんざえもん》は人形浄瑠璃《じょうるり》の脚本《きゃくほん》で人気を集めた作家，ウの杉田玄白《すぎたげんぱく》は『解体新書』を出版した蘭学者，エの葛飾北斎《かつしかほくさい》は『富嶽三十六景《ふがくさんじゅうろっけい》』の作者である。

3 食料自給率についての問題

問１　グラフⅠで主食である米の消費量が大きく減少し，畜産物《ちくさんぶつ》などの副食の消費量が増えていることから，食生活の変化が進んでいることが読み取れる。グラフⅡで食生活の変化が輸入量の変化と結びついていることがわかる。

問２　沿岸の海域で10ｔ未満の船を使って，日帰りでおこなう漁業を沿岸漁業，世界中の海で大型漁船を使って数ヶ月をかけておこなう漁業を遠洋漁業という。

問３　品種改良《ひんしゅかいりょう》は農作物だけではなく，家畜でもおこなわれている。

問４　食料自給率は食料の国内消費量に対する国内生産量の割合を示したもので，日本の食料自給率は先進国の中では最低水準の，約38％である(2022年)。

問５　アは米，ウは果実，エは牛乳・乳製品，オは肉類の自給率である。

問６　日本では，まだ食べられるにもかかわらず廃棄《はいき》される食品は年間約523万ｔ(2021年)にものぼる。これは，飢餓《きが》に苦しむ人々への世界の食料支援《しえん》量の年間約440万ｔ(2021年)の約1.2倍にあたる。

4　裁判所と市議会のはたらきについての問題

問１　ウの法律の制定《せいてい》は国会のはたらきである。

問２　第一審《しん》での判決に不服な場合は第二審に控訴《こうそ》することができ，第二審での判決に不服な場合は第三審に上告することができる。

問３　裁判員《いん》裁判の対象となるのは重大な犯罪の疑いで起訴された事件で，裁判員が参加するのは地方裁判所でおこなわれる第一審だけである。

問４　エの新設する施設《しせつ》の設計図の作成は，市役所の仕事である。

問５　市の予算は，住民や企業《きぎょう》からの税金，都道府県や国からの補助金，地方債《さい》などを財源として，年間の使いみちを市議会が決定する。

問６　地方自治体では都道府県知事の選挙に立候補できる年齢《ねんれい》は参議院議員と同じく満30才以上である。

理　科　＜第２回試験＞（社会と合わせて50分）＜満点：50点＞

解　答

1　**問１**　Ａ　　**問２**　右の図　　**問３**　(例)　加熱により気体になったエタノールが冷やされて液体にもどるため。　**問４**　385mL　　**問５**　㋐　　**2**　**問１**　(例)　ふりこの長さが短い方が，１往復する時間が短い。　**問２**　(例)　ふりこの重さは１往復する時間に関係しない。　**問３**　(例)　ふりこのふれはばは１往復する時間に関係しない。　**問４**　(例)　イスをつるす金具が長いブランコ。　　**3**　**問１**　積乱雲　　**問２**　反時計回り　**問３**　丘の上の学校　　**問４**　(例)　台風がもたらす大雨が生活に必要な水資源となること。　　**4**　**問１**　(例)　花びらの数や色／花が咲く時期　　**問２**　めしべ／果実(種子)　　**問３**　(例)　枝や芽などを少し切り取って，ヨウ素液をつける。　**問４**　㋑　　**問５**　㋒　　**問６**　1208m/時

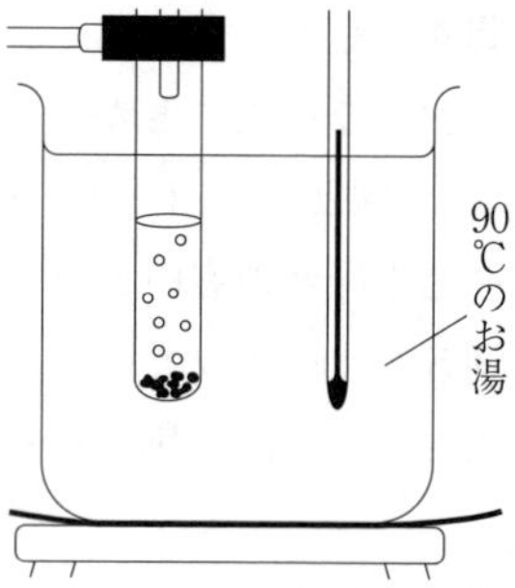

解　説

1　エタノールの状態変化についての問題

問１　100％エタノールは純粋《じゅんすい》な物質なので，温めると規則的に温度が上がり，沸点《ふってん》(液体が気体になる温度)に達すると沸とうが始まり温度が一定になる。よって，温度変化はグラフＡのようになる。また，消毒用エタノールはエタノールに水を加えた混合液(製品によってはほかの成分も少量ふくまれる)なので，温めると温度の上がり方が規則的にならない。したがって，温度変化はグラフＢのようになる。

問2　グラフAより，100％エタノールは80℃で沸とうすることがわかる。よって，100％エタノールの入った試験管を90℃のお湯にひたしておくと，やがてエタノールの温度が80℃に達して沸とうする。このとき，水が沸とうするときと同じように，試験管の底の方からあわがさかんに発生する。

問3　図のように長いガラス管がつけてあるのは，ガラス管を通って外に出ようとする気体のエタノールをガラス管の冷たさで冷やして，液体にもどすためである。このようにすることで，気体のエタノールが大量に外に出ないようにしている。気体のエタノールはとても燃えやすいため，外に出た気体がたまった状態になると，引火して大事故につながる危険がある。

問4　この消毒用エタノールには体積の割合で77％のエタノールがふくまれているので，500mLには，500×0.77＝385(mL)のエタノールがふくまれている。

問5　赤リトマス紙を青く変えるのは，アルカリ性の水よう液なので，アンモニア水を選ぶ。なお，炭酸水は酸性の水よう液で，青リトマス紙を赤く変える。砂糖水と食塩水は中性の水よう液で，赤リトマス紙も青リトマス紙も色は変化しない。

2　ふりこの運動についての問題

問1　おもりの重さとふれはばは変えず，ふりこの長さのみを変えたとき，ふりこの長さが長いほど，1往復する時間も長くなる。また，ふりこの長さが短いほど，1往復する時間は短くなる。

問2　ふりこの長さとふれはばは変えず，おもりの重さのみを変えたとき，1往復する時間は変わらない。よって，おもりの重さは1往復する時間に関係しないといえる。

問3　ふりこの長さとおもりの重さは変えず，ふれはばのみを変えたとき，1往復する時間は変わらない。したがって，ふれはばは1往復する時間に関係しないといえる。

問4　これらの実験から，1往復する時間を長くするには，ふりこの長さを長くすればよいことがわかる。ブランコはふりこと同じ原理で動くので，ゆっくりゆれるブランコの模型を作るには，ふりこの長さにあたる部分，つまりイスをつるす金具(ひも，なわ，糸など)を長くする必要がある。

3　台風についての問題

問1　台風は，強い上昇《じょうしょう》気流によって発生した積乱雲の集まりである。積乱雲は夏に夕立をもたらす雲でもある。

問2　台風のまわりでは，中心に向かって反時計回り(左回り，逆時計回り)にうずを巻くように風が吹《ふ》きこんでいる。そのため，進行方向の右側(東側)では，台風が進む方向と風が吹きこむ方向が同じになるため，より強い風が吹きやすい。

問3　一般に学校は非常時に避難《ひなん》所として活用できるように建物がじょうぶに造られていて，水害や土砂災害などにおそわれにくいところ(丘の上のような高台など)に建てられていることが多い。なお，公民館は施設《しせつ》が小さいことが多く，川の近くの病院は洪水《こうずい》などの水害にあう可能性があり，崖《がけ》の近くの運動公園では崖くずれなどの土砂災害にあうおそれがある。

問4　台風は，大雨や強風にともなうさまざまな災害を引き起こすこともあるが，大量の雨がもたらされることで，私たちの生活に必要な水を供給してくれるという側面もある。降った雨が山地にたくわえられ，やがて川となって流れ下って，水道水のもととなったり，田畑をうるおしたり，工業用水などに活用されたりする。

4　さくらの開花についての問題

問1　一般に“さくら”というと，日本で最も多く見られるソメイヨシノという種類を指すことが多いが，ほかにもヤマザクラ，オオシマザクラ，エドヒガンなど，たくさんの種類がある。種類によって花びらの数や色がちがっている場合や，咲《さ》く時期が異なる場合があるため，このような事がらについて調べると，同じ種類のさくらかどうかを知ることができる。

問２　花の中央にはめしべがあり，受粉するとめしべの根元の子ぼうが成長して果実になる。また，子ぼうの中のはいしゅは，果実の中にある種子となる。

問３　ここでは，さくらの木の調べたい部分(枝や芽など)を少しだけ切り取り，適切な処理《しょり》をしたあと，ヨウ素液をつけるという操作を行うとよい。ヨウ素液はデンプンがあるかどうかを調べるために用いる薬品で，デンプンに反応すると青むらさき色に変化する。

問４　さくらの花は，冬のきびしい寒さを経たのちに暖かくなってくると，花を咲かせる準備に入る。ソメイヨシノは，２月１日から毎日の最高気温をたしていき，その合計値が600℃になったころ(または，２月１日から毎日の平均気温をたしていき，その合計値が400℃になったころ)に開花するとされている。よって，２月から３月にかけての間の気温が高いと，上に述べた合計値の増え方が大きくなるので，開花も早くなる。

問５　標高が100m高くなると，気温は0.6℃低くなる。そのため，標高の高い山地は標高の低い海岸ぞいの平地に比べて気温が低くなる。したがって，標高の低い海岸ぞいの平地からさくらが咲き始め，標高の高い山地では平地よりもおそく咲き始める。

問６　１km＝1000m，１日＝24時間なので，29km/日を時速(m/時)に換《か》えると，29×1000÷24＝1208.3…より，1208m/時となる。

国　語　＜第２回試験＞（50分）＜満点：100点＞

解　答

□一 **1～5**　下記を参照のこと。　**6**　ろうさく　**7**　ぞくしゅつ　**8**　えいせい　**9**　いた(む)　**10**　あ(む)　□二 **1**　保険　**2**　年頭　**3**　同好　**4**　時期　**5**　家庭　**6**　協力　**7**　以外　**8**　気候　**9**　体制　**10**　快方　□三 **1**　**ア**　を　**あ**　E　**2**　**イ**　を　**い**　I　**3**　**ウ**　が(も)　**う**　F　**4**　**エ**　を　**え**　B　**5**　**オ**　も　**お**　H　**6**　**カ**　に　**か**　C　**7**　**キ**　を　**き**　D　**8**　**ク**　が　**く**　J　**9**　**ケ**　に　**け**　G　**10**　**コ**　が　**こ**　A　□四 **問１**　(例)　とても多い　**問２**　四六　**問３**　3　**問４**　**ア**　DNA　**イ**　単純　**ウ**　遺伝　**エ**　複雑(怪奇)　**オ**　現象　**カ**　原因　**問５**　2　**問６**　**(はじめ)**　細胞が　**(終わり)**　遺伝子　**問７**　アクセルやギアボックスやブレーキ　**問８**　給料をもらうためだけに(働くこと)　**問９**　2　□五 **問１**　4　**問２**　2　**問３**　Ⅰ　2　Ⅱ　びくびくしすぎて，楽しむどころじゃないのだ。　**問４**　(例)　中学生が４人で夜中に歩いていては目につくから。　**問５**　(例)　うそだと見破られにくい(から。)　**問６**　(例)　屋根のぼりのことなど何もわかっていないくせにという意味。　**問７**　(例)　屋根が低い上に，金網が屋根の少し上まで届いているから。　**問８**　(例)　この家の屋根ならのぼれると思ったから。　□六 **問１**　**A**　**(季語)**　鮟鱇　**(季節)**　冬　**B**　**(季語)**　踊　**(季節)**　秋　**C**　**(季語)**　落椿　**(季節)**　春　**D**　**(季語)**　咳　**(季節)**　冬　**E**　**(季語)**　吹流し　**(季節)**　夏　**問２**　B，E　**問３**　D　**問４**　**1**　D

2 A　**3** E

●漢字の書き取り

□一 1 承服　2 境界　3 修正　4 貸(す)　5 辺(りだ)

解　説

一 漢字の書き取りと読み

1　相手の言うことを承諾《しょうだく》して従うこと。「承伏」とも書く。　**2**　物事や領域などを分けるさかい目のこと。　**3**　文章などの不適切なところを直すこと。　**4**　音読みは「タイ」で，「貸与《たいよ》」などの熟語がある。　**5**　音読みは「ヘン」で，「辺境」などの熟語がある。　**6**　苦心して作った作品のこと。　**7**　同じようなことが次々と起こること。　**8**　健康の維持《いじ》などを図ること。　**9**　音読みは「ショウ」で，「傷害」などの熟語がある。　**10**　音読みは「ヘン」で，「編集」などの熟語がある。

二 同音異義語

1　「保健」は健康を保つこと。「保険」は何かがあったときの補償《ほしょう》のこと。　**2**　「念頭」は考えのこと。「年頭」は年の初めのこと。　**3**　「同行」は一緒《いっしょ》に行くこと。「同好」は趣味《しゅみ》などが同じであること。　**4**　「次期」は次の期間のこと。「時期」はある程度の幅《はば》をもった時間のこと。　**5**　「過程」は変化や進行の道筋のこと。「家庭」は家族が生活するところのこと。　**6**　「強力」は力が強いこと。「協力」は力を合わせること。　**7**　「意外」は思いがけないこと。「以外」はそのものを除いた他のもののこと。　**8**　「紀行」は旅行中の体験などを書いた文章のこと。「気候」は地域の特徴的な気温や降水量などの状態のこと。　**9**　「大成」は研究などを成し遂《と》げたり，それによって優れた人になったりすること。「体制」は組織やその制度のこと。　**10**　「解放」は自由にすること。「快方」は次第に治っていくこと。

三 慣用表現の完成

1　「大目玉をくう」はひどくしかられること。　**2**　「恥《はじ》をかく」は恥《は》ずかしい思いをすること。　**3**　「あきらめがつく」はあきらめきれずにいた物事をようやくあきらめる気持ちになること。　**4**　「手間をかける」は時間などを費やして丁寧《ていねい》に行うこと。　**5**　「あとかたもない」は何かが存在していたことを示すものが全く残らないこと。　**6**　「大台にのる」は大きな区切りに到達《とうたつ》すること。　**7**　「意地を通す」は考えや主張を変えずに貫《つらぬ》くこと。　**8**　「示しがつかない」は何かを教える上で良い例にならないということ。　**9**　「思案にくれる」は迷って考えが決まらないこと。　**10**　「あてがはずれる」は期待通りにならないこと。

四 出典：NHK出版『100分de名著 forティーンズ』。筆者は，遺伝子に関する発見や研究における科学者の姿勢について意見を交えながら述べている。

問１　「とてつ」は正しい筋道のこと。「とてつもない」は，その正しい筋道が全くないと感じられるほどに並外れているということになる。

問２　「四六時中」は，四かける六で二十四時間になることから，一日中という意味になる。「二六時中」ともいう。

問３　見つかったのが「まったく新しい遺伝子で，最終的に，細胞《さいぼう》周期の制御《せいぎょ》方法を紐《ひも》解《と》く鍵《かぎ》だった」のだから，ナースは大喜びしたと考えられる。その意味を持つ四字熟語は３の「狂喜乱舞《きょうきらんぶ》」。

１の「右往左往」は混乱し，うろたえること。２の「粉骨砕身《ふんこつさいしん》」は精一杯の努力をすること。４の「一喜一憂《いっきいちゆう》」は状況《じょうきょう》の変化ごとに喜んだり不安になったりすること。

問４　ぼう線部(1)の理由は，直後でナースが述べたことの中に含まれている。「大方の生物学者」が「DNAなんて，単純で取るに足らない分子だろう。遺伝みたいに，複雑怪奇《ふくざつかいき》な現象の原因であるはずがない」と考えていたことが理由なので，ここと説明の文を見比べて，意味が同じになるように言葉をあてはめていけばよい。

問５　空欄《くうらん》Ａを含《ふく》む「みんながこうだと言っていることは，……」の直前に「のではなく，」とあることに着目する。直前に書かれた「『みんながこう思っているから，こうだよね』と他の人の意見や考えに流される」という内容とは逆の意味の内容が続いていることになるので，空欄Ａには，「みんながこう思っている」ことを頭から信じることはしないという内容があてはまる。そこで，みんなが思っていることとは別の可能性があることを述べている２が適切となる。１はみんなが思っていることについて「まったく違《ちが》っている」と完全に否定しているところが合わない。完全に否定するのではなく，違っているかもしれないという可能性の存在を認めているのである。３，４は，みんなが思っていることを信じている内容になっているので，どちらも合わない。

問６　直後に「を発見するために」とあるので，何を発見しようとしているのかをここと違う表現で述べているところを探す。直後に「細胞周期に関与《かんよ》する『突然変異型』の遺伝子を含む酵母《こうぼ》株《かぶ》」があるが，ここには「どのように機能するか」を説明する部分が含まれていないので不適切。ナースの「自動車のたとえ」の中に，「細胞がどれだけ『速く』細胞周期を進んでゆくかを制御する遺伝子」があり，「どのように機能するか」について「……制御する」という説明も含んでいるところなので，ここが適切。

問７　ぼう線部(3)は科学者が実験によって見つけ出したいもののたとえである。直後で「われわれが本当に見つけたかったのは」とあり，それを「アクセルやギアボックスやブレーキに相当するもの」だと述べている。ただし，抜き出すように求められているのは「運転手が自動車の速度を制御するために使うもの」自体なので，たとえであることを示す「に相当するもの」は省いて抜き出す。

問８　「そうしたスタンス」とは，直前の「終業時間が来たら……オフモードになる」というスタンス。ただし，解答欄からは「働くこと」につながるように抜き出すことを求められているとわかるので，このスタンスになる働き方である「給料をもらうためだけに」が適切となる。

問９　１は「すぐに受け入れられた」が最初に書かれていた「アベリーの結論」に対する生物学者たちの態度が懐疑的《かいぎてき》だったという内容と合わない。２は述べられていたナースの実験内容と合っている。３は「ゴミ箱に捨てたままにし」が，４は「作業のことはもう思い出さなかった」が，いったん帰宅してからも一度ゴミ箱に捨てた変異株のことが気になって研究室に戻《もど》ったというナースの実際の行動に合わない。

五　**出典：森絵都《もりえと》『宇宙のみなしご』**。中学生の「わたし」やキオスクたち四人は「屋根のぼり」という遊びをするようになっており，のぼるのにちょうどよい家の屋根をさがして冬の夜道を歩いている。

問１　空欄１を含む一文の中で「冬のはじまりともなると」「辛口《からくち》だった」などとあり，また，冒頭にも「冷たい風がほおをたたく」とあることから考える。ただ寒いだけではなく，「辛口」に合う表現は４。

問２　直後から，空欄２に当てはまるのは「この家の特徴」であることがわかる。さらにそのあとに「へんな形の家なのだ」と家の特徴が示されているので，これに合う２が正解。

問３　「その点」が指示しているのは，直前の「楽しくなければ遊びじゃない」という点。ここから，キオスクにとっては「屋根のぼり」が楽しくなく，遊びとしてむいていないと考えていることがわかる。それではなぜキオスクにとって「屋根のぼり」が楽しくないのかというと，すぐあとで「びくびくしすぎて，楽しむどころじゃない」と説明されている。ここから，「屋根のぼり」は「びくびく」することだが，キオスクは「びくびくしすぎ」るので楽しめないのだということがわかる。これらのことから，Ⅰは「びくびく」することを楽しむという点で遊びになるはずのものなので，２の「スリルを楽しむという点」が適当。Ⅱはこれを導いた理由になっている「一文」なので，「びくびくしすぎて，楽しむどころじゃない」を含む一文をそのまま抜き出す。

問４　一人や二人なら「おばさん」が近所にいてもおかしく思われないかもしれないが，四人ともなると，もっとくわしく説明できるいいわけではないと通用しないと考えられる。「四人ともなるとかなり目につく」のである。

問５　直前で「だいじょうぶ」と言っている。中学生が四人で夜中に歩いていることについてだれかに何かをいわれたとき，リンが「学校の課題で天体観測をしてるんです」と言えばそれ以上疑われず，「だいじょうぶ」であると説明している。これに対し，キオスクは，天体観測があったのは夏で，今はもう冬だからうそだと疑われることを心配しているが，リンは，どうどうと笑いながらいえば，たとえ季節がおかしくてもうそだと見破られにくいという意味で，「だいじょうぶ」とキオスクを安心させようとしているのである。

問６　「素人」とは，経験が浅く未熟で，知識や能力が足りていない人のこと。「わたし」からすると，キオスクは「屋根のぼり」の素人であり，知識や能力が足りていないということである。ここから，「素人のくせに」を「屋根のぼり」という言葉を用いてくわしく説明すると，「屋根のぼりのことなど何もわかっていないくせに」といった意味になる。

問７　「のぼりがいがなさそう」とあるが，「～がいがない」というのは，その行為《こうい》をしても満足できる結果が伴《ともな》わないという意味である。ここから，「簡単すぎてのぼりがいがなさそう」というのは，あまりにも簡単に(屋根に)のぼることができるので，のぼってもスリルや喜びが感じられずにつまらない，ということになる。それではなぜ「のぼりがい」がないほど，屋根にのぼるのが簡単なのかというと，「なんといっても，この屋根は，低かった」ということと，「おまけにその家は……金網《かなあみ》をはりめぐらせていた。金網は屋根の少し上までとどいている」ということの２つが述べられているので，これらをまとめる。きちんとまとめれば「屋根」「金網」という二語を用いるという条件は満たせるはずだが，「一文で」という条件もあることに注意する。

問８　前の部分に，「キオスクもこれでは文句のつけようがなかった」とあることに着目する。「屋根のぼり」をするための屋根をえらんで歩いている間，ずっとキオスクは「むずかしそう」「すべりそう」「見つかりそう」と「文句」をつけ続けていた。しかし，この屋根は低い上に，はりめぐらされた金網が屋根の少し上までとどいていて，金網をのぼっていけばすぐに屋根の上にあがれるという，とてものぼりやすい屋根だったために，キオスクも「文句のつけようがなかった」のである。したがって，「これにのぼるから」と「わたし」に言われたときにキオスクがうなずいたのは，「むずかしそう」でも「すべりそう」でもなく，自分でもこの家の屋根にならのぼれそうだと判断したからだということになる。

六 俳句の鑑賞《かんしょう》

問１　**Ａ**「鮟鱇《あんこう》」は冬に旬《しゅん》を迎《むか》える魚なので，季節が冬であることを示す季語である。「凍《い》てて」も「凍《こお》る」という意味で冬の季語となる語だが，この句では作者の視点は鮟鱇にあてられ，鮟鱇がつるされて切られていくところを詠《よ》んでいるので，この句の季語は「鮟鱇」と考えるのが適当。
Ｂ「踊《おどり》」は盆踊《ぼんおど》りのことで，季節が秋であることを示す季語である。　**Ｃ**「落椿《おちつばき》」とは地面に落ちた椿の花のこと。椿は春を代表する花で，椿が見頃《みごろ》の３月中旬頃までの時期，風が強く吹《ふ》いた日のあとに，落ちた椿がまるで紅色の絨毯《じゅうたん》のように地面に敷《し》き詰《つ》められた風景が見られる。
Ｄ　寒さや乾燥《かんそう》，風邪《かぜ》などのために咳《せ》き込む人が多いことから，「咳《せき》」は冬の季語とされる。
Ｅ「吹流《ふきなが》し」とは，鯉《こい》のぼりとともに飾《かざ》られる五色の長い帯状の布のこと。五月だが，季語は基本的に旧暦《きゅうれき》を基準としているので，夏の季語になる。旧暦では，一月から三月が春，四月から六月が夏，七月から九月が秋，十月から十二月が冬になる。なお，俳句では，「雀《すずめ》」はこれだけでは季語とされず，「雀の子」で春，「凍《こご》え雀」で冬などとされる。

問２「体言止め」とは「体言(名詞)」で終わっていることなので，「輪」で終わるＢと「吹流し」で終わるＥが当てはまる。

問３「切れ字」とは俳句の途中《とちゅう》や末尾《まつび》に用いて強調や感動を表現する語句のことで，「や」「かな」「けり」がある。

問４　**１**　咳をしている母を見上げて心配する子どもが描《えが》かれているＤが当てはまる。　**２**「ぶちきらる」という表現に，凍った鮟鱇をぶった切っているという力強さがあり，同時に笑いを誘うようなイメージが膨らむので，Ａが当てはまる。　**３**「まずしいもの弱いもの小さいもの」にあたる「雀」に対して「海かけて飛べ」と励《はげ》ましているところから，Ｅが当てはまる。

2023年度 佐野日本大学中等教育学校

【算　数】〈第１回試験〉（50分）〈満点：100点〉

注意事こう

・定規は使用してもかまいません。

・円周率は3.14とする。

1　次の□にあてはまる数を求めなさい。

(1) $2\frac{3}{5}$ の逆数は□である。

(2) $\frac{3}{5}$ ：0.8 を最《もっと》も簡単な整数の比にすると

□：□ である。

(3) $70 - 21 \times 3 =$ □

(4) $\frac{2}{3} + 2\frac{1}{6} =$ □

(5) $1\frac{1}{2} \div \frac{5}{8} =$ □

(6) $5.6 - 2.22 =$ □

(7) $\frac{5}{3} \times 1\frac{4}{5} =$ □

(8) $86.4 \div$ □ $= 7.2$

(9) $\dfrac{7}{12} - \dfrac{1}{\boxed{}} = \dfrac{1}{4}$

(10) $123 - (\boxed{} - 45) = 67$

2 次の計算をしなさい。

(1) $(27 + 12 \div 4) \times (15 - 7)$

(2) $3 \div 1\dfrac{1}{4} - 1\dfrac{1}{2} \times 0.4$

(3) $20.23 \div 2.023 \times 202.3$

(4) $3.6 \times 7.3 - 2.1 \times 3.6 + 4.8 \times 3.6$

(5) $15 - \left\{ \dfrac{26}{3} - \left(\dfrac{1}{3} + \dfrac{5}{6} \right) \times \dfrac{4}{7} \right\}$

3 次の各問いに答えなさい。

(1) 1から70までの整数の中に，3でも4でも割《わ》り切れない数はいくつありますか。

(2) しん君は，はじめの所持金の$\frac{1}{4}$を貯金して，残りの$\frac{3}{5}$でゲームを買ったら，残りが240円になりました。しん君のはじめの所持金は何円ですか。

(3) 今年のある野菜の値段は，1kg当たり2160円です。去年は300gを480円で買うことができました。今年は去年より100g当たりの野菜の値段は何％値上がりしましたか。

(4) 1個90円のリンゴと1個70円のみかんを，全部で20個になるようにして買ったとき，代金の合計が1560円になりました。リンゴとみかんをそれぞれ何個買いましたか。

(5) 水そうAには水そうBの2倍の水が入っています。2つの水そうのせんを同時に開くと，Aからは毎分15Lずつ，Bからは毎分7Lずつの水が出ていきました。5分後にAとBの水の量が同じになったとき，水そうAのはじめの水の量は何Lですか。

4 次の各問いに答えなさい。

(1) ある三角形の底辺と高さをそれぞれ２倍したとき，三角形の面積はもとの三角形の面積の何倍になりますか。

(2) 下の図の直方体の展開図を組み立てたとき，辺アイと重なる辺はどれですか。

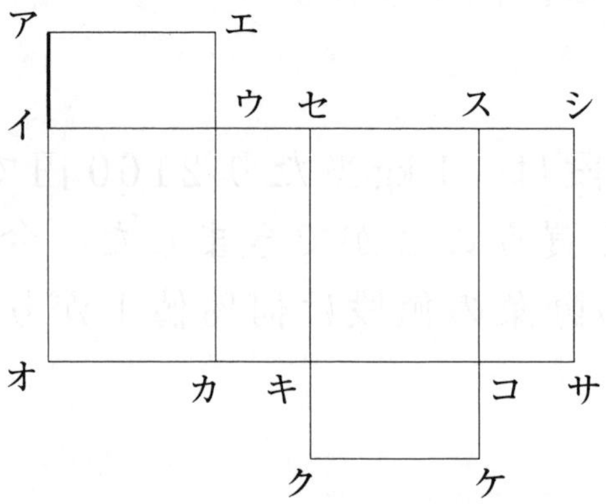

(3) 右の図の正八角形について，㋐の角度は何度ですか。

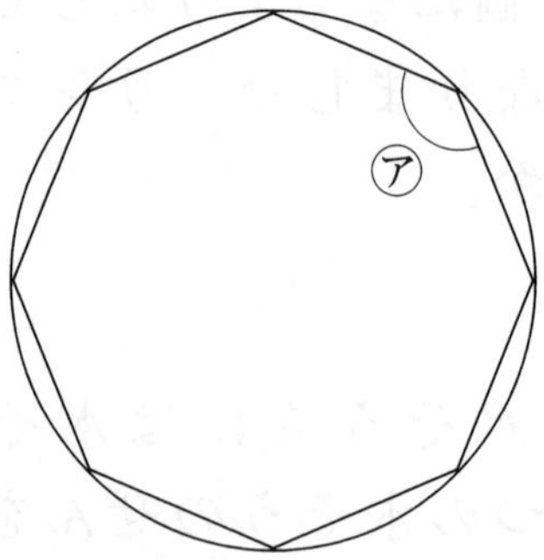

(4)　右の図のように半径が４㎝の時計（円）があります。短針と長針で囲まれた色のついた部分の面積は何㎠ですか。ただし，小数第１位を四捨五入して答えなさい。

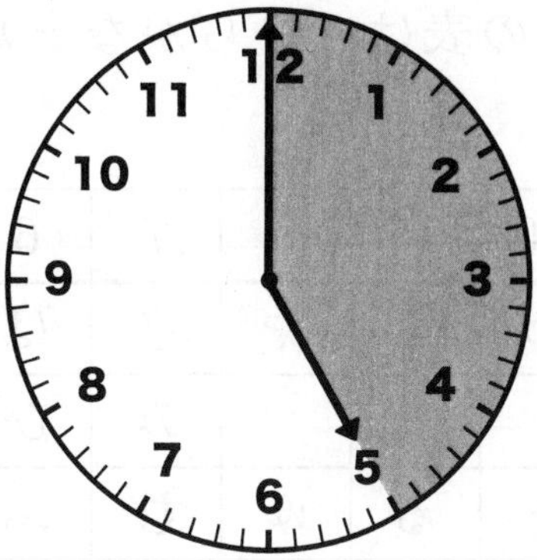

(5)　右の図の立体の体積を求めなさい。

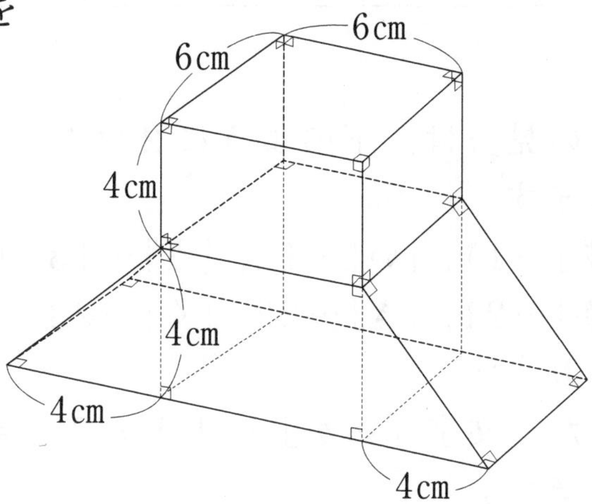

5　下の表は，ひらがなを数字で表すために作った表です。

10	9	8	7	6	5	4	3	2	1	
わ	ら	や	ま	は	な	た	さ	か	あ	1
	り		み	ひ	に	ち	し	き	い	2
を	る	ゆ	む	ふ	ぬ	つ	す	く	う	3
	れ		め	へ	ね	て	せ	け	え	4
ん	ろ	よ	も	ほ	の	と	そ	こ	お	5

表の見方は，下のように２けた，または３けたの整数になります。

「あ」…11，「い」…12，「う」…13，「え」…14，「お」…15

「か」…21，「き」…22，「く」…23，　…　，「ん」…105

となります。

また，文字「あか」…11＋21＝32

とします。

このとき，次の各問いに答えなさい。

(1)　文字「さのにほん」はいくつになりますか。

(2)　文字「はひふへほ」と文字「かきくけこ」との差はいくつになりますか。

(3)　文字「ＡＢＣＤ」は187，ＤはＡより10大きい数，ＣはＤを４倍して８を加えた数，ＢはＤの３倍の数であるとき，文字「ＡＢＣＤ」の表すことばを求めなさい。

【社　会】〈第1回試験〉（理科と合わせて50分）〈満点：50点〉

1　次の文章を読んで，あとの問いに答えなさい。

1972年5月15日に沖縄《おきなわ》が返還《へんかん》され，今年で50年が経《た》ちました。そこで，ひろしさんとゆきえさんは，沖縄について調《しら》べて話し合いました。

ひろし：ぼく，沖縄へは家族旅行《かぞくりょこう》で行ったことがあるよ！春休《はるやす》みを使って行ったんだけど，①もう海開《うみびら》きしていて海水浴《かいすいよく》ができたんだ！②さんごしょうの美しい海だったよ。

ゆきえ：いいなあ。私《わたし》も行ってみたい。私の家は，夏《なつ》の暑《あつ》さ対策《たいさく》でグリーンカーテンとしてゴーヤを栽培《さいばい》しているの。とれたゴーヤはゴーヤチャンプルーなどに調理《ちょうり》して食べているよ。③沖縄は暑い国や地域《ちいき》を原産《げんさん》とする果物《くだもの》や野菜《やさい》を生産《せいさん》するなど，農業もさかんなのよ。④気候《きこう》をいかして，出荷《しゅっか》を早《はや》める栽培もおこなわれているよ。

ひろし：沖縄の気候《きこう》は⑤台風《たいふう》の被害《ひがい》が多いことでも有名だね。

ゆきえ：沖縄が日本になったのは明治政府《めいじせいふ》が1872年に藩《はん》を置《お》いて，さらに1879年に沖縄県を設置《せっち》したからなんだって。それまでは⑥一つの国だったんだよ。

ひろし：沖縄島には太平洋戦争《たいへいようせんそう》の1945年4月にアメリカ軍《ぐん》が上陸《じょうりく》を始《はじ》め，攻撃《こうげき》がいっそう激《はげ》しくなったんだ。沖縄戦では，⑦県民約60万人のうち，2割《わり》以上の人が戦争で亡くなったそうだよ。終戦後《しゅうせんご》，沖縄はアメリカに占領《せんりょう》されて，50年前に返還されたんだ。

問1　下線部《かせんぶ》①から考えて，沖縄の県庁所在地《けんちょうしょざいち》である那覇《なは》の気温《きおん》と降水量《こうすいりょう》を示《しめ》すグラフを次のア～エから1つ選び，記号で答えなさい。

ア．

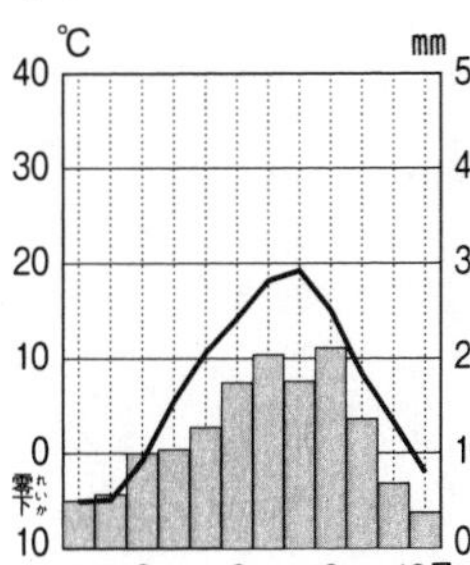

イ．

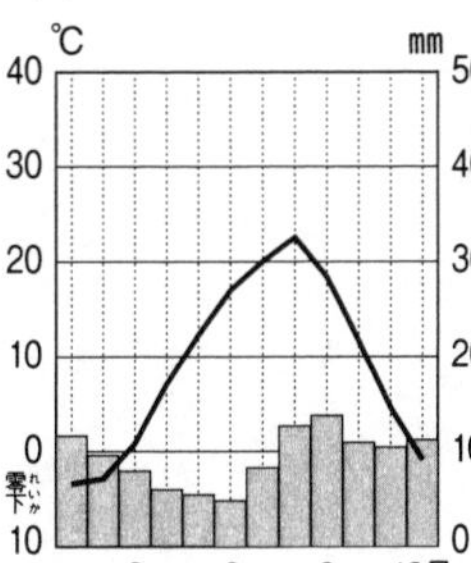

ウ．

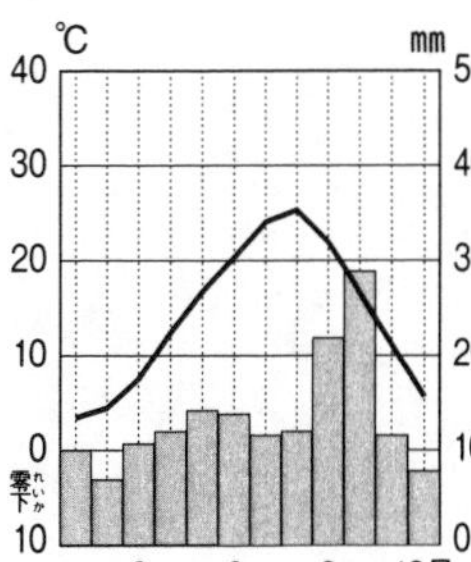

エ．

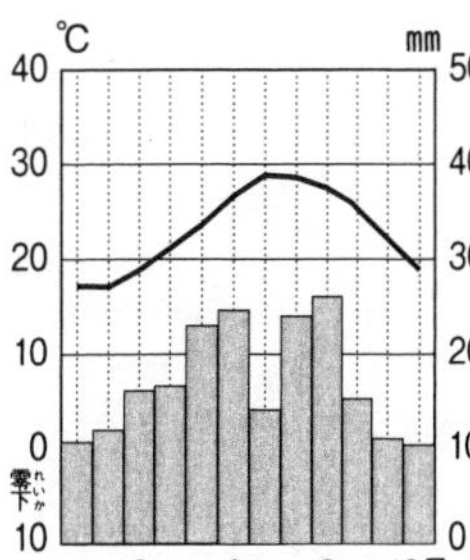

問２　下線部②について，さんごの死につながる白化現象《はくかげんしょう》が問題になっている。この白化現象の原因《げんいん》として考えられていることを簡単《かんたん》に説明しなさい。

問３　下線部③について，あてはまる農産物《のうさんぶつ》を次のア～オから１つ選び，記号で答えなさい。

ア．じゃがいも　　イ．さとうきび　　ウ．ピーマン
エ．キャベツ　　オ．もも

問４　下線部④について，気候をいかして，出荷を早める栽培を何というか答えなさい。

問５　下線部⑤について，下の地図は月別《つきべつ》の台風の主な進路《しんろ》を示したものである。この地図を参考《さんこう》に，沖縄に台風の被害《ひがい》が多い時期を次のア～オから１つ選び，記号で答えなさい。

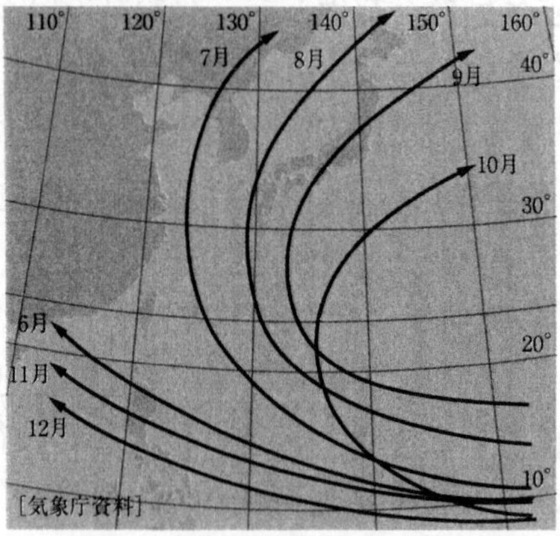

［気象庁資料］

ア．６月
イ．７月・８月
ウ．９月
エ．10月
オ．11月・12月

問６　下線部⑥について，沖縄県が一つの国として独立していた時の国名を答えなさい。

問７　下線部⑦について，おおよその人数《にんずう》を答えなさい。

2 日本の文化は中国《ちゅうごく》や朝鮮《ちょうせん》，ヨーロッパやアメリカなど多くの国の影響《えいきょう》を受けて発展《はってん》した。国際交流《こくさいこうりゅう》と文化について，あとの問いに答えなさい。

問１ 右の写真は，古墳《こふん》時代に大陸《たいりく》から日本に伝えられたのぼりがまを復元《ふくげん》したものである。この新しい製法《せいほう》によってどのような変化《へんか》がみられたか。正しいものを次のア～エから１つ選び，記号で答えなさい。

ア．これまでよりうすくてじょうぶな土器が作られるようになった。
イ．鉄剣《てっけん》を作ることができるようになり，文字が刻《きざ》まれた。
ウ．ひすい製《せい》の勾玉《まがたま》が作られるようになり，古墳の石室《せきしつ》に収《おさ》められるようになった。
エ．土木工事《どぼくこうじ》の発達《はったつ》で，前方後円墳《ぜんぽうこうえんふん》が作られるようになった。

問２ ８世紀《せいき》の初めには，中国（唐《とう》）へ留学《りゅうがく》した人たちにより，唐にならった日本の法律《ほうりつ》が作られ，新しい政治《せいじ》のしくみが定《さだ》まった。この法律を何というか。漢字２字で答えなさい。

問３ 下の写真は，鎌倉《かまくら》時代半《なか》ばに中国（宋《そう》）から伝えられた絵の技法《ぎほう》で描《えが》かれた作品であり，室町《むろまち》時代に雪舟《せっしゅう》が中国（明《みん》）に渡《わた》って，芸術《げいじゅつ》として大成《たいせい》させたものである。この絵の技法を何というか。

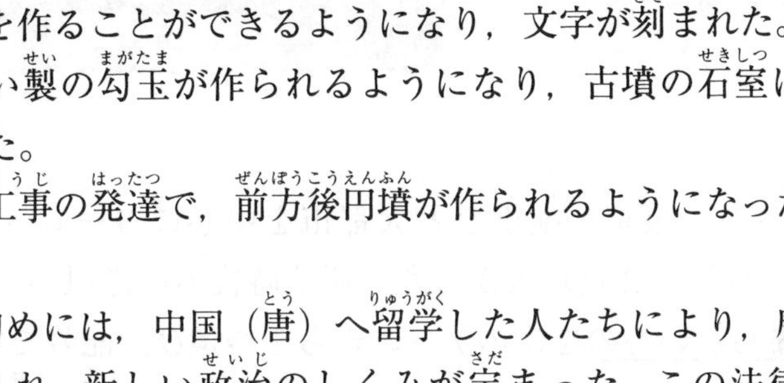

問４　戦国時代，ヨーロッパ人がアジアに進出《しんしゅつ》し，日本にもポルトガル・スペインの人々が来日《らいにち》するようになった。ポルトガル・スペインの人々がもたらしたものにふくまれないものを次のア～オから１つ選び，記号で答えなさい。

ア．鉄砲《てっぽう》　　イ．カステラ　　ウ．生《い》け花《ばな》
エ．教会　　オ．ボタン

問５　右の写真の人々は1871年にアメリカやヨーロッパに派遣《はけん》された，岩倉具視《いわくらともみ》を中心とする使節団《しせつだん》の代表者たちである。この５人のうち一番右の人物は，薩摩藩出身《さつまはんしゅっしん》で明治《めいじ》維新《いしん》の中心として活躍《かつやく》した。この人物名を答えなさい。

問６　明治《めいじ》時代になると，東京《とうきょう》・横浜《よこはま》など大都市《だいとし》を中心にヨーロッパやアメリカの影響《えいきょう》を受けた暮らしや文化が広がった。明治時代の西洋風《せいようふう》の文化に関する説明としてあてはまらないものを次のア～エから１つ選び，記号で答えなさい。

ア．新橋《しんばし》・横浜間に鉄道《てつどう》が開通《かいつう》し，その後，全国に鉄道網《もう》が発展《はってん》した。
イ．西洋の考え方が紹介され，福沢諭吉《ふくざわゆきち》は「学問《がくもん》のすゝ《す》め」で人間は生まれながらにして平等《びょうどう》であり，学問によって身を立てるべきだと主張《しゅちょう》した。
ウ．洋服《ようふく》を着る人や西洋風の髪型《かみがた》にする人が増え，牛肉やパンなど洋食《ようしょく》を食べるようになった。
エ．三種《さんしゅ》の神器《じんぎ》といわれる電化製品《でんかせいひん》によって生活が豊かになった。

3 次の地図をみて，あとの問いに答えなさい。

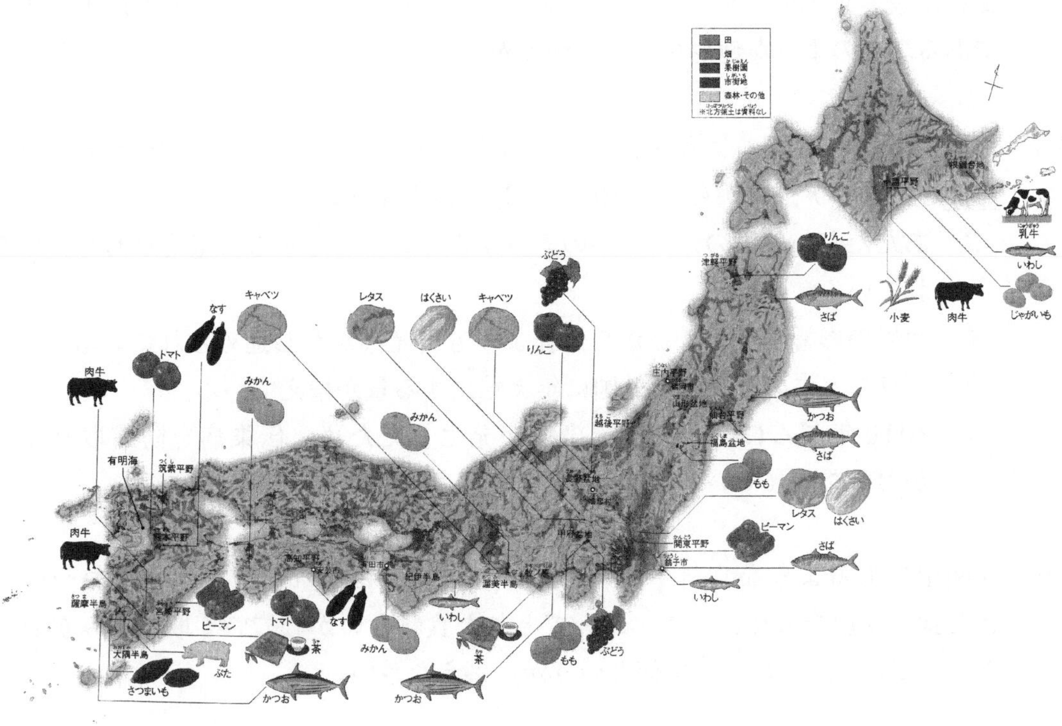

問１ 地図中にある北海道《ほっかいどう》の根釧台地《こんせんだいち》や十勝《とかち》平野のあたりでおこなわれている，牛を飼育《しいく》して，牛乳《ぎゅうにゅう》や乳製品《にゅうせいひん》などを生産する産業を何というか。

問２ 地図中にある和歌山《わかやま》県はみかんの栽培がさかんである。その理由を地形や気候から考えて簡単に説明しなさい。

問３ 地図中の佐賀《さが》県に面《めん》した有明海《ありあけかい》のあたりではのりの養《よう》しょくがさかんである。養しょくの説明として正しいものを，次のア～エから１つ選び，記号で答えなさい。

ア．数日がかりで日本近海《にほんきんかい》で漁《りょう》をおこなう漁業《ぎょぎょう》。
イ．魚や貝などを人の手で育てて出荷する漁業。
ウ．小型船《こがたせん》で海岸やその近くでおこなう漁業。
エ．遠くの海まで出かけて，長期間《ちょうきかん》おこなう漁業。

問4　地図中の太平洋《たいへいよう》に面した地域では，かつおやさばなどの水あげ量が多い地域がみられる。これは海岸線《かいがんせん》から水深《すいしん》200 mくらいまでのけいしゃがゆるやかな海底《かいてい》が続く地形で，魚のえさとなるプランクトンがあつまることが理由の1つである。このような地形をなんというか。

問5　地図中の宮崎《みやざき》平野のようすについて説明している文のうち，あてはまらないものを，次のア～エから1つ選び，記号で答えなさい。

ア．あたたかい気候のため，牛のえさがよく育つことから畜産業《ちくさんぎょう》がおし進められている。

イ．台風の影響が多いことから畑作《はたさく》よりも畜産業がおし進められている。

ウ．ブランド牛の宮崎牛を外国に年々輸出《ゆしゅつ》する量が増えている。

エ．2010年ごろに，家畜《かちく》の伝染《でんせん》病が発生したため，伝染病を防ぐ取り組みがおこなわれている。

問6　地図中にあるような食料《しょくりょう》生産のさかんな地域ではそれぞれの地域でつづけてきた食料生産を大切にして，地元でとれた食料をいかしていく取り組みがおこなわれている。このことを何というか，答えなさい。

4　次の会話文を読んで，あとの問いに答えなさい。

ゆうと　日本の法律①は国会で話し合いをおこなって，つくられるね。

ひかり　国会では国の予算《よさん》②についても話し合いをおこなって，決めているね。

ゆうと　その国の予算の一部から，感染症対策《かんせんしょうたいさく》のお金も使われているんだね。世界中で感染症が広がって，日本でも感染症対策について国会で話し合いがおこなわれているね。

ひかり　最近，世界では感染症の広がりだけでなく，戦争③も起きているね。

ゆうと　日本は戦争を経験しているからこそ，憲法に「平和主義《へいわしゅぎ》④」という考え方が定められているんだね。

ひかり　日本の憲法には，「平和主義」のほかに，「基本的人権《きほんてきじんけん》の尊重《そんちょう》」，「国民主権《こくみんしゅけん》」という三つの原則《げんそく》⑤があるよね。

ゆうと　そうだ，5月3日は憲法記念日なのを思い出したよ。憲法を守って，日々の生活を大切にしたいね。

問１　下線部①について，下の図は「法律ができるまで」を表している。図の（　Ｘ　）にあてはまることばを答えなさい。

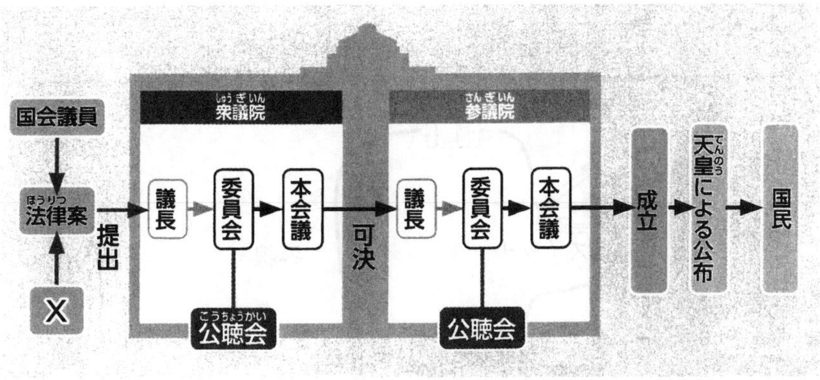

問２　下線部②について，右のグラフのＹが示《しめ》すように，国の収入《しゅうにゅう》の半分以上は国民から集めたものである。これを何というか。漢字２字で答えなさい。

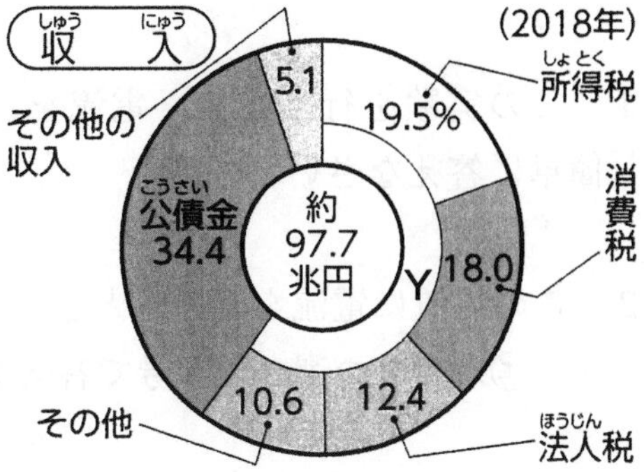

問３　下線部③について，日本国憲法を定めた後に起こった戦争としてあてはまるものを，次のア～エから１つ選び，記号で答えなさい。

ア．アヘン戦争　　イ．朝鮮戦争　　ウ．日露《にちろ》戦争　　エ．日中《にっちゅう》戦争

問４　下線部③について，国際連合《こくさいれんごう》では戦争などの国どうしの争いごとが起きると，ある重要な機関《きかん》が停戦《ていせん》をはたらきかけたり，戦争の広がりを防《ふせ》いだりしてきた。その国際連合の重要な機関を何というか，答えなさい。

問５　下線部④について，平和主義とはどのような考え方か。「武力《ぶりょく》」と「戦争」ということばを必ず使って，説明しなさい。

問６　下線部⑤について，三つの原則のなかから，自分の生活でもっとも関係が深いと思うものを１つ選び，どうしてそう思ったのか，その理由を簡単に説明しなさい。

【理　科】〈第１回試験〉（社会と合わせて50分）〈満点：50点〉

注意事こう

定規は使用してもかまいません。

1　電流と磁石の関係を調べるため，下の図のような装置を作成し実験を行なった。次の問いに答えなさい。

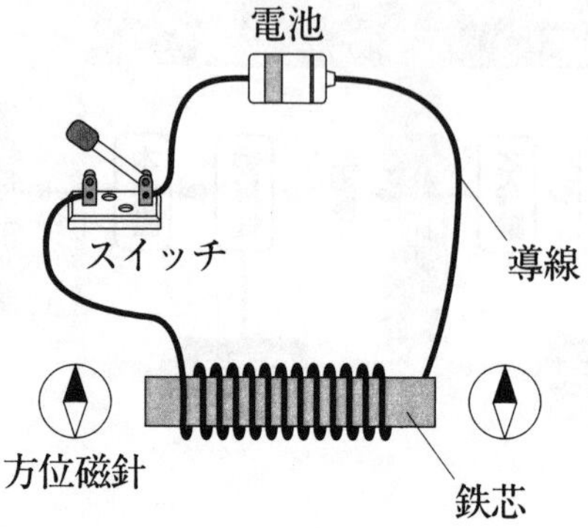

問１　この実験を行うとき，電流を流したままにしてはいけない。それはなぜか。簡単に答えなさい。

問２　この装置に電流を流したとき，方位磁針の針の向きはどのようになるか。次の㋐～㋓から１つ選び，記号で答えなさい。

㋐

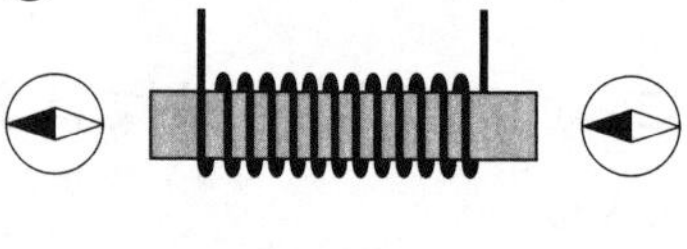

㋑

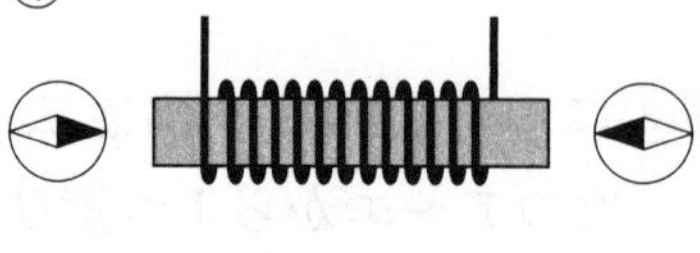

㋒

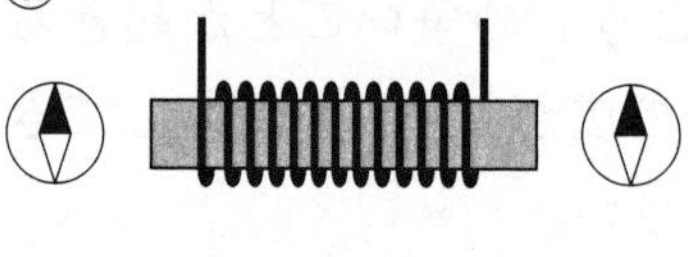

㋓

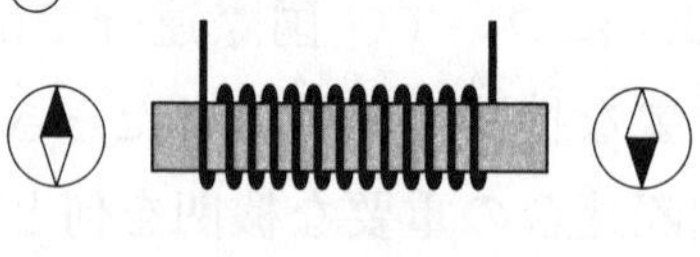

問３　**問２**で答えた方位磁針の針の向きと，反対方向を指すように変えたい場合，装置のどの部分を変えればよいか。簡単に答えなさい。

問４　別の実験に使用する予定だった細くて短い針金を，下の図のようにまちがえてこの装置の上に広げてしまい，その状態で電流を流してしまった。このとき，鉄芯の周囲に針金が模様を描くように移動した。このときの装置を上から見ると，どのような様子になっているか。解答用紙の図に針金の広がり方を描きなさい。

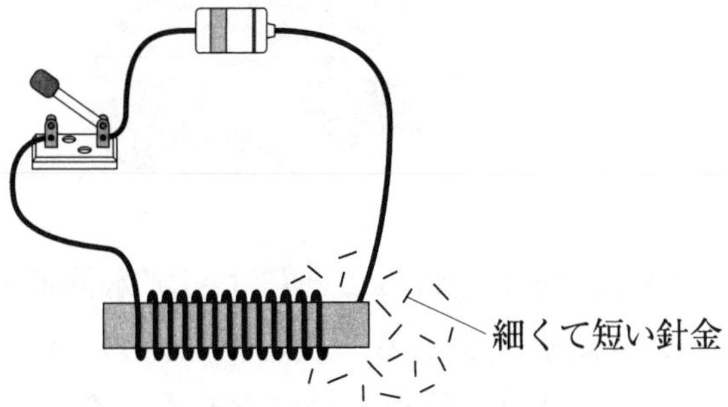

2　次の文章は夏休み前のかほさんとけんごさんの会話である。次の問いに答えなさい。

かほさん　「夏休みの自由研究，何をやるかけんごさんは決めた？」
けんごさん「そうだなあ…あまりいいアイデアが無くて…かほさんは？」
かほさん　「①カエルについて調べようと思うの。ほら，カエルっている場所によって②色が変わるでしょう？不思議だなぁと思わない？」
けんごさん「確かに不思議で気になるね！でもそれはカエルを捕《つか》まえるところからスタートになるね…カエルがどこにいるかって知ってるの？」
かほさん　「水の近くにいそうだからお父さんと一緒に③近所の川に行ってみようかなと思ってるの！」
けんごさん「なるほど！じゃあその日のご飯は河原《かわら》でバーベキューだね！」
かほさん　「それ最高ね！せっかくだし，けんごさんも一緒にどう？」
けんごさん「いいの！？じゃあ，④火起こしのためにうちわ持っていかなきゃ！」
かほさん　「もう！目的はカエルを捕まえに行くんだからね！」

問１　下線部①について，正しいカエルの成長の順番になるように，次の㋐～㋒を並べ変えなさい。

問２　下線部②について，色が変わることによって水溶液の性質を調べることができるリトマス紙という試験紙がある。次の㋐～㋔の水溶液のうち，青色のリトマス紙を赤色に変化させる性質を持つものはどれか。全て答えなさい。

㋐ 食塩水　　㋑ 炭酸水　　㋒ うすい塩酸
㋓ 重そう水　　㋔ うすいアンモニア水

問３　下線部③について，かほさん達が実際に行った川は図のような流れをしていた。この川の図中Ａ―Ａ'の断面はどのような形になっていると考えられるか。次の㋐～㋒から１つ選び，記号で答えなさい。また，選んだ理由も簡単に書きなさい。

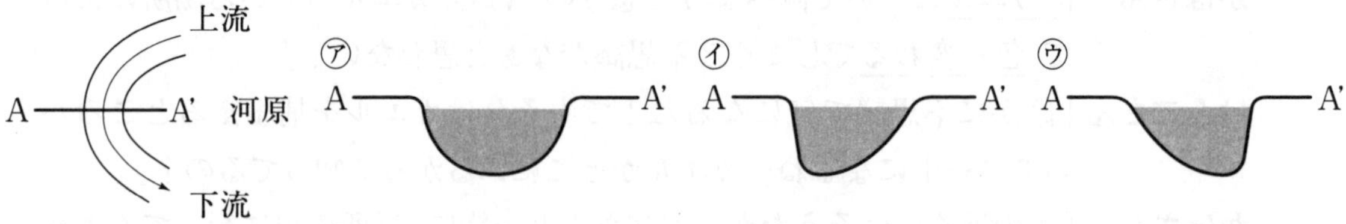

問４　下線部④について，けんごさんはなぜこのような発言をしたのか。簡単に答えなさい。

問５　河原にはごみがたくさん捨てられていた。自然にごみを捨てることによって，地球の環境にどのような影響があるか。簡単に答えなさい。

3 ホウセンカを使って，植物のからだの作りについて調べた。また，続く文章は植物の種類とはたらきについて述べている。次の問いに答えなさい。

【実験１】ホウセンカを，色水を入れた花びんに入れて一晩おき，茎を切って観察する。

【実験２】気温の高い晴れた日に，ホウセンカに透明なポリ袋《ぶくろ》をかぶせ，30分ほど置き，袋の内側の様子を観察する。

【実験１】

【実験２】

【植物の種類とはたらきについて】

植物は十分な光と，適当な気温と，必要な水分があれば，自分で作ったエネルギー源を使って生きていける。しかし，十分な条件がそろわないと，かれてしまう。

日本では，あたたかく，雨の多い夏は多くの植物にとって光合成しやすい季節になる。しかし冬は気温が下がり，太陽の出ている時間も短く，太平洋側では乾燥した日が続く。そこで一部の樹木は，冬は葉からの水のじょう発を防ぐために，葉を全て落としてしまう。しかし，これは植物にとっても危険なことだ。

そこで比較的あたたかい地方の樹木の多くは，冬も葉を落とさない。冬も生きた葉を残したままにするためには，効率よく光合成する必要がある。

とても寒い地方に育つ樹木の多くも葉を落とさない。短い春に元のように葉をしげらせることはむずかしいのだ。そこで，光合成の効率だけでなく，貴重な水分を失いにくい葉の形をしている。

問１　【実験１】で，茎の断面で，色水に染まっていた部分を塗りなさい。

問２　植物が，主に葉から水分を空気中に出していることを確かめるには，【実験２】をどのように工夫して調べればよいか。結果もふくめて説明しなさい。

問３　葉にデンプンがあるかどうかを調べるために，デンプンがあると青紫色になる薬品をつかった。この薬品をなんというか答えなさい。

問４　サクラの木は寒くなると葉が枯れて落ち，ツバキやマツの木は冬の間も緑色の葉のままである。サクラ，ツバキ，マツのなかで，とても寒い地方でも生きていける植物はどれか答えなさい。

4 食塩と焼きミョウバンを使って，水の量や温度の違いによる溶ける量の違いを調べた。表はその結果である。次の問いに答えなさい。

60℃の水の量（g）	溶けた食塩の量（g）	溶けた焼きミョウバンの量（g）
10	3.7	2.5
20	7.4	5.0
30	11.0	7.5
40	14.8	10.0
50	18.5	12.5

水 50g の温度（℃）	溶けた食塩の量（g）	溶けた焼きミョウバンの量（g）
0	17.9	1.5
20	17.9	3.0
40	18.1	5.8
60	18.5	12.5

問１　100gの水に溶ける焼きミョウバンの最大量と温度の関係をグラフに書きなさい。

問２　焼きミョウバン５gを20℃の水100gに加えたところ，全て溶けて透明になった。この水溶液にはあと何gの焼きミョウバンが溶けるか答えなさい。

問３　60℃の水に食塩を溶けるだけ溶かしたときの濃度（％）を，小数第１位を四捨五入して整数で答えなさい。

問４　右の図のように，Ａのビーカーには焼きミョウバン，Ｂのビーカーには食塩を，それぞれ60℃の水100gに溶けるだけ溶かした。この日の実験室の気温は20℃だった。２時間後，片方だけ結晶が見えた。Ａ，Ｂどちらのビーカーに見えたか答えなさい。

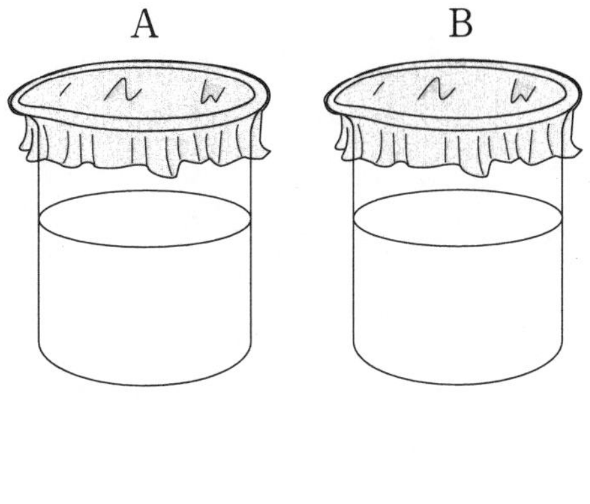

問三 ――部③は、「水」の他に何を表していると考えられますか。漢字一字で書きなさい。

問四 「さかのぼって行こう」について、この言葉がくり返されているのはなぜですか。それを説明した次の文の［Ａ］～［Ｃ］にあてはまる言葉として最も適当なものを、それぞれあとの１～４から選び、番号で答えなさい。

現代の人間は、［Ａ］に生き、自分を育ててくれたもの、自分を支えてくれたものへの［Ｂ］を失ってしまっているので、作者は、［Ｃ］とうったえている。

Ａ
１　自然とは離《はな》れた社会
２　自然のめぐみを受ける社会
３　仲間と協力しあう社会
４　仲間と争《あらそ》い合う社会

Ｂ
１　自立していこうとする気持ち
２　敵対する気持ち
３　感謝の気持ち
４　おそれの気持ち

Ｃ
１　ふたたびその時代へもどろう
２　もう一度とりもどそう
３　また新たに作り出そう
４　一つだけでもやってみよう

問五 この詩の作者にとって「源流」とは具体《ぐたい》的にはどのようなところのことですか。詩の中の「にんげん」という言葉を使い、さらに詩の中の他の言葉を適切に使って説明しなさい。

家族に飢《う》えをしのがせたのも
その水だ
水車小屋の水車を回し
小麦粉を　※黄粉《きなこ》を　そば粉を　※碾《ひ》いてくれたのも
その水だ

ゆったりと川の流れる村で生まれ
わたしも　その水で※産湯《うぶゆ》をつかった
わたしの骨格《こっかく》と血と肉は　川がくれた
コイや※ウグイやアユやシジミでつくられたものだ
わたしは今　ほそい踵《かかと》の靴《くつ》をはき
都会の固い舗道《ほどう》のうえを歩いているが
※踝《くるぶし》は　ふくらはぎは
つめたくて心地よかった水の感触を覚えている
わたしの耳は
たのしげに歌いながら流れていた
あのせせらぎを　覚えている
さかのぼって行こう
水が　天のこころを映して
天と同じく③澄《す》んでいるところへ
すべての生命《いのち》の
おおもとのところへ

※《注》 源流…川の流れ出るもと。
綯い合わせる…何本かのヒモを一つによりあわせること。
謙虚…自分を偉《えら》いと思わず、素直に他に学ぶ気持ちがあること。
粥…穀類、豆類、イモ類等を多めの水で柔《やわ》らかく煮た料理。
黄粉…大豆に火を加え、粉にしたもの。
碾く…石臼等を使って粉にすること。
産湯…生まれたばかりの赤ん坊を洗う湯。
ウグイ…コイ科の淡水魚。
踝…足首の外側にある骨の突起。

問一 ――部①とは何ですか。漢字一字で書きなさい。

問二 ――部②の表現から読み取れることは何ですか。最も適当なものを次の中から選び、番号で答えなさい。

1　時には流れを変えて、自然の変化を示していたということ
2　人間の精神的成長に一役買ってくれていたということ
3　急な流れで人間に自然の厳しさを教えてくれていたということ
4　人間の生活を支えることに喜びをもっていたということ

問六 ――部④とありますが、この行動の理由として**ふさわしくないもの**を次の中から選び、番号で答えなさい。

1　可愛くないと思っている自分に、思いがけず「よく似合う」と慎が言ったから。
2　慎の言葉と行動に驚かされ、あわててしまったから。
3　ペンダントをほしがっている心を慎に見ぬかれたと思ったから。
4　慎の言葉を意識しすぎて過剰《かじょう》に反応してしまったから。

問七 ――部⑤とありますが、この気持ちを説明した次の文の［　］にあてはまる語を［ア］は自分で考えて書き、［イ］はあとの語群から選び、番号で答えなさい。

・自分が慎に［ア］たい気持ちがあるが、どんなふうに表現してもそれをわかってもらえないと［イ］気持ち。

語群
1　おこる　　2　悲しむ
3　あきらめる　　4　もどかしい

問八 ――部⑥とはどのような答えですか。自分で考えて答えなさい。

六　次の詩を読んで、あとの問いに答えなさい。

※源流へ　　新川和江

さかのぼって行こう
①天から直《じか》にきた水が
山肌《やまはだ》をつたい　木の根をめぐり
ひとすじに※綯《な》い合わされて
川となって　流れ出すところへ

にんげんが
もっと素朴《そぼく》で　※謙虚《けんきょ》で
自然への礼節《れいせつ》をわきまえていた時代
水もまた　②いそいそと
人々の暮らしに寄り添《そ》って流れてくれた
わたしの父の　そのまた父の父が
若者だった頃　ほとりに自力で小屋を建て
朝夕かがんで掌《てのひら》ですくって飲んだのも
その水だ
わたしの母の　そのまた母の母の母が
大釜《おおがま》でうすい※粥《かゆ》を炊《た》いて

麻子と七葉は全然違う。どこがどう違うのか、どういう意味なのか。問い質《ただ》したかったのに、できなかった。答を聞くのが怖《こわ》かった。

（宮下奈都『スコーレNo.４』）

※《注》
判然…はっきりとわかること
子細…くわしいところ
狼狽…思いがけない出来事にあわてふためくこと
踵を返す…あともどりする・引き返す
憤然…はげしくおこるさま
羨む…うらやましく思う
妬む…他人をうらやんで憎らしいと思う

問一 ――部(1)・(2)の語の意味として最も適当なものを次の中からそれぞれ選び、番号で答えなさい。

(1) 精巧
1 すぐれて立派なこと
2 清らかでいさぎよいこと
3 細かくよくできていること
4 生き生きとしたつやがあること

(2) 間髪を入れず
1 すらすらと
2 早口で
3 間をおいて
4 すぐさま

問二 [A]・[B]にあてはまる語をそれぞれ漢字一字で答えなさい。

問三 ――部①とありますが、その指示する内容を本文中からぬき出し、はじめと終わりの二字を答えなさい。

問四 ――部②とありますが、このときの麻子の心情を説明したものとして最も適当なものを次の中から選び、番号で答えなさい。

1 歴史的な重みに心がさわいでしかたがない気持ち。
2 あまりの可愛さに心がひきつけられてしまう気持ち。
3 この店には不似合いな品に驚いている気持ち。
4 自分の発見を慎に伝えたくてしかたがない気持ち。

問五 ――部③とありますが、それはなぜですか。麻子の心情をふまえて答えなさい。

「あのペンダント、すごく可愛いって、愼、言ったよね、そんなのが私に似合うはずないじゃない」

※憤然《ふんぜん》と歩きながら、愼ちゃんでなく愼と呼び捨てにしてしまったことに気がついた。

「麻子はもしかして」

後ろから、愼の声が追いかけてくる。

「可愛くなりたいの」

なんでそんなことを訊《き》くのかと思う。返事をせずに大股《おおまた》で歩き続ける。

「どうして可愛くなりたいなんて思うんだろう」

愼がたたみかけてくる。

「どうしてもなにも」

言いながら急にむなしくなった。半歩後ろを歩く愼をちらっと見上げると、灰色がかった瞳がまっすぐこちらを見ていた。心臓が大きく鳴って、足がもつれそうになる。

「もしも可愛かったら」

どうにか視線を戻《もど》して、私は言う。どんなふうに言ったところで、きっと愼には伝わらない。

「人生が変わるじゃない」

投げやりな口調になった。(2)間髪を入れずに愼が訊き返す。

「人生を変えたいの？」

私は返事をしなかった。

「麻子はおかしい」

愼が言った。

「愼こそおかしいよ」

あ、また呼び捨てにしてしまった、と思った。胸の内ではいつも愼を呼び捨てにしていたけれど、A と向かってそうするのは初めてだった。どんどん歩いた。怒っているわけじゃない。⑤むなしいような、嘆《なげ》きたいような気持ちだ。可愛くなりたいのかと訊くくらいだから何か特別な理由があるのかと思った。⑥もっと私をよろこばせるような答を用意してあるのかと思った。

可愛かったら人生違ってたよ。

そう言うだけのつもりだった。それなのに、私は、わざわざ妹の名前を挙げていた。

「七葉みたいに可愛かったら人生違ってたよ」

そう口走った自分の言葉にいちばん驚いたのは私だ。どうしてここに七葉が出てくるのか、もしかして私は七葉の可愛さを※羨《うらや》んだり※妬《ねた》んだりしていたんだろうか、と B をのむ思いだった。

「麻子と七葉は」

愼が言葉を選ぶ。普段から愼重《しんちょう》な声が湖の底に沈《しず》んでいくみたいに聞こえた。

「姉妹でも全然違う」

プに限らず、ここに並べられているものに勝手に触《さわ》ってはいけない。②それでも思わず手を伸ばさずにはいられなかった。可愛《かわい》い、と口が勝手に動いた。いつの時代のどういう品なのか※判然《はんぜん》としないものの、少なくとも百年、場合によっては何百年もの時を経《へ》てなお輝くものに、可愛いなどというのは無礼だと思いながら。

「見て、慎ちゃん、これ」

　息をひそめるようにして慎を呼ぶ。慎はこちらに近づいてきて、台の上の品の※子細《しさい》を眺めるために膝《ひざ》を折る。そうして、青銅色《せいどうしょく》の、親指の先ほどの工芸品に顔を近づけたまま、その目を細める。

「ほんとうだ。これはいいな」

　そう言いながら上体を起こし、すぐ後ろの私を振《ふ》り向いて笑顔をつくった。

「すごく可愛い」

　慎がぐらりと揺《ゆ》れて、輪郭《りんかく》が二重になったみたいに見えた。すごく可愛い。慎の口から出てくる言葉とは思えなかった。そして、③それこそが私が慎から聞きたかった言葉なのだと、慌《あわ》てて台の上に目を戻しながら思った。

　慎はほとんどの時間を私の知らないところで過ごす。私の知らないたくさんの人と会う。たまたま父親同士が兄弟だった縁《えん》で私とつながっているだけで、私が可愛いからつきあっているわけじゃない。あたりまえの話だ。私より可愛い人はそこらじゅうにいる。もしかすると普段《ふだん》慎が会話を交わすすべての女性が私より可愛い可能性さえある。

　それでも私は、すごく可愛い、と言った慎の口ぶりにひどく※狼狽《ろうばい》した。それが自分に向けられたものではないことを知っていても、軽い目眩《めまい》がした。意識もしないくらい深いところで私は望んでいたのだ。可愛いと思われたいだなんて、自分がそんなことを考えていただなんて、すごく恥《は》ずかしいことのように思えた。

　そのとき、慎が、螺鈿《らでん》のペンダントトップを台座から外し、そっと私の胸元にあててみせた。驚《おどろ》く私に慎は一度うなずいて、言った。

「よく似合う」

　私は一瞬だけ胸元のペンダントに目を落とし、そのまま首を振って後ずさった。

「似合わないよ、私には似合わない」

　④思いがけず大きな声が出た。慎は驚いたように私を見たけれど、何も言わずにペンダントを台座に戻し、※踵《きびす》を返した私の後を追って店の外へ出てきた。

「だって、すごく可愛い、って言ったじゃない」

　なぜか怒《おこ》った声になった。慎の指が触れた胸元が熱く脈打っていた。慎の顔を見ずに、駅への道を早足で戻る。

問一 ――部①とありますが、なぜ、人はとまどうのですか。「おそれる」「思い込む」の二語を使って説明しなさい。

問二 ――部②とは具体《ぐたい》的にどんなことですか。二十字以内でまとめて答えなさい。

問三 ――部③とありますが、具体《ぐたい》的に何をはねのけているのですか。答えなさい。

問四 ――部④はどうしてですか。簡潔に答えなさい。

問五 ――部⑤について、次のⅠ・Ⅱに答えなさい。

Ⅰ「これ」の指す内容を本文中から二十字以内でぬき出しなさい。

Ⅱ「理にかなっている」とあるが、その理由を本文中の言葉を使って解答らんに合うように二十五字以内で答えなさい。

問六 ――部⑥とありますが、その理由として最も適当なものを次の中から選び、番号で答えなさい。

1　異なる教科の授業を休みを入れ、立て続けに行ったから。
2　前の授業の知識をほとんど覚えていなかったから。
3　同じ教科の授業を休みもなくぶっ続けに行ったから。
4　休み時間に教室でノートの整理をしていたから。

五

次の文章を読んで、あとの問いに答えなさい。

麻子《あさこ》と七葉《なのは》は骨とう品屋の姉妹。高校受験をひかえた七葉は家族同然のいとこで大学院生の慎《しん》に家庭教師をしてもらっている。麻子は慎と週末ごとに映画に出かけたりするようになっていた。

花を象《かたど》って真珠貝の施《ほどこ》された小さな装飾品《そうしょくひん》が布張りの台座に載《の》せられていた。ペンダントトップとして使われたものだろうか。虹《にじ》のような光をたたえた(1)精巧《せいこう》な品は、奈良時代だったか平安時代だったかの図録で似たものを見たことがあった。①これはその模写だろうけれど。

手を触《ふ》れてはいけないと知っていた。このペンダントトッる。④朝、目を覚ました時、たいていの人がなんとなく清々《すがすが》しい気分になっている。レム睡眠のおかげで頭の中の掃除《そうじ》が行われた後だから、頭の中のゴミ出しが済《す》んだ後だからである。

この自然忘却作用は本当に大事にしなければならない。夜よく眠れない人は、大至急《だいしきゅう》、眠れるようにしないと頭が悪くなってしまう。昼、詰《つ》め込むよりも、夜、不要なものをすてる方が大事である。心身の健康のためにも忘却作用を大切にしたい。

けれど、勉強しすぎて知識をたくさんとり入れると、一日一回の睡眠だけでは足りない。ゴミがいっぱい溜《た》まる。レム睡眠でゴミ出しをしてもなお、有害なゴミが頭の中に残る恐《おそ》れがある。そんな場合、どうしても目が覚めている間に、よけいなことを忘れる努力をしなくてはならなくなる。有害なものは、なんとしても忘れないといけない。

そうかと言って、一日じゅう寝《ね》ているわけにはいかない。では、起きている間はどうしたらいいか、これはなかなか工夫が必要である。

その点、学校はうまいことをしてきた。それは、異《こと》なる授業を立て続けにやるということ。英語の次に国語、その次は社会、音楽。⑤一見、支離滅裂《しりめつれつ》のようだけれど、実はこれは非常に理にかなっていたのだ。なぜなら、前の授業で詰め込まれた知識を、まったく異なる次の授業によって、レム睡眠と同じほどではないが、忘れることができるからだ。

ところが三〇年ほど前、こういう時間割に批判《ひはん》的な教師があらわれた。違った教科をつづけて教えては記憶効率が下がると考え、同じ内容を一括《いっかつ》して教えれば学習能率が上がるとした。そして、「午前中はすべて英語」「午後はすべて理科」というように、休みもなくぶっ続けに授業を行うことにした。

結果はどうなったか？⑥思いもかけず学力が急落してしまったのである。それは忘れることの必要を忘れた、からだ。異なる授業をやることだけでなく、授業と授業の間の休み時間もたいへん大事だったのだ。

休みに教室に残ってノートなんか整理したりする生徒がいると「感心だね～」などと言う人がいるが、トンデモない。休み時間はとにかく外に飛び出して、思いきり体を動かして汗《あせ》をかくくらいにする。そうすれば、教室に戻《もど》ってきた時には、「さっきの時間は何だったっけ？」となる。それこそが理想的な頭の状態。その後の授業の間は集中できる。

いろんなことをして忙《いそが》しくしなければダメ。同じことをだらだらと続けていても、頭はよく働かない。頭がさぼってしまって学習効果もあがらない。とにかく忙しくすること―適当に忘れて頭をスッキリさせる。覚えて、忘れる、この切り替えがたいへんに重要なのである。

（外山滋比古『何のために「学ぶ」のか』）

三

次の１～10の□にあてはまる語をあとの語群から選び、記号で答えなさい。ただし同じ選択肢は二度使えません。

1　犬が□ほえる。
2　この結果は□残念だ。
3　□面白いことを言うなあ。
4　私の願いを□聞いてください。
5　君は□そんなに急いでいるのか。
6　彼女の動きは□チョウのようだ。
7　□会わないうちにずいぶん大きくなったね。
8　彼女の姿は□目を引く。
9　大会は□中止だろう。
10　彼女には□かなわない。

語群

ア　ぜひ　　イ　どうして　　ウ　きわめて
エ　とうてい　　オ　おそらく　　カ　わんわん
キ　ひときわ　　ク　まるで　　ケ　ずいぶん
コ　しばらく

四

次の文章を読んで、あとの問いに答えなさい。

人間はずっと「忘《わす》れる」ということをおそれてきた。とにかく忘れてはいけないと思い込んでいる。①急に「忘れよ」などと言われたらひどくとまどう。たいていの人は、覚え方は上手でも忘れ方は下手である。

なにもそれほど難しく考える必要はない。自然に忘れる。一番簡単なのは「夜よく眠る」ことである。

前の晩に、頭に知識を一〇〇入れて寝たとする。朝になって、その知識がそのまま残っていてほしいと願う人があるかもしれないけれど、②そんなことがあっては大変。頭が壊《こわ》れてしまう。正常な頭なら、前夜の知識はガタ減《べ》りに少なくなっている。なぜか？睡眠《すいみん》中に忘却《ぼうきゃく》をすすめる働きがはたらくからである。この忘却の時間はレム睡眠と呼ばれる。人によって回数に違《ちが》いがあるが、ひと晩に数回おこる。

起きている間の人間の頭の中へは、いわゆる知識以外にも、雑多《ざった》な刺激《しげき》が常に入り込んでくる。そのようにして流れ込んできたもので不要だと思われるものを、③レム睡眠の時にはねのけているのだ。

人間の頭は、自分にとって「どうも大事なものらしいぞ」というものは自動的に忘れないようにできている。当面は頭の中にないほうがいいと思ったモノを、レム睡眠は整理す

2023年度 佐野日本大学中等教育学校

【国語】〈第一回試験〉(五〇分)〈満点：一〇〇点〉

一　次の各文の――部について、１～５のカタカナは漢字に直し、６～10は読み方をひらがなで書きなさい。

1　サンセイ雨の問題は深刻だ。
2　その条件ではショウフクできない。
3　人口がゲンショウしている。
4　健康をソコなう。
5　彼にアヤマる。
6　彼の博学にはおどろいた。
7　内閣を刷新する。
8　類似品に注意しよう。
9　人を見る目を養う。
10　ねこの額のような土地。

二　次の１～５を例にならって漢字に直し、それぞれの□に入れなさい。解答は上から順に書きなさい。

例　あつい　暑い部屋　熱い湯
1　おもて　□で遊ぶ　感情を□に出す
2　とる　資格を□る　血を□る
3　のぼる　川を□る　木に□る
4　はかる　解決を□る　時間を□る
5　あう　計算が□う　人と□う

2023年度 佐野日本大学中等教育学校 ▶解説と解答

算　数　＜第１回試験＞（50分）＜満点：100点＞

解　答

1 (1) $\frac{5}{13}$　(2) 3 ： 4　(3) 7　(4) $2\frac{5}{6}\left(\frac{17}{6}\right)$　(5) $2\frac{2}{5}\left(\frac{12}{5}\right)$　(6) 3.38　(7) 3　(8) 12　(9) 3　(10) 101　2 (1) 240　(2) $1\frac{4}{5}\left(\frac{9}{5}\right)$　(3) 2023　(4) 36　(5) 7　3 (1) 35　(2) 800円　(3) 35%　(4) **リンゴ**…８個，**みかん**…12個　(5) 80L　4 (1) ４倍　(2) スシ　(3) 135度　(4) 21cm^2　(5) 384cm^3　5 (1) 308　(2) 200　(3) あふりか

解　説

1 分数の性質，比の性質，四則計算，逆算

(1) 逆数とは，ある数にかけ合わせると１になる数で，分数の分母と分子を入れかえた数のことである。$2\frac{3}{5}$を仮分数にすると，$2\frac{3}{5}=\frac{13}{5}$となり，この分数の分母と分子を入れかえると$\frac{5}{13}$になる。よって，$2\frac{3}{5}$の逆数は$\frac{5}{13}$である。

(2) 比は前項《こう》と後項に同じ数をかけても比の値は変わらないので，$\frac{3}{5}:0.8=\frac{3}{5}:\frac{4}{5}=\left(\frac{3}{5}\times5\right):\left(\frac{4}{5}\times5\right)=3:4$となる。

(3) $70-21\times3=70-63=7$

(4) $\frac{2}{3}+2\frac{1}{6}=\frac{4}{6}+2\frac{1}{6}=2\frac{5}{6}$

(5) $1\frac{1}{2}\div\frac{5}{8}=\frac{3}{2}\times\frac{8}{5}=\frac{12}{5}=2\frac{2}{5}$

(6) 右の筆算より，$5.6-2.22=3.38$

$$\begin{array}{r} 5.60 \\ -\,2.22 \\ \hline 3.38 \end{array}$$

(7) $\frac{5}{3}\times1\frac{4}{5}=\frac{5}{3}\times\frac{9}{5}=3$

(8) $86.4\div\square=7.2$　よって，$\square=86.4\div7.2=12$

(9) $\frac{7}{12}-\frac{1}{\square}=\frac{1}{4}$より，$\frac{1}{\square}=\frac{7}{12}-\frac{1}{4}=\frac{7}{12}-\frac{3}{12}=\frac{4}{12}=\frac{1}{3}$　よって，$\square=3$

(10) $123-(\square-45)=67$より，$\square-45=123-67=56$　よって，$\square=56+45=101$

2 四則計算，計算のくふう

(1) $(27+12\div4)\times(15-7)=(27+3)\times8=30\times8=240$

(2) $3\div1\frac{1}{4}-1\frac{1}{2}\times0.4=3\div\frac{5}{4}-\frac{3}{2}\times\frac{2}{5}=3\times\frac{4}{5}-\frac{3}{5}=\frac{12}{5}-\frac{3}{5}=\frac{9}{5}=1\frac{4}{5}$

(3) 20.23は2.023を10倍した数だから，$20.23\div2.023=10$となる。よって，$20.23\div2.023\times202.3=10\times202.3=2023$

(4) $A\times C+B\times C=(A+B)\times C$となることを利用すると，$3.6\times7.3-2.1\times3.6+4.8\times3.6=(7.3-2.1+4.8)\times3.6=10\times3.6=36$

(5) $15-\left\{\frac{26}{3}-\left(\frac{1}{3}+\frac{5}{6}\right)\times\frac{4}{7}\right\}=15-\left\{\frac{26}{3}-\left(\frac{2}{6}+\frac{5}{6}\right)\times\frac{4}{7}\right\}=15-\left(\frac{26}{3}-\frac{7}{6}\times\frac{4}{7}\right)=15-\left(\frac{26}{3}-\frac{2}{3}\right)=$

$15-\frac{24}{3}=15-8=7$

3 整数の性質，相当算，割合と比，つるかめ算，倍数算

(1) 70÷３＝23余り１より，１から70までに３で割り切れる数(３の倍数)は23個あることがわかる。同様に，70÷４＝17余り２より，４の倍数は17個ある。また，３と４の最小公倍数は，３×４＝12だから，70÷12＝５余り10より，３と４の公倍数は５個あることがわかる。よって，下の図１のように表すことができるので，１から70までに３または４で割り切れる数は，23＋17－５＝35(個)あることがわかる。したがって，３でも４でも割り切れない数の個数は，70－35＝35(個)と求められる。

図１

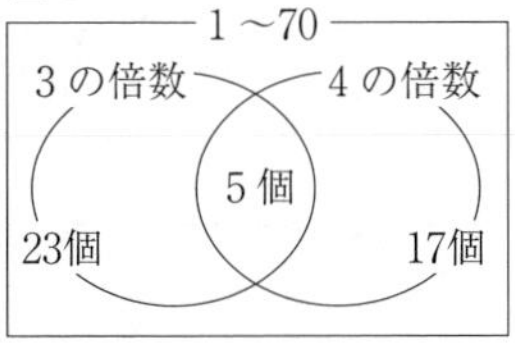

図２

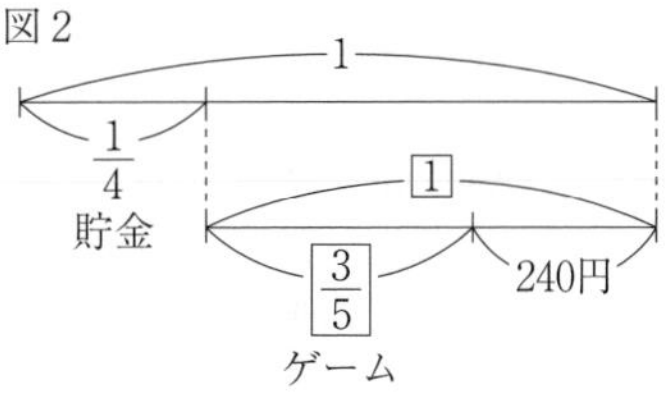

(2) 上の図２で，はじめの所持金を１とすると，貯金した金額は$\frac{1}{4}$だから，その残りは，$1-\frac{1}{4}=\frac{3}{4}$となる。また，ゲームの代金は，$\frac{3}{4}\times\frac{3}{5}=\frac{9}{20}$なので，その残りは，$\frac{3}{4}-\frac{9}{20}=\frac{3}{10}$とわかる。よって，これが240円にあたるから，はじめの所持金は，$240\div\frac{3}{10}=800$(円)と求められる。

(3) 去年の野菜の値段は300gで480円である。これは100gの，300÷100＝３(倍)なので，去年の100g当たりの値段は，480÷３＝160(円)とわかる。また，今年は１kg(＝1000g)で2160円である。これは100gの，1000÷100＝10(倍)だから，今年の100g当たりの値段は，2160÷10＝216(円)とわかる。よって，今年の値段は去年の値段の，216÷160＝1.35(倍)なので，値上がりした割合は，(1.35－１)×100＝35(％)と求められる。

(4) リンゴの個数を□個，みかんの個数を▲個として図に表すと，下の図３のようになる。図３で，図形全体の面積は1560円であり，かげをつけた部分の面積は，70×20＝1400(円)だから，斜線《しゃせん》部分の面積は，1560－1400＝160(円)となる。また，斜線部分のたての長さは，90－70＝20(円)なので，斜線部分の横の長さ(＝□)は，160÷20＝８(個)と求められる。よって，リンゴの個数は８個，みかんの個数は，20－８＝12(個)である。

図３

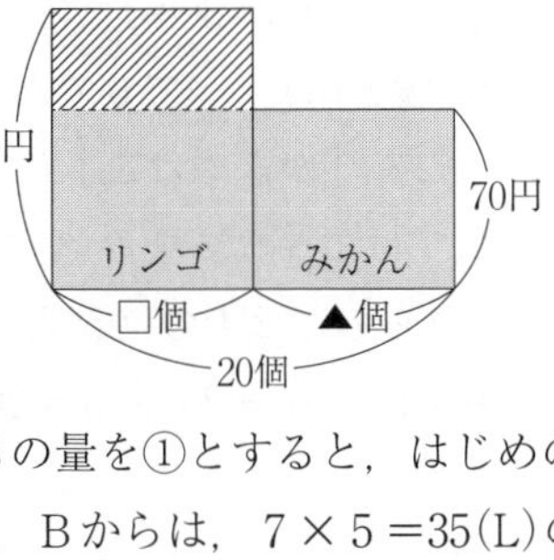

図４

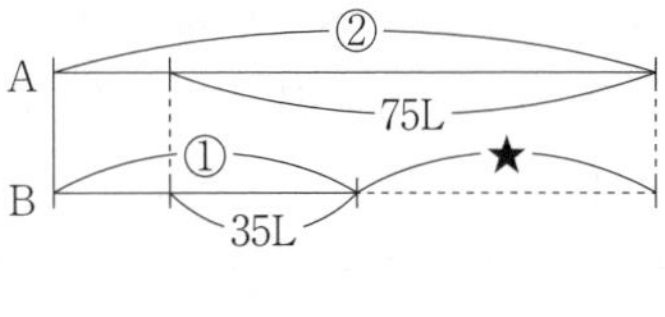

(5) はじめのＢの量を①とすると，はじめのＡの量は，①×２＝②になる。５分間で，Ａからは，15×５＝75(L)，Ｂからは，７×５＝35(L)の水が出るから，上の図４のように表すことができる。図４の★の部分に注目すると，②－①＝①にあたる量が，75－35＝40(L)とわかるので，はじめのＡの量は，40×２＝80(L)と求められる。

4 辺の比と面積の比，展開図，角度，面積，体積

(1) 下の図１の三角形ABCと三角形DBEの面積を比べる。はじめに，三角形ABCの底辺を２倍

にすると，三角形ABEになる。このとき，三角形ABCと三角形ACEの面積は等しいから，三角形ABEの面積は三角形ABCの面積の２倍である。次に，三角形ABEの高さを２倍にすると，三角形DBEになる。このとき，三角形ABEと三角形DAEの面積は等しいので，三角形DBEの面積は三角形ABEの面積の２倍である。よって，三角形DBEの面積は三角形ABCの面積の，２×２＝４(倍)とわかる。このように，三角形の底辺と高さをそれぞれ２倍にすると，面積は４倍になる。

図１

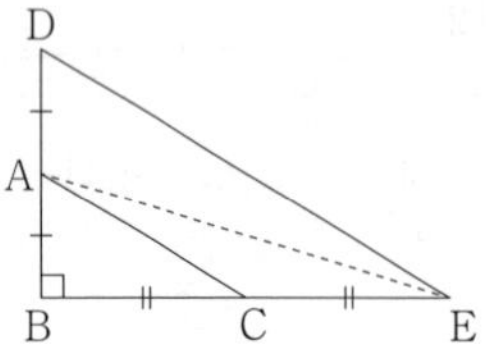

図２

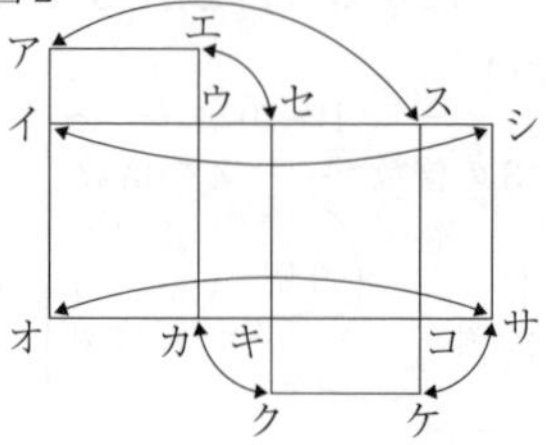

⑵　上の図２のように，頂点アと頂点ス，頂点イと頂点シがそれぞれ重なるから，辺アイと重なるのは辺スシである。

⑶　N角形の内角の和は，180×(N－２)で求められるので，八角形の内角の和は，180×(８－２)＝1080(度)とわかる。よって，正八角形の１つの内角(＝㋐)は，1080÷８＝135(度)である。

⑷　色のついた部分は半径が４cmのおうぎ形であり，中心角は全体を12等分したうちの５つ分にあたる。よって，色のついた部分の面積は，$4\times4\times3.14\times\frac{5}{12}=\frac{20}{3}\times3.14=20\times3.14\div3=62.8\div3=20.9\cdots$(cm^2)と求められる。したがって，小数第１位を四捨五入すると21cm^{2}になる。

⑸　右の図３を底面とする，高さが６cmの柱体である。図３で，アの長方形１個の面積は，４×６＝24(cm^2)，イの台形の面積は，(６＋14)×４÷２＝40(cm^2)であり，アの長方形とイの台形を合わせると，図３の面積は，24＋40＝64(cm^2)と求められる。よって，この立体の体積は，64×６＝384(cm^3)である。

図３

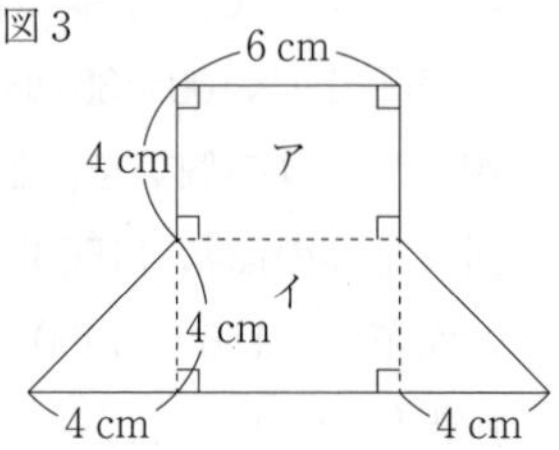

5　条件の整理，分配算

⑴　「さ」は３列目の１段目にあるから，「さ」…31である。同様に，「の」…55，「に」…52，「ほ」…65，「ん」…105なので，「さのにほん」は，31＋55＋52＋65＋105＝308となる。

⑵　「はひふへほ」はすべて６列目の文字だから，十の位の数字はすべて６であり，一の位の数字は１～５になる(つまり，61，62，63，64，65になる)。一方，「かきくけこ」はすべて２列目の文字なので，十の位の数字はすべて２であり，一の位の数字は１～５になる(つまり，21，22，23，24，25になる)。よって，一の位の数字は同じだから，これらの差は十の位５個分の差となり，(61＋62＋63＋64＋65)－(21＋22＋23＋24＋25)＝60×５－20×５＝(60－20)×５＝200と求めることができる。

⑶　文字Dの表す数を①として図に表すと，右の図のようになる。この図から，①＋③＋④＋①＝⑨にあたる大きさが，187＋10－８＝189とわかるので，①にあたる大きさは，189÷９＝21と求められる。よって，それぞれの文字の表す数は，Aが，21－10＝11，Bが，21×３＝63，Cが，21×４＋８＝92，Dが，21だから，それぞれを文字

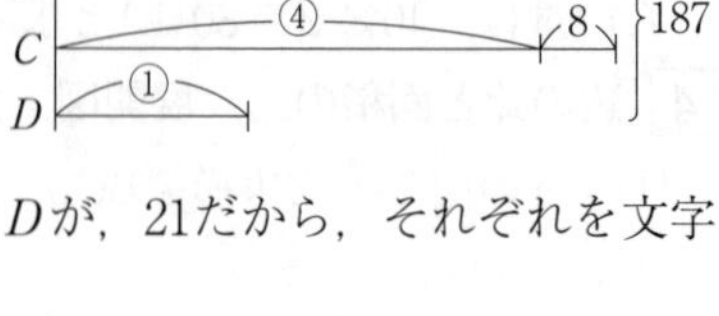

に置きかえると，「あふりか」となる。

社　会　＜第１回試験＞（理科と合わせて50分）＜満点：50点＞

解　答

1 **問１**　エ　**問２**　（例）　海水の温度が上がることなどによってさんごしょうが弱ってしまう。　**問３**　イ　**問４**　促成栽培　**問５**　イ　**問６**　琉球王国　**問７**　約12万人
2 **問１**　ア　**問２**　律令　**問３**　水墨画／すみ絵　**問４**　ウ　**問５**　大久保利通　**問６**　エ　**3** **問１**　酪農　**問２**　（例）　あたたかい気候で雨があまり降らず，水はけのよい南の山の斜面で多く作られている。　**問３**　イ　**問４**　大陸だな　**問５**　イ　**問６**　地産地消　**4** **問１**　内閣　**問２**　税金　**問３**　イ　**問４**　安全保障理事会　**問５**　（例）　武力を持たず，外国との戦争を絶対にしないという考え方。（武力によるいかくや武力を行使せず，戦争もしない。）　**問６**　**三つの原則のなかから選んだもの**　平和主義・基本的人権の尊重・国民主権のいずれか　（例）　日本はかつて戦争をしたが，平和は大切だと思っているから。　（例）　おたがいの権利を尊重し，差別のない社会を守ることが大切だと思うから。　（例）　国の政治をどのように進めるか，最終的に決めるのはわれわれ国民だから。

解　説

1　沖縄県の歩みと自然・産業についての問題

問１　沖縄県の県庁所在地・那覇市は亜熱帯の気候で冬でも暖かく，夏は梅雨や台風の影響で降水量が多い。よって，雨温図はエがあてはまる。なお，ア・イは北海道にみられる亜寒帯の気候，ウは太平洋側の気候。

問２　「白化現象」とは，さんごの中に共生する褐虫藻《かっちゅうそう》が抜け出すことにより，さんごが死滅して白くなる現象である。その原因は，海水温が上昇したことにあると考えられている。

問３　沖縄県では，暖かい気候を利用した熱帯・亜熱帯の作物であるさとうきびの栽培がさかんである。さとうきびは砂糖の原料になる工芸作物で，沖縄県のほか，鹿児島県の奄美《あまみ》諸島でも栽培されている。

問４　冬でも比較的暖かい気候を利用して，栽培・出荷時期を早める方法を「促成栽培」という。沖縄県では，とくに菊(小菊)の促成栽培がさかんである。

問５　地図を見ると，沖縄県の位置には，７月・８月の台風の進路が重なることがわかる。

問６　15世紀前半，沖縄県に琉球王国が成立し，日本や中国・東南アジアとの中継貿易で栄えた。その後，琉球王国は江戸時代に薩摩藩(鹿児島県)の支配を受け，中国(清)にも従属するという両属の関係にあった。そして，明治時代に琉球処分(1879年)により日本に編入され，沖縄県が設置されることになった。

問７　太平洋戦争では，沖縄県は日本の国土で唯一の地上戦が行われ，多くの県民が犠牲《ぎせい》となった。戦死者が県民約60万人の２割としているので，(60万人×0.2＝)12万人になる。

2　各時代の外交関係についての問題

問１　写真の「のぼりがま」は古墳時代の５世紀に，朝鮮半島から伝わった新技術によるもので，

焼成温度が高いため薄くて丈夫な土器(須恵器《すえき》)が製造された。よって，アが正しい。

問２　７世紀半ば以降，中国(唐)に遣唐使が派遣され，中国の政治制度や文化が取り入れられた。律令制度もその一つで，701年に大宝律令が制定されたことにより確立した。「律」は刑法，「令」は民法・行政法に相当する。

問３　写真の絵は，雪舟の「天橋立《あまのはしだて》図」で，室町時代に雪舟は中国(明)に渡って水墨画(すみ絵)の技法を学び，帰国すると山口に住んで日本の水墨画を大成した。代表作にはこのほかに，「四季山水図巻」「秋冬山水図」などがある。

問４　戦国時代，ポルトガル・スペインとの南蛮貿易が始まり，南蛮文化が日本に入ってきたが，生け花は室町時代に始まった日本独特の文化である。

問５　1871年に明治政府が欧米に派遣した岩倉具視を団長とする使節団の代表者たちを撮影した写真の人物は左から順に，木戸孝允・山口尚芳・岩倉具視・伊藤博文・大久保利通である。大久保利通は薩摩藩出身の政治家で，明治新政府の中心として活躍したが，1878年に不平士族に暗殺された。なお，木戸孝允と伊藤博文は長州藩(山口県)，山口尚芳は肥前佐賀藩(佐賀県)，岩倉具視は公家出身の政治家。

問６　「三種の神器」といわれる電化製品(白黒テレビ・電気洗濯機・電気冷蔵庫)が普及したのは昭和時代・戦後のことである。よって，エが正しくない。

３ 日本各地の特産物についての問題

問１　酪農は乳用牛を飼育して牛乳や乳製品を生産する産業で，畜産業の一つである。北海道の根釧台地や十勝平野でさかんである。

問２　みかんは比較的温暖な西南日本で多く生産されており，その収穫量は和歌山県が全国一である。県内では，雨が少なく水はけの良い紀ノ川・有田川流域の日当たりのよい南斜面を利用して栽培されている。なお，みかんの収穫量は，静岡・愛媛・熊本の各県が続く。統計資料は『日本国勢図会』2022／23年版による(以下同じ)。

問３　養殖業はいけすを作って稚魚から成魚になるまで魚介類を育てて出荷する漁業で，のりの養殖は有明海に面した佐賀・福岡県や瀬戸内海に面した兵庫県などで多く行われている。なお，アは沖合漁業，ウは沿岸漁業，エは遠洋漁業の説明である。

問４　大陸だなは沿岸から水深200mくらいまでのゆるやかな斜面となる平坦な海底地形で，産卵に適した海藻がよく育ち，エサとなるプランクトンも豊富なことから好漁場となる。日本近海では，九州西部の東シナ海によく発達している。

問５　宮崎県は野菜の促成栽培など，畑作もさかんである。よって，イが正しくない。

問６　地元で生産されたものを，その地域で消費することを「地産地消」という。食料輸送にともなうエネルギー消費量をおさえ，地域の食料自給率を高めるために有効である。

４ 日本の政治と日本国憲法についての問題

問１　法律は国会が制定するが，法律案を国会に提出できるのは，国会議員と内閣である。

問２　国の収入(歳入)は，主に国民からの税金でまかなわれる。ただし，足りない場合は国債を発行して補う(公債金)。

問３　日本国憲法は1946年11月３日に公布され，翌年５月３日に施行された。アのアヘン戦争は1840～42年，イの朝鮮戦争は1950～53年，ウの日露戦争は1904～05年，エの日中戦争は1937～45年である。よって，イが憲法制定の後に起こった戦争となる。

問４　安全保障理事会は世界の平和と安全を守る国際連合の中心機関で，常任理事国５か国と総会で地域ごとに選出される任期２年の非常任理事国10か国による合計15か国で構成される。常任理事国はアメリカ合衆国・ロシア連邦・イギリス・フランス・中国(中華人民共和国)で，この５か国には採決を無効にする「拒否権」が認められている。

問５　「平和主義」は日本国憲法の三大原則の一つで，前文と第９条に明記されている。これは，過去に日本が行った戦争の反省から，武力を持たないこと，国際紛争を武力によるいかくや武力の行使，また戦争によって解決しないと定めている。あくまで，平和的に解決することを目指す。

問６　三大原則は，「平和主義」のほか「国民主権」「基本的人権の尊重」である。国民主権は，国の政治のあり方を最終的に決める最高権力である主権が国民にあることを表している。基本的人権は，人間が生まれながらにして持っている最も基本的な権利のことで，憲法はこれを「侵すことのできない永久の権利」として保障している。

理　科　＜第１回試験＞（社会と合わせて50分）＜満点：50点＞

解　答

[1] **問１**　(例)　多くの電流が流れて導線が発熱してしまうから。　**問２**　㋐　**問３**　(例)　電池の向きを逆向きにする。　**問４**　下の図１　[2] **問１**　㋒，㋐，㋑　**問２**　㋑，㋒　**問３**　**記号**…㋑／**理由**…(例)　川の流れが曲がる外側の方が流れが速く，けずられる地面も大きくなるから。　**問４**　(例)　うちわであおいで，空気を送り，燃えやすくするため。　**問５**　(例)　有害ごみや自然に分解されないごみが環境を悪くする。　[3] **問１**　下の図２　**問２**　(例)　葉を取ったホウセンカを使って同じ条件で袋の内側を観察し，内側に水滴がなければ葉から空気中に出ていることがわかる。　**問３**　ヨウ素(溶)液　**問４**　マツ　[4] **問１**　下の図３　**問２**　1.0g　**問３**　27%　**問４**　A

図１

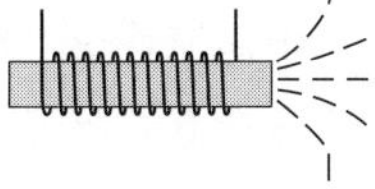

図２

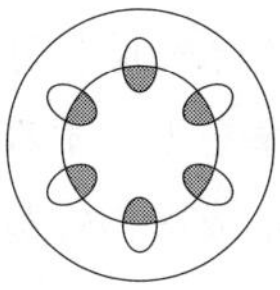

図３

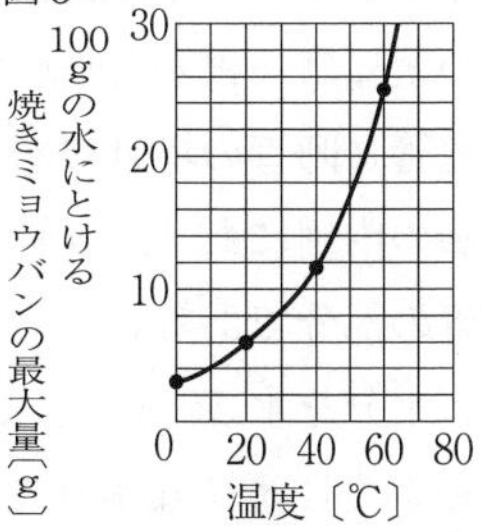

解　説

[1] 電流と磁界についての問題

問１　導線に電流が流れると熱が発生する。電流を流したままにしておくと，導線に多くの電流が流れ導線が発熱してしまうため，こまめにスイッチを切るようにする。

問２　問題文中の図のように，導線を同じ向きに巻いたものをコイルという。導線やコイルに電流を流すと，磁力が発生する。下の図１のように，右手の親指以外の４本の指を電流の向きに合わせてコイルをにぎるようにすると，親指の指す向きがＮ極になる。よって，コイルの左側がＮ極，右側がＳ極になることがわかる。また，方位磁針は色のついた方がＮ極で，磁石はＮ極とＳ極が引き合うから，㋐のようになる。

図１
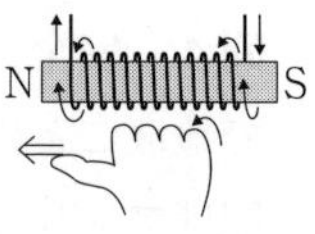

問３　磁力がはたらく空間を磁界という。コイルのまわりにできる磁界の向きは電流が流れる方向によって変化するので，電池の向きを逆向きにして導線につないだり，コイルの巻き方を反対にしたりすればよい。

問４　右の図２のように，磁力がはたらく様子を線で表したものを磁力線という。問２で説明をしたとおり，コイルに電流を流すと磁力が発生するため，コイルの周囲に広がった針金は，磁力線と同じような模様を描《えが》くように移動をする。

図２
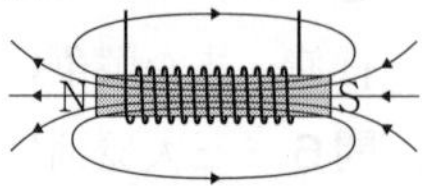

2 カエルを題材とした総合問題

問１　カエルの卵は，㋒のような寒天質の膜《まく》でおおわれており，卵が産みつけられてしばらくすると，ふ化して㋐のオタマジャクシになる。オタマジャクシは，まず後ろ足が生え，次に前足が生えてきてだんだんと尾が短くなり，㋑のような大人のカエルになる。

問２　酸性の水溶液《すいようえき》に青色のリトマス紙を入れると，リトマス紙が赤色に変化する。㋐の食塩水は中性，㋑の炭酸水と㋒のうすい塩酸は酸性，㋓の重そう水と㋔のうすいアンモニア水はアルカリ性の水溶液なので，㋑と㋒が選べる。

問３　川の流れが速いほど，流れる水のしん食作用がさかんになり，川底がけずられやすくなる。川が曲がって流れているところでは，川の内側よりも外側の方で川の流れが速くなり，川底が深くなることが多い。

問４　ものが燃えるためには，酸素が必要である。したがって，種火をうちわなどであおぎ，新鮮《しんせん》な空気を送ると火が起こしやすくなる。

問５　ごみの中には，自然に分解されないものや有害なものが含《ふく》まれていることがあるため，生態系や地球の環境を悪化させる可能性がある。

3 植物の種類とはたらきについての問題

問１　ホウセンカの茎《くき》には，根から吸収した水や肥料分などを運ぶ道管や，光合成で作られた養分などを運ぶ師管，道管と師管の境目にあり茎を太くするはたらきをもつ形成層などがある。ホウセンカの道管は形成層の内側にあり，師管は形成層の外側にあるため，色水に染まるのは，形成層よりも内側にある道管の部分である。

問２　植物が体内の水分を水蒸《すいじょう》気《き》として空気中に放出することを蒸散という。【実験２】のように，条件を整えてホウセンカに透明《とうめい》なポリ袋《ぶくろ》をかぶせて観察をすると，蒸散により空気中に放出された水蒸気が水滴《てき》となり，ポリ袋の内側につく。蒸散のほとんどは葉で行われるため，葉を取ったホウセンカを使い，【実験２】と同じ条件で袋の内側を観察すると，ポリ袋の内側に水滴はほとんどつかないと考えられる。

問３　ヨウ素(溶)液は茶色っぽい色をしているが，デンプンにヨウ素(溶)液をつけると，デンプンとヨウ素(溶)液が反応し，ヨウ素(溶)液が青紫《むらさき》色に変化する。このような反応を，ヨウ素デンプン反応という。

問４　一般に，サクラ，ツバキ，マツの中では，マツが最も寒さに強い。なお，１年のうち葉を落とす期間がある樹木《じゅもく》を落葉樹，１年を通して葉をつけている樹木を常緑樹という。

4 ものの溶《と》け方についての問題

問１ 問題文中の表を見ると，50gの水に溶ける焼きミョウバンの最大量は，０℃で1.5g，20℃で3.0g，40℃で5.8g，60℃で12.5gとわかる。また，水の量と同じ温度に溶ける量は比例している。よって，100gの水に溶ける焼きミョウバンの最大量は，０℃で，$1.5\times\frac{100}{50}=3$（g），20℃で，$3.0\times\frac{100}{50}=6$（g），40℃で，$5.8\times\frac{100}{50}=11.6$（g），60℃で，$12.5\times\frac{100}{50}=25$（g）と求められる。

問２ 問１より，20℃の水100gに溶ける焼きミョウバンの最大量は６gである。よって，追加で溶かすことができる焼きミョウバンの量はあと，$6-5=1.0$（g）とわかる。

問３ 表より，60℃の水10gに溶ける食塩の最大量は，3.7gである。したがって，食塩を60℃の水に溶けるだけ溶かしたときの食塩水の濃度《のうど》は，$\frac{3.7}{10+3.7}\times100=27.0\cdots$で，27％と求められる。

問４ 表より，50gの水に溶ける食塩の最大量は，20℃で17.9g，60℃で18.5gなので，食塩を60℃の水50gに溶けるだけ溶かした水溶液が20℃になると，$18.5-17.9=0.6$（g）の食塩が結晶《けっしょう》としてあらわれる。一方，50gの水に溶ける焼きミョウバンの最大量は，20℃で3.0g，60℃で12.5gだから，焼きミョウバンを60℃の水50gに溶けるだけ溶かした水溶液が20℃になると，$12.5-3=9.5$（g）の焼きミョウバンが結晶としてあらわれる。以上より，食塩と焼きミョウバンを60℃で同じ量の水に溶けるだけ溶かした水溶液をくらべると，水溶液の温度を20℃に下げたときにあらわれる結晶は，焼きミョウバンを溶けるだけ溶かした水溶液の方が多いとわかる。したがって，問４の実験で結晶を観察しやすいのは，焼きミョウバンを溶けるだけ溶かした水溶液が入ったAのビーカーである。

国　語　＜第１回試験＞（50分）＜満点：100点＞

解　答

一 **1～5** 下記を参照のこと。 **6** はくがく **7** さっしん **8** るいじ **9** やしな(う) **10** ひたい 二 **1** 表，面 **2** 取，採 **3** 上，登 **4** 図，計 **5** 合，会 三 **1** カ **2** ウ **3** ケ **4** ア **5** イ **6** ク **7** コ **8** キ **9** オ **10** エ 四 **問１** (例)「忘れる」ことをおそれる人間は，忘れてはいけないと思い込むから。 **問２** (例) 前日に入れた知識がそのまま残っていること **問３** (例) 知識や雑多な刺激の中で不要だと思われるもの。 **問４** (例) レム睡眠によって頭の中の掃除が行われた後だから。 **問５** Ⅰ 異なる授業を立て続けにやるということ Ⅱ (例) 前の授業の知識を，異なる授業で忘れることができる(から) **問６** 3 五 **問１** (1) 3 (2) 4 **問２** **A** 面 **B** 息 **問３** 花を～飾品 **問４** 2 **問５** (例) 無意識で慎に可愛いと思われたいと思っていたから。 **問６** 3 **問７** **ア** (例) 好かれ **イ** 3 **問８** (例) 麻子は前から可愛いよ。 六 **問１** 雨 **問２** 4 **問３** 心 **問４** **A** 1 **B** 3 **C** 2 **問５** (例) にんげんが，今より素朴で，謙虚で，自然への礼節をわきまえていた場所。

●漢字の書き取り

一 1 酸性 2 承服 3 減少 4 損(なう) 5 謝(る)

解説

一 漢字の書き取りと読み

1　酸が水にとけて示す性質。　**2**　納得《なっとく》して受け入れること。　**3**　数や量が少なくなること。　**4**　音読みは「ソン」で，「損失」などの熟語がある。　**5**　音読みは「シャ」で，「感謝」などの熟語がある。　**6**　はば広い知識を持っていること。　**7**　新しく構成し直すこと。　**8**　別の物どうしがよく似ていること。　**9**　音読みは「ヨウ」で，「養子」などの熟語がある。　**10**　音読みは「ガク」で，「額面」などの熟語がある。

二 同音異義語の書き取り

1「表」は，物の外側や，建物の屋外。「面」は，顔や表面。　**2**「取る」は，自分のものにすること。「採《と》る」は，検査や観察などのために集めること。　**3**「上る」は，系列が上のほうへ進むこと。「登る」は，高い場所へ行くこと。　**4**「図る」は，何かをしようとすること。「計る」は，数値を調べること。　**5**「合う」は，数字や性質が一致《いっち》すること。「会う」は，人と人が顔を合わせること。

三 文の完成

1　犬がほえるようすなのだから，犬の鳴き声を表す「わんわん」が入る。　**2**「きわめて」をあてはめると，「残念」であるようすを強調する表現になる。　**3**「面白《おもしろ》いことを言うなあ」と感心しているのだから，予想外だという意味をこめて強調する「ずいぶん」がよい。　**4**「～ください」と依頼《いらい》する表現なので，強く願うことを表す「ぜひ」が合う。　**5**「～のか」と疑問を表す文なので，理由を問う「どうして」があてはまる。　**6**　たとえを意味する「～ようだ」があるので，何かににていることを表す「まるで」がふさわしい。　**7**「ずいぶん大きくなった」とあることから，「しばらく」会っていなかったとわかる。　**8**「ひときわ」を入れると，「彼女《かのじょ》の姿」がほかと比べてかなり目立っているという意味の文になる。　**9**「～だろう」と予想しているので，“きっと”という意味の「おそらく」があてはまる。　**10**「とうてい」は，打ち消しの「～ない」とともに使い，“どうやっても”という意味になる。

四 出典は『中学生からの大学講義１　何のために「学ぶ」のか』所収の「知ること，考えること（外山滋比古《とやましげひこ》著）」による。

筆者は人間が一度覚えた知識を忘《わす》れることの重要性について，レム睡眠《すいみん》や学校の授業を例にあげて論じている。

問１　前の部分で，人間は忘れることを「おそれて」おり，「忘れてはいけないと思い込《こ》んでいる」と書かれている。

問２　指示語は前の内容を指すことがほとんどで，ここでも直前の，前日の夜に覚えた知識が朝になっても「そのまま残っていてほしい」という内容を指している。

問３　前の部分では，人間が起きている間，頭の中には「知識」をはじめとした「雑多な刺激《しげき》」が常に入り込んでいることが説明されている。そのなかで「不要だと思われるもの」を「はねのけている」のである。

問４　前後の部分で，人は眠《ねむ》っている間，レム睡眠によって大事なこと以外は忘れるという，「頭の中の掃除《そうじ》」のことが説明されている。この「自然忘却《ぼうきゃく》作用」によって頭がスッキリすると筆者は述べている。

問５　Ⅰ「一見，支離滅裂《しりめつれつ》のよう」なこととは，学校において「異なる授業を立て続けにやるということ」である。　**Ⅱ**　筆者は直後の部分で，「異なる授業を立て続けにやる」ことで，レム睡眠の「自然忘却作用」のように，「前の授業で詰《つ》め込まれた知識」を「次の授業」中に「忘れることができる」と説明している。

問６　問５でみたように，「異なる授業を立て続けにやる」ことは，「自然忘却作用」につながる。だから，「午前中はすべて英語」というように同じ教科を「一括《いっかつ》して教え」，さらに「授業と授業の間の休み時間」もなくして「ぶっ続けに授業を行う」のは，前の授業で教わったことを忘れて頭を整理する時間がなくなり，学力低下につながるのである。

五　出典は宮下奈都《みやしたなつ》の『スコーレ No.4』による。大学院生のいとこ・慎《しん》と出かけた麻子《あさこ》は，美しい装飾品《そうしょくひん》を見た慎の「可愛《かわい》い」という言葉をきっかけに，自分でも気づいていなかった気持ちを自覚していく。

問１　⑴「精巧《せいこう》」は，細部まで丁寧《ていねい》につくりこまれているさま。　⑵「間髪《かんはつ》を入れず」は，間を置かず，すぐに動作を起こすさま。

問２　**Ａ**「面と向か」うは，相手と顔を合わせた状態。　**Ｂ**「息をのむ」は，はっと驚《おどろ》くさま。

問３　本文のはじめで麻子は，「花を象《かたど》って真珠貝《しんじゅがい》の施《ほどこ》された小さな装飾品」，すなわちペンダントトップを見つめている。

問４　麻子は台座の上のペンダントトップに「手を触《ふ》れてはいけない」と頭では理解しているものの，「可愛い」と強く感じたあまり思わず触れようと手を伸《の》ばしているので，２が合う。

問５　麻子は，慎が自分とつきあっている理由は自分が「可愛いから」ではないと考えている。麻子は慎が口にした「可愛い」という言葉に自分が動揺《どうよう》したことから，「意識もしないくらい深いところで」，慎から「可愛いと思われたい」と思っていたことを自覚したのである。

問６　続く部分で麻子は，慎がペンダントトップを「すごく可愛い」と評したうえで麻子に「よく似合う」と言ったことを責めている。自分には可愛いものが似合わないと思っている麻子が，慎の意外な言葉に驚き，とっさに否定したことで大きな声が出てしまったことが読み取れる。麻子は慎の「可愛い」「似合う」といった言葉に反応しているだけで，ペンダントトップ自体が欲《ほ》しいわけではないので，３が正しくない。

問７　**ア**　問５でみたように麻子は，慎に自分を可愛いと思ってほしい，慎からよく思われたいという気持ちがある。　**イ**　麻子は，慎に問われて自分の気持ちを説明しようとしながらも「どんなふうに言ったところで，きっと慎には伝わらない」と考え，むなしさを感じて投げやりになっている。慎にわかってもらえそうもない，とあきらめているので，３がよい。前の部分に「怒《おこ》っているわけじゃない」と書かれているので，１は正しくない。相手に期待する気持ちがないので，２や４も合わない。

問８　どうして可愛くなりたいと思うのか，と理由をわざわざ訊《き》きながら，結局「麻子はおかしい」としか言わない慎に対し，麻子は期待外れだと感じている。問５でみたように，麻子には慎から「可愛いと思われたい」という気持ちがあるので，その気持ちが満たされるような言葉を望んでいたことが想像できる。

六　出典は萩原昌好《はぎわらまさよし》編の『日本語を味わう名詩入門17』所収の新川和江《しんかわかずえ》「源流へ」による。人間の暮らしが自然の水によって支えられてきたこと，現在はその実感が薄《うす》れていることなどが描《えが》かれている。

問１　「天から直《じか》に」山へ降る水を指すので，「雨」がふさわしい。

問２　「いそいそと」は，これから起きることに喜びを隠《かく》せないさま。この詩では，川の水が「人々の暮らし」を支えることに喜びを感じているようすが擬人《ぎじん》法で表現されている。

問３　直前の部分に「こころを映して」とあることから，「澄《す》んでいる」という言葉は水の清らかさとともに心の美しさも表していると考えられる。

問４　**Ａ**　第三連で，「わたし」は現在「都会」におり，自然から離《はな》れた環境《かんきょう》にいることが書かれている。　**Ｂ**　第二連には，かつて人々は自然に対して「もっと素朴《そぼく》で　謙虚《けんきょ》」な気持ちがあり，「礼節をわきまえていた」とある。この詩では，自然から離れた現代人が，暮らしを支えてきたものに対するこのような気持ちを忘れかけていると述べられているので，３がよい。　**Ｃ**　第三連では，かつてそばにあった自然の感触《かんしょく》を「わたし」の身体や五感は「覚えている」ことが書かれている。詩のなかの「さかのぼって行こう」という言葉は，かつてあった自然に対する感謝の気持ちを思い出そう，という呼びかけでもあるので，２が選べる。

問５　「源流」とは川が流れる水の源を指し，この詩においてはより自然に近く，都会と対になる場所として描かれている。そこは，かつて「にんげん」が自然によって暮らしを支えられていることを実感し，自然に対して今よりも「素朴」さや「謙虚」さ，「礼節」などを持っていた場所でもあることが書かれている。

2023年度　佐野日本大学中等教育学校

【算　数】〈第２回試験〉（50分）〈満点：100点〉

注意事こう

・定規は使用してもかまいません。

・円周率は3.14とする。

1　次の□にあてはまる数を求めなさい。

(1) $1\frac{2}{3}$ の逆数は □ である。

(2) $\frac{3}{4}$ ：3.5 を最《もっと》も簡単な整数の比にすると

□ ： □ である。

(3) $2\frac{2}{3} - \frac{5}{6} = \square$

(4) $12.5 - 5.16 = \square$

(5) $108 \div (13 - 4) = \square$

(6) $3\frac{1}{10} - 2.3 = \square$

(7) $72 - 54 \div 3 = \square$

(8) $5.4 - 2\frac{\square}{5} = 2.8$

(9) $1\dfrac{1}{12} \div \dfrac{1}{\square} = 4\dfrac{1}{3}$

(10) $32 \div (8 - \square) = 8$

2 次の計算をしなさい。

(1) $31.6 \div 2.5$

(2) $45 \div 9 \times 5 + 3 \times (32 - 17)$

(3) $1234 + 2341 + 3412 + 4123$

(4) $17 \times 12 + 17 \times 15 - 17 \times 3 - 17 \times 19$

(5) $\left\{ \dfrac{2}{3} \times \left(0.2 + \dfrac{2}{5} \right) + 2\dfrac{3}{5} \right\} \div \dfrac{5}{3}$

3 次の各問いに答えなさい。

(1) 次の数字はあるルールにしたがってならんでいます。
□にあてはまる数はいくつですか。

1，5，13，25，□，61，…

(2) ◇★△を次のように約束します。

（◇★△）＝（◇－△）×◇

例）（5★3）＝（5－3）×5＝10

このとき，（6★2）★20　はいくつになりますか。

(3) A，B，C，D，E，Fの6人が100点満点の算数のテストをしました。6人の平均点が68点，A，B，Cの3人の平均点が66点，D，Fの2人の平均点が69点でした。Eの点数は何点ですか。

(4)　ある商品を２割《わり》引きで６個売りました。2割《わり》引きで売った６個の商品の合計金額が１８００円でした。ある商品のもとの値段は何円ですか。

(5)　コインを４回投げます。下の図のように点Ｐは，点Ａからスタートし，点Ｂ，点Ｃ，点Ｄ，点Ａ，…の順に移動します。コインの表が出たら点Ｐは２個進み，コインの裏が出たら点Ｐは１個進みます。4回投げ終わったとき，点Ｐが点Ｃにいました。このとき，コインの表裏の出方は全部で何通りありますか。

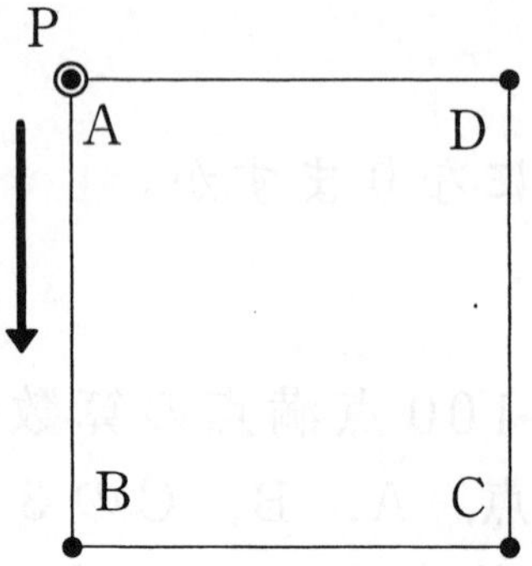

4 次の各問いに答えなさい。

(1) 三角形の面積が４８㎠で，底辺の長さと高さの比が３：２であるとき，高さは何cmですか。

(2) 右の図のように辺ＢＤの真ん中の点をＣとするとき，㋐の角度は何度ですか。

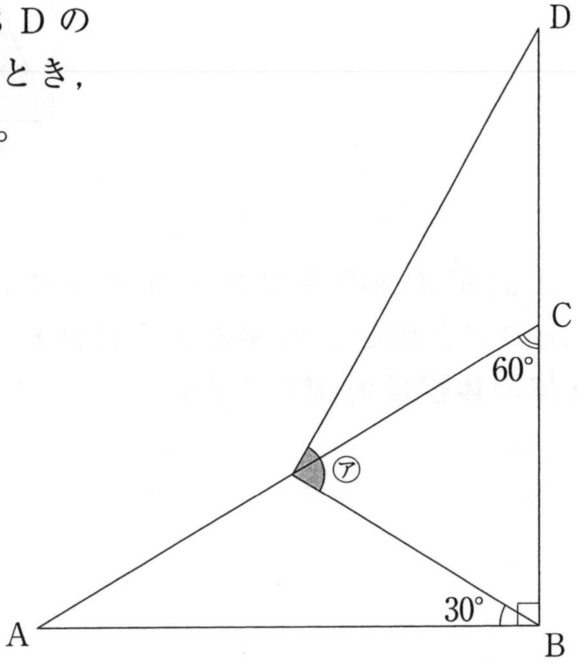

(3) 右の図のような大きさの異なる正方形が３つ並んでいます。３つの正方形の面積の和は何㎠ですか。

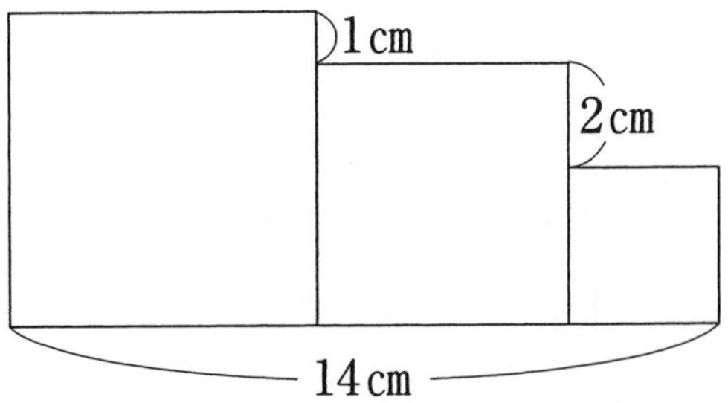

⑷　右の図のように１辺が９㎝の正方形に色のついた線を２本引きました。色のついた部分の面積は何㎠ですか。

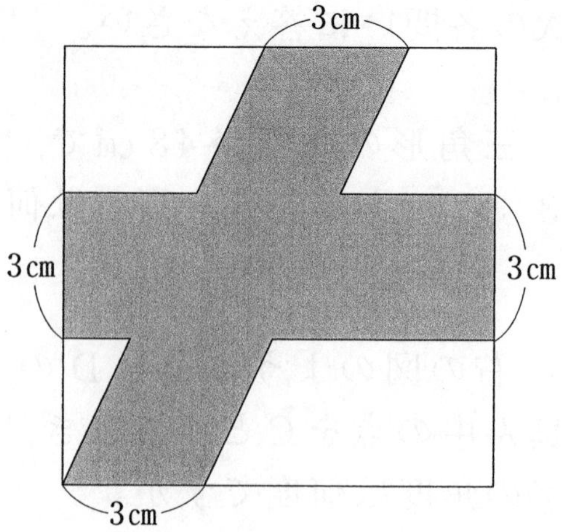

⑸　１辺が２㎝の３マス×３マスのシートの上に，１辺が２㎝の立方体を下の図のように重ねました。重ねてできた立体の体積は何㎤ですか。

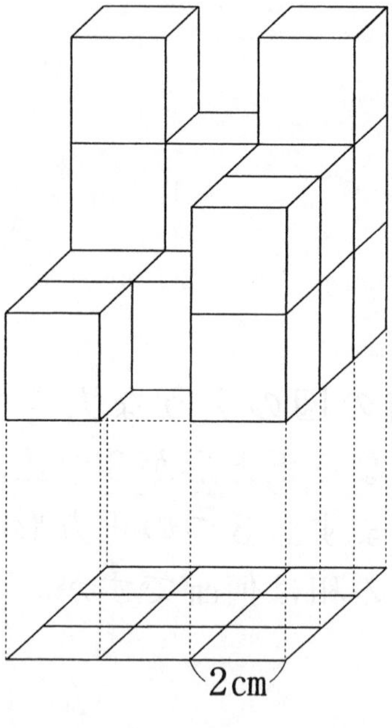

5 図１のように，ＡＣの長さとＡＤの長さが６㎝，ＣＢの長さとＤＢの長さが８㎝の四角形ＡＤＢＣと直径ＡＢの長さが10㎝の円があります。このとき，次の各問いに答えなさい。

（図１）

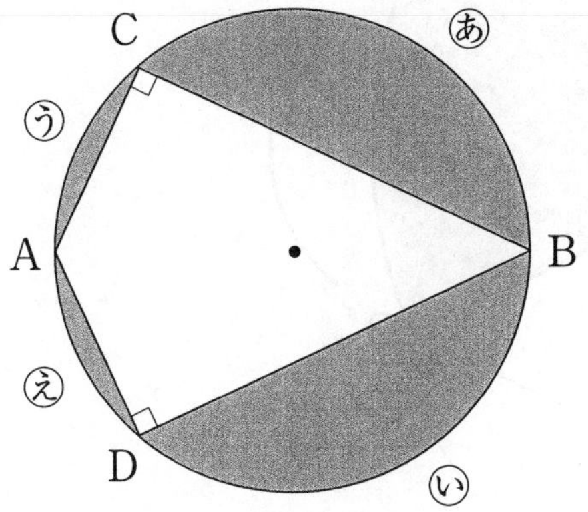

(1)　色のついたⓐⓘⓤⓔの図形の面積の合計は何㎠ですか。

⑵　図２のように，図１のⓐとⓔの図形を点Ｃと点Ｄを中心に同じ角度だけそれぞれ移動した。移動してできた色のついた面積の合計が54.5㎠となるとき，移動した［ア］の角度は何度ですか。

（図２）

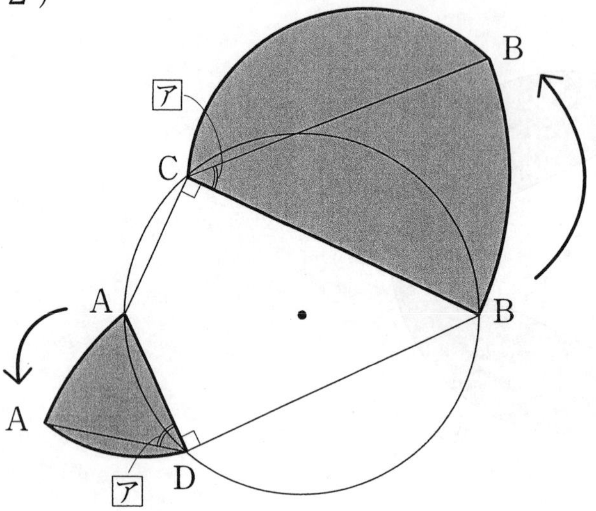

⑶　⑵のとき，移動してできた色のついた図形のまわりの長さの合計は何cmですか。

【社　会】〈第２回試験〉（理科と合わせて50分）〈満点：50点〉

1　次の文章を読んで，あとの問いに答えなさい。

今年，2022年は江戸幕府《えどばくふ》を開いた徳川家康《とくがわいえやす》が生まれてから480年①です。徳川家康は，現在愛知《あいち》県②である三河《みかわ》国で生まれ，幼《おさな》い頃は織田《おだ》家に人質《ひとじち》として預《あず》けられていました。その後，駿河《するが》国（現在の静岡《しずおか》県）の今川《いまがわ》家③の人質となりました。1560年に織田信長《のぶなが》が今川義元《よしもと》を破《やぶ》り，家康は信長と連合《れんごう》することになりました。1575年の長篠《ながしの》の戦い④は信長・家康の連合軍が鉄砲《てっぽう》を効果的《こうかてき》に使った戦い方として有名です。関東《かんとう》地方を根拠地《こんきょち》として力を蓄《たくわ》えた家康は，関ヶ原《せきがはら》の戦いに勝ち，全国の大名《だいみょう》を従《したが》えました。1603年に征夷大将軍《せいいたいしょうぐん》⑤になった家康は２年後には息子の秀忠《ひでただ》に将軍職をゆずり，徳川家が代々《だいだい》将軍になることを大名たちに示《しめ》しました。1616年に亡《な》くなった家康は，今も栃木《とちぎ》県の神社⑥に神としてまつられています。

問１　下線部①について，家康が生まれる前に起こったできごとを次のア～オから１つ選び，記号で答えなさい。

ア．ポルトガル人によって種子島《たねがしま》に鉄砲が伝えられた。

イ．検地《けんち》や刀狩令《かたながりれい》で，武士《ぶし》と町人《ちょうにん》・百姓《ひゃくしょう》の身分《みぶん》がはっきり区別《くべつ》されるようになった。

ウ．京都《きょうと》で応仁《おうにん》の乱《らん》が起こった。

エ．多くのキリスト教の宣教師《せんきょうし》が日本にやってきた。

オ．シャクシャインをリーダーに，アイヌ人が蝦夷地《えぞち》で戦いを起こした。

問２　下線部②について，愛知県の県庁所在地名《けんちょうしょざいちめい》を答えなさい。

問３　下線部②について，愛知県には工業生産額《こうぎょうせいさんがく》第１位の工業地帯《ちたい》があります。この工業地帯の名前を答えなさい。

問４　下線部③について，今川義元が支配《しはい》していた駿河国があった静岡県は次のア～オの都道府県の形のうちどれにあてはまりますか。ア～オから１つ選び，記号で答えなさい。

ア.　　イ.　　ウ.　　エ.　　オ.

問５　下の絵は，文中の下線部④の長篠の戦いを描《えが》いたものである。絵の中のＡに信長の家臣《かしん》が描かれているが，その人物の名前を答えなさい。

問６　下線部⑤について，征夷大将軍は過去《かこ》に何人も任命《にんめい》されている。1192年に任命された人物を答えなさい。

問７　下線部⑥について，徳川家康がまつられており，墓《はか》もある神社を答えなさい。

2　今から150年前，東京《とうきょう》・新橋《しんばし》から横浜間《よこはまかん》に鉄道《てつどう》が開通した。鉄道をはじめとした交通網《こうつうもう》について次の問いに答えなさい。

問１　新橋～横浜に開通した鉄道は，さらに延長《えんちょう》され，大阪《おおさか》・神戸《こうべ》までつなげられ，現在，東海道本線《とうかいどうほんせん》と言われている。この名は江戸時代，幕府によって整備《せいび》された五街道《ごかいどう》の東海道にそって鉄道がしかれたことによりつけられた。下の地図は江戸時代の五街道を示《しめ》したものである。地図中にあるア～オから東海道を選び，記号で答えなさい。

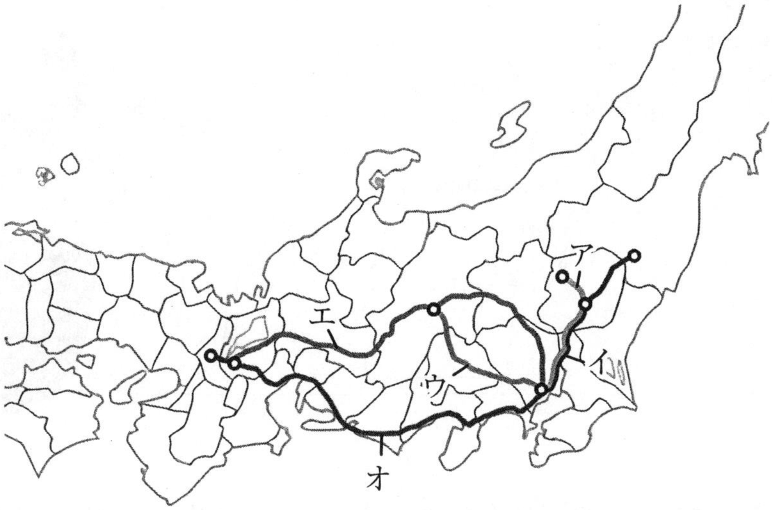

問２　鉄道をしくにあたり，政府《せいふ》の中心となって進めた人物は，岩倉使節団《いわくらしせつだん》の副使《ふくし》としてアメリカやヨーロッパに渡り，のちに大日本帝国憲法《だいにっぽんていこくけんぽう》の制定《せいてい》に貢献《こうけん》した。この人物名を答えなさい。

問３　東海道という道路名は，古代《こだい》に置《お》かれた道路の１つにつけられたものである。古代には全国から都に各地《かくち》の主《おも》な産物《さんぶつ》が運《はこ》ばれ，天皇を中心とする国づくりを支《ささ》えた。藤原京《ふじわらきょう》や平城京《へいじょうきょう》で発掘《はっくつ》された，それらを管理《かんり》するために用《もち》いられた右のような木《き》の札《ふだ》を何というか。

問４　国内の交通だけではなく，古代から世界中で交通網が発展してきた。その中でもとくに有名なものは「絹《きぬ》の道《みち》（シルクロード）」と言われるものである。下の地図は８世紀ごろの日本と世界のつながりを示したものである。この交通網によって，遠く離《はな》れた国の文化の影響《えいきょう》を受けて，写真のような品物が東大寺《とうだいじ》の正倉院《しょうそういん》に収《おさ》められている。この遠く離れた国は現在イランという国名になっている。昔の国名を答えなさい。

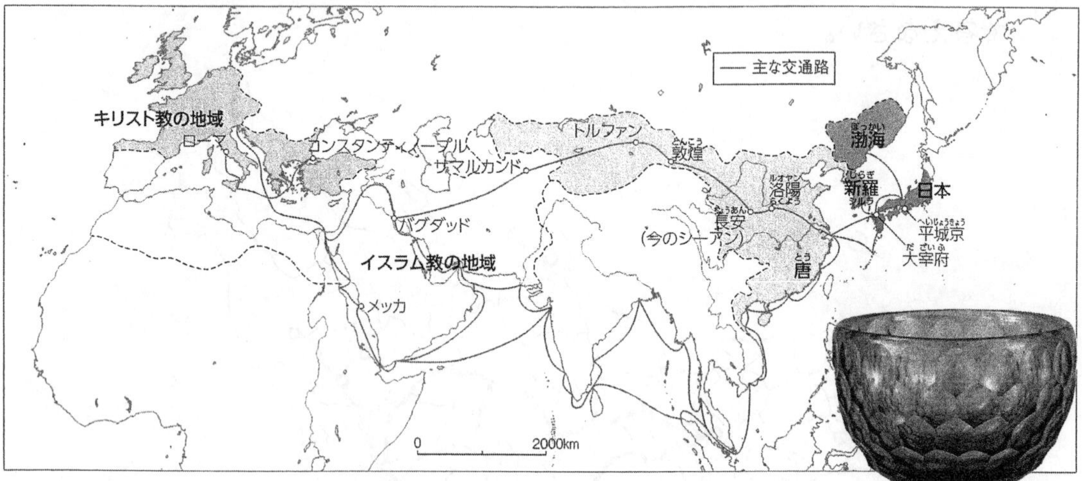

問５　交通網を示《しめ》す時に，地図は大変便利《べんり》である。江戸時代，全国を歩いて測量《そくりょう》し，地図の作成に貢献した人物を次のア～エから１人選び，記号で答えなさい。

ア．杉田玄白《すぎたげんぱく》　イ．歌川広重《うたがわひろしげ》　ウ．近松門左衛門《ちかまつもんざえもん》　エ．伊能忠敬《いのうただたか》

問６　戦後，高度経済《こうどけいざい》成長で発展した日本は，アジアで初となる東京オリンピックが開かれた。そのオリンピックに向けて，競技施設《きょうぎしせつ》だけではなく，交通網も整備された。その中でも，東京～新大阪間に作られた東海道新幹線は何年に開通したか。西暦《せいれき》で答えなさい。

3　次のグラフをみて，あとの問いに答えなさい。

グラフ1

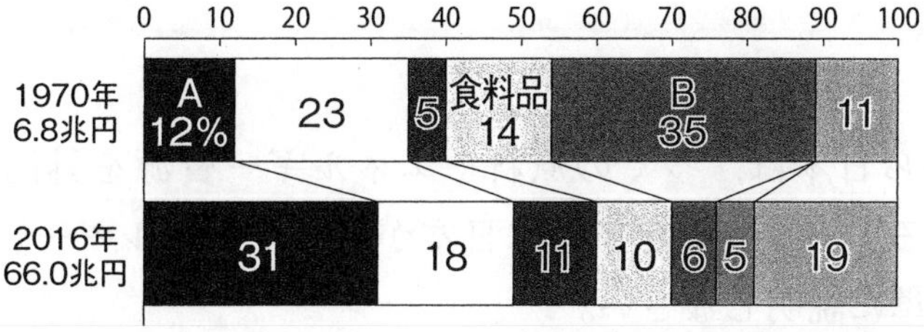

日本の輸入品の内わけとうつり変わり（通商白書各年版《つうしょうはくしょかくねんばん》，財務省貿易統計《ざいむしょうぼうえきとうけい》）

グラフ2

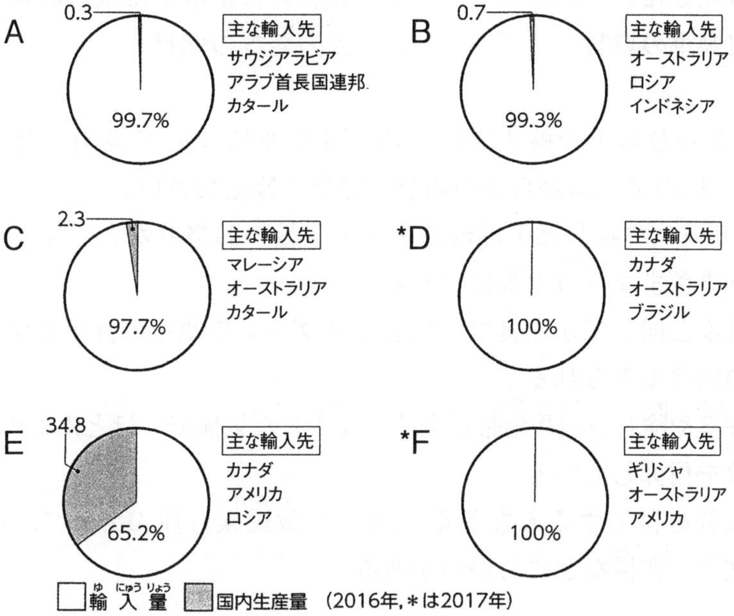

「主な原料・エネルギー資源の輸入量と国内生産量のわりあい」
（財務省貿易統計ほか）

問１　グラフ１は日本の輸入品《ゆにゅうひん》のうつりかわりをあらわしている。食料品以外の輸入品のうちわけは原料品，機械類《きかいるい》，せんい品，原油《げんゆ》など燃料《ねんりょう》のいずれかである。ＡとＢにあてはまる輸入品を，次のア～エからそれぞれ選び，記号で答えなさい。

ア．原料品　　イ．機械類　　ウ．せんい品　　エ．原油など燃料

問2　グラフ２は日本の主な原料やエネルギー資源《しげん》の輸入の割合と輸入先をあらわしている。Ａ～Ｆには，天然《てんねん》ガス，石炭《せきたん》，石油《せきゆ》，鉄鉱石《てっこうせき》，木材《もくざい》，綿花のいずれかがあてはまる。木材にあてはまるものを，グラフのＡ～Ｆから１つ選び，記号で答えなさい。

問3　グラフ２から日本は，多くの原料やエネルギー資源を外国から輸入していることがわかる。グラフ２を参考《さんこう》に日本が原料やエネルギー資源を輸入にたよる理由を，簡単に説明しなさい。

問4　グラフ２のＡはさまざまなものに活用《かつよう》されている。Ａの活用にあてはまらないものを次のア～エから１つ選び，記号で答えなさい。

ア．合成《ごうせい》せんいの原料　　　イ．教科書に使用する紙の原料
ウ．自動車の燃料　　　エ．火力発電《かりょくはつでん》の燃料

問5　グラフ２のＤの主な輸入先にあるブラジルについて説明した文として正しいものを，次のア～エから１つ選び，記号で答えなさい。

ア．「カーニバル」とよばれるキリスト教のお祭りなど，キリスト教に関わるさまざまな行事《ぎょうじ》や祝日《しゅくじつ》がある。
イ．日本と同じ米が主食《しゅしょく》で，はしやスプーンを使って食事をするようすが多くの家庭でみられる。
ウ．砂漠《さばく》や険《けわ》しい山岳地帯《さんがくちたい》が多く，乾燥《かんそう》した気候で，ほとんどの国民がイスラム教を信仰《しんこう》している。
エ．仏教を信仰する人も多く，55の少数民族《しょうすうみんぞく》も住んでいて，それぞれ言葉や文化，習慣《しゅうかん》などにちがいがある。

問6　グラフ２のＢやＥの主な輸入先にあるロシアが不法《ふほう》に占拠《せんきょ》している日本の固有《こゆう》の領土《りょうど》が北方《ほっぽう》領土である。その北方領土としてあてはまらないものはどれか。次のア～エから１つ選び，記号で答えなさい。

ア．択捉島《えとろふとう》　　イ．礼文島《れぶんとう》　　ウ．歯舞群島《はぼまいぐんとう》　　エ．国後島《くなしりとう》

問7　グラフ２のＥやＦの主な輸入先にあるアメリカと日本との間でかつて戦争がおこなわれた。1941年12月に，日本軍がハワイにあるアメリカ軍基地《きち》を攻撃《こうげき》して始まった戦争を何というか。

4 環境《かんきょう》問題について，あとの問いに答えなさい。

ア　強い酸性《さんせい》の霧《きり》などによってかれたブナ林

イ　国土《こくど》が水没《すいぼつ》するおそれがあるため，国民の移住《いじゅう》がはじまったツバル

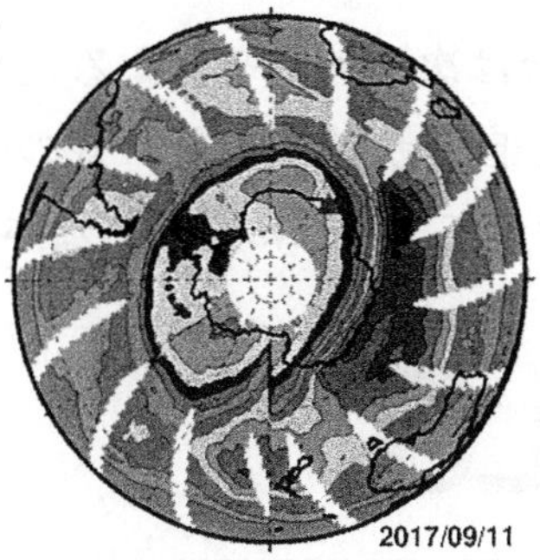

ウ　オゾンホール

問１　上の写真や図は地球の環境問題のようすを撮《と》ったものである。地球の環境問題の１つである地球温暖化《おんだんか》ともっとも関わりがあるものを，写真や図のア～ウから１つ選び，記号で答えなさい。

問２　地球温暖化の原因《げんいん》の一つには，工場や家庭から排出《はいしゅつ》される二酸化炭素《にさんかたんそ》などだと考えられている。これらをまとめて何というか答えなさい。

問３　1997（平成９）年に世界が協力して地球温暖化を防ぐための会議が，日本のある都市で開かれた。その都市はどこか。次のア～エから１つ選び，記号で答えなさい。

ア．仙台　　イ．東京　　ウ．京都　　エ．大阪

問４　日本で起こった環境問題に四大公害病《こうがいびょう》がある。この四大公害病の一つである水俣病《みなまたびょう》の起こった場所と原因の組み合わせとして正しいものを，次のア～エから１つ選び，記号で答えなさい。

	起こった場所	原因
ア	神通川《じんずうがわ》下流	カドミウム
イ	神通川下流	有機水銀《ゆうきすいぎん》
ウ	八代海《やつしろかい》沿岸	カドミウム
エ	八代海沿岸	有機水銀

問５　地球の環境問題の深刻《しんこく》な状況《じょうきょう》をふまえて，国際連合《こくさいれんごう》は次の世界を変えるための17の目標を立てました。次の17の目標のなかから自分が達成したいものの番号を１つ選び，それについて自分ができることを考えて，簡単に説明しなさい。

【理　科】〈第２回試験〉（社会と合わせて50分）〈満点：50点〉

注意事こう

定規は使用してもかまいません。

1　よしおさんは，お母さんが料理をするとき，お酒を使っているのを見た。お酒を使った料理は食べることができないと思ったよしおさんは，お母さんにこのことを伝えると，「食べても大丈夫だよ」とお母さんが答えた。次の問いに答えなさい。なお，お酒の中には水とエタノールが含まれており，エタノールは20さい未満は口にすることは禁止されている。

問１　お酒の中には水とエタノールが含まれている。下のグラフはそれぞれを同じ条件で熱したときの温度の変化を表すグラフである。

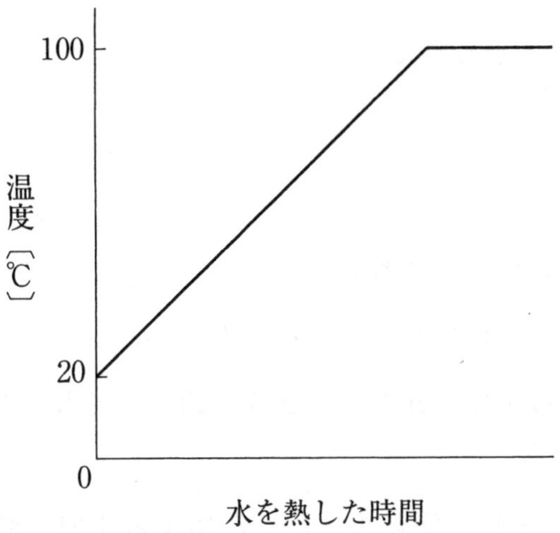

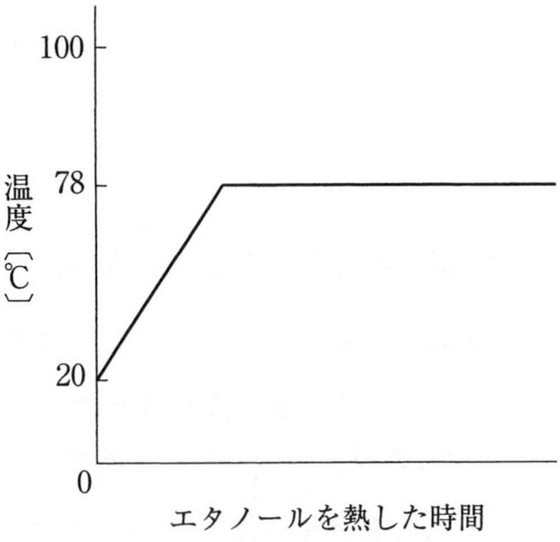

（1）水とエタノールを同じ条件で同時に熱し始めたとき，どちらの方が先にふっとうが始まるか。

（2）水とエタノールのふっとうが始まる温度はそれぞれ約何℃か。グラフを見て答えなさい。

（3）水がふっとうしてからもしばらく熱し続けると，水はだんだん少なくなった。これはなぜか。簡単に答えなさい。

問２　水 20cm³とエタノール 5cm³を混ぜた液体を熱したところ，下のグラフのような温度の変化が見られた。このようなグラフの形になったのはなぜか。理由として考えられるものを次の㋐～㋓から１つ選び，記号で答えなさい。

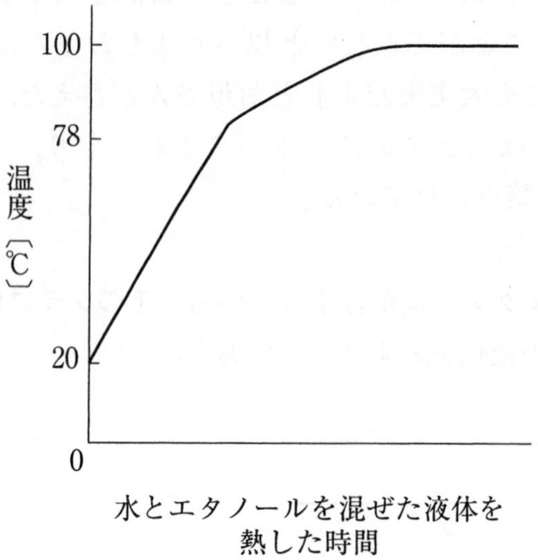

㋐ 混ぜたことによって，液体の種類が変わったから。

㋑ 混ぜたことによって，熱したときに熱が伝わりにくくなったから。

㋒ ふっとうする温度が違うので，どちらかの成分のふっとうが始まっても，もう片方の成分のふっとうが始まらないから。

㋓ ふっとうする温度が違うので，どちらの成分もふっとうが始まるまでに時間がかかるようになったから。

問３　お母さんがよしおさんに「食べても大丈夫だよ」と言ったのはなぜか。簡単に答えなさい。

2 さくらさんは，せんたくばさみと曲がらない金属の棒《ぼう》で図のような，てこのしくみを使ったおもちゃを作った。せんたくばさみが元に戻るときに箱の中の球が投げ出され，飛ぶようになっている。また，金属の棒についている箱は①～③の場所に移動ができ，調べるときはいつもいっぱいに押すこととする。次の問いに答えなさい。

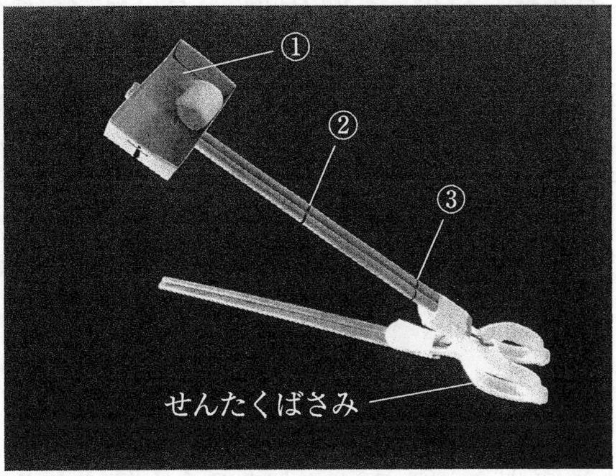

問１　箱をはずして，棒を押した。一番小さな力で押すことができるのは①～③のどこか。

問２　このおもちゃで球を飛ばしたところ，1.6秒かかって1.2m飛んだ。球はまっすぐに飛んだこととして，球の動く速さ（cm／秒）を答えなさい。

問３　箱の位置を変えて，球が飛ぶ距離を調べた。その結果を正しく述べているものはどれか。次の㋐～㋓から１つ選び，記号で答えなさい。

㋐ 箱の位置と飛ぶ距離は関係がない。　㋑ 箱を①に設置したときが一番飛ぶ。
㋒ 箱を②に設置したときが一番飛ぶ。　㋓ 箱を③に設置したときが一番飛ぶ。

問４　箱を②に設置し，押す場所を変えて，球が飛ぶ距離を調べた。その結果を正しく述べているものはどれか。次の㋐～㋓から１つ選び，記号で答えなさい。

㋐ 押す位置と飛ぶ距離は関係ない。　㋑ ①を押したときが一番飛ぶ。
㋒ ②を押したときが一番飛ぶ。　㋓ ③を押したときが一番飛ぶ。

問５　このおもちゃと，支点・力点・作用点の関係が同じ「てこの道具」はどれか。次の㋐～㋒から１つ選び，記号で答えなさい。

㋐ くぎぬき　㋑ ハサミ　㋒ ピンセット

3 月の見え方を調べた。以下は，４人の記録である。どの記録もよく晴れていた日の記録である。次の問いに答えなさい。

あきらさん　：朝６時ごろに，南の空に月を見つけた。同じ日の同じ場所で，夕方に月を探したが，どの方向にも月は見つからなかった。

みえさん　：正午ごろ，西の空に月を見つけた。次の日も同じ場所・同じ時間に月を探すと，月は違う位置に見えた。

キャリーさん：太陽が沈む夕方６時ごろ，東の空に月が上ってくるのが見えた。

だいすけさん：夜９時ごろ，南の空に月が見えた。

問１　同じ日に観察したと考えられるのは，どの２人か答えなさい。

問２　みえさんは，次の日，どの位置に月を見つけたか。次の㋐～㋓から１つ選び，記号で答えなさい。

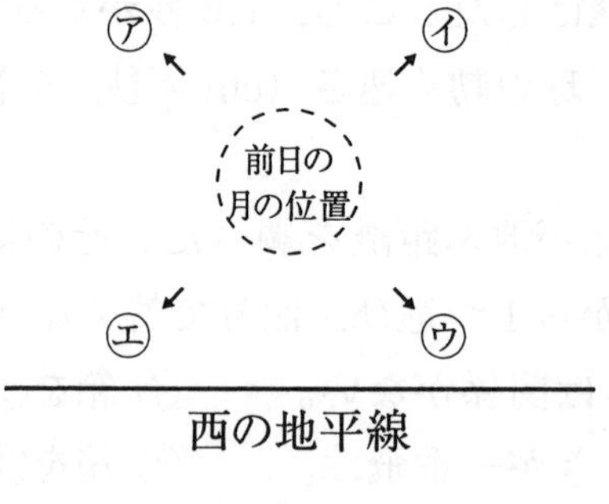

問３　キャリーさんの見た月の形が一番近い形はどれか。次の㋐～㋔から１つ選び，記号で答えなさい。

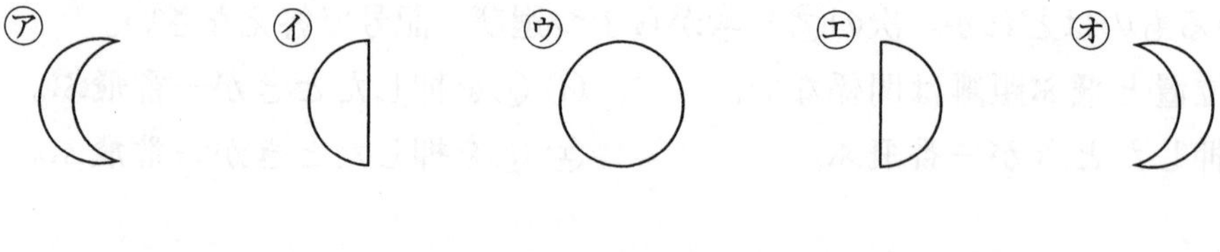

問４　あきらさんは，その後も月の観察を続け，朝６時ごろの南の空に，以前と同じ形の月を見つけた。それは，およそ何日後か。次の㋐～㋓から1つ選び，記号で答えなさい。

㋐ ７日後　　㋑ 14日後　　㋒ 21日後　　㋓ 28日後

4 デンプンの分解について，次の実験を行った。問いに答えなさい。

【実験】

操作1　薬用オブラートを準備し，ヨウ素液に浸《ひた》して色の変化を観察した。

操作2　新しいオブラートを3枚準備し，それぞれにだ液，大根おろしのしぼり汁，水を使って図のように字を書いて，操作1と同じ状態にして観察した。

操作1　　　　　　　　　　　　操作2　上から見た図

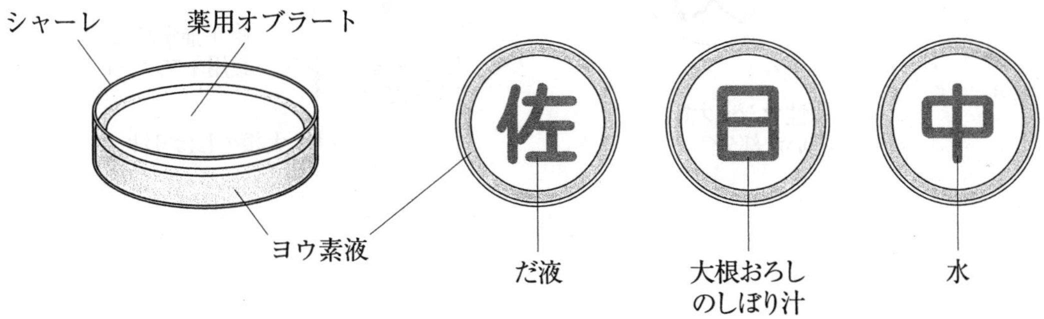

問1　薬用オブラートの主成分はデンプンである。操作1でヨウ素液に浸したとき何色に変化するか答えなさい。

問2　操作2について，薬用オブラートが溶けたと考えられる場所を，解答用紙の図中に塗りつぶしなさい。なお，大根おろしのしぼり汁の中にはヒトのだ液と同じ成分が含まれている。

問3　人間の体内では，デンプンなどの養分を別のものへ変化させて吸収しやすくしている。このはたらきをなんというか答えなさい。

問 4　この実験を活用して薬用オブラートに油性マジックで絵を描き，これを下の図のように大根のしぼり汁が入ったビーカーに静かに入れた。この後，ビーカーの中の様子はどのようになると考えられるか。結果とそのように考えた理由について簡単に答えなさい。

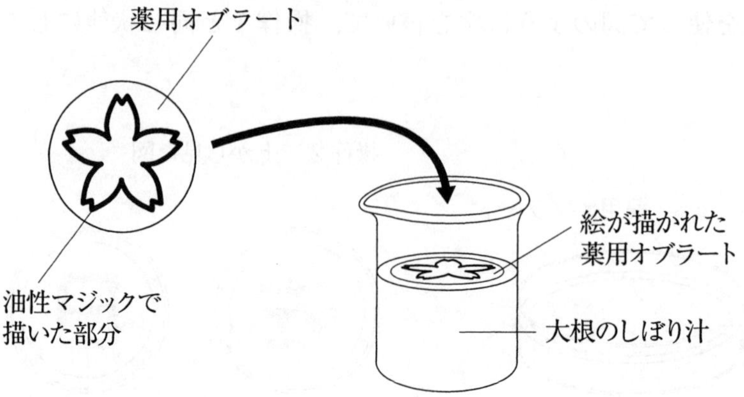

問二　——部①・②と文法的に同じ用法のものを次の中からそれぞれ選び、番号で答えなさい。

1　わたしのカバンです。
2　それはきみのだよ。
3　雪の降る夜のことだ。
4　何か温かいのがいい。

問三　Ａ・Ｂの短歌に共通して用いられている修辞技法として最も適当なものを次の中から選び、番号で答えなさい。

1　倒置法　　2　体言止め
3　反復法　　4　擬《ぎ》人法

問四　Ｃの短歌の句切れについて、最も適当なものを次の中から選び、番号で答えなさい。

1　初句切れ　　2　二句切れ　　3　三句切れ
4　四句切れ　　5　句切れなし

問五　Ｅの短歌の初句のように、短歌の定型よりも句の音数が多くなることを何といいますか。答えなさい。

問六　Ａ～Ｅの中で、ほかの短歌と詠《よ》まれている季節が異なるものを一つ選び、記号で答えなさい。

問七　次の鑑賞文はどの短歌に関するものですか。Ａ～Ｅの中からそれぞれ記号で答えなさい。

1　色彩のコントラストがあざやかで、それを見続けてしまう気持ちを詠んだ一首。
2　リズミカルな上の句と情景が浮かぶ下の句の調和が美しい一首。

問七　――部⑦の意味として正しいものを次の中から選び、番号で答えなさい。

1　得意になる気持ちを言葉や態度で人に示す
2　実際以上に自分がすぐれていると思いこんで得意になる
3　自分に関係の深い事をほめて他人にほこること
4　わざと人目につくようにする

問八　――部⑧とありますが、なぜショックなのですか。わかりやすく説明しなさい。

問九　［A］・［B］に入る語として正しいものを次の中からそれぞれ選び、番号で答えなさい。

1　たとえば　　2　しかし
3　すると　　4　ところで

六　次の短歌を読んで、あとの問いに答えなさい。

A　春の鳥な鳴きそ鳴きそ　あかあかと外《と》の面《も》の草に日の入る夕《ゆうべ》

B　ヒヤシンス薄紫《うすむらさき》に咲きにけりはじめて心顫《ふる》いそめし日

C　病《や》める児《こ》はハモニカを吹き夜《よ》に入りぬ　もろこし畑《ばた》の黄なる月の出

D　草わかば色鉛筆①の赤き粉《こ》②のちるがいとしく　寝《ね》て削《けず》るなり

E　桜、さくら、街のさくらにいと白く　塵埃《ちりほこり》吹きつけきょうも暮れにけり

問一　A～Eの短歌は北原白秋の作品である。北原白秋の歌集を次の中から選び、番号で答えなさい。

1　赤光《しゃっこう》　　2　みだれ髪《がみ》
3　一握《いちあく》の砂《すな》　　4　桐《きり》の花

こと。残りはあと二年と少しだけ。中学を卒業したら、その先に人見先生はいないのだ。小学校の先生たちが、卒業と同時に過去《かこ》の人になってしまったのと同じように。

そんなのって絶望的《ぜつぼうてき》じゃない。

「でもね、この葉書は本当に嬉《うれ》しかったんだ」

人見先生がうそをついていないことは分かった。忘れてしまったけれど、本当に嬉しかったのだと。

ねぇ、人見先生。一度言ってしまった言葉は、人の心にはりついて、もう二度と取り消せないのよ。

そんなふうに間違《まちが》えてしまう先生だから、私は目がそらせない。

私を忘《わす》れないでって、言いたい。

（戸森しるこ『理科準備室のヴィーナス』）

問一 ――部①とありますが、その理由をわかりやすく説明しなさい。

問二 ――部②に用いられている表現技法として正しいものを次の中から選び、番号で答えなさい。

1 擬《ぎ》人法　2 倒置法
3 直喩《ゆ》法　4 体言止め

問三 ――部③とありますが、どんな統一感ですか。

問四 ――部④とはどのようなことですか。その説明として最も適当なものを次の中から選び、番号で答えなさい。

1 二人は以前から知り合いだったから、正木くんのクラスメートの私を他のクラスメートより特別に受け入れてくれた。
2 二人は以前から知り合いだったけれど、私が正木くんをかばったことで、先生が私を特別に受け入れてくれた。
3 二人は以前から知り合いだったから、私をのけ者にすると、評判が悪くなると思い、仕方なく受け入れてくれた。
4 二人は以前から知り合いだったけれど、そんなことは関係がないと思えるくらいに、自然に仲間にしてくれた。

問五 ――部⑤が書かれている部分を本文中からぬき出しなさい。

問六 ――部⑥とはどんな言葉ですか。本文中からぬき出しなさい。

は正木くんが遠慮《えんりょ》してくれていたのかもしれないし、私がそうさせないようにしていたのかもしれない。

うまく言えないけれど、放課後の理科準備室《りかじゅんびしつ》において、④人見先生に対して私と正木くんがフェアであることが、もっとも重要なのだった。

その日、準備室の机《つくえ》の上には、写真付きの葉書があった。

「それは誰《だれ》から？」

私がそこに到着《とうちゃく》するのを待っていたようなタイミングで、正木くんが人見先生にそう聞いた。

「昔の教え子。結婚《けっこん》したんだって」

「へぇ」

「ケッコン」

私と正木くんは額《ひたい》を寄《よ》せ合《あ》って、その葉書の写真を見た。ウェディングドレス姿の女の人と、白いタキシード姿《すがた》の男の人。どちらも二十代前半に見える。どっちが先生の生徒だろう。⑤私が思ったことと同じことを、正木くんは口にした。

「どっちが人見ちゃんの生徒？」

「女の子のほうみたい」

『みたい？』

口をそろえた私たちから、人見先生は葉書をパッと取り返した。

「よく覚えてないの」

「え、覚えてないの？」

「担任《たんにん》じゃなかったし、六年以上も前のことなんか……」

人見先生は私がいたことに気がついて、言葉を止めた。

その時自分がどういう顔をしていたのか、私には分からないけれど、私の顔を見た人見先生が一瞬《いっしゅん》で表情《ひょうじょう》を曇《くも》らせたので、先生が自分の⑥「失言」を後悔《こうかい》したことが分かった。だからきっと、私はその時、ひどく傷《きず》ついた顔をしていたんだと思う。

そんな私に向かって、人見先生は言った。

「ごめんなさい。ひどい言い方した」

私がもし小さな子どもだったら、泣いて怒《おこ》ったかもしれない。だけど人見先生が自分でそう気づいてくれたなら、私は先生を許《ゆる》さなくちゃいけない。

「ひどい？　何が？」

正木くんがこの状況《じょうきょう》についてこられないのは、人見先生にとって自分は特別な生徒だって、⑦そううぬぼれているからだよ。

⑧私はひどいショックを受けていた。世界が終わってしまうかと思うくらい、心の中が悲しい気持ちでいっぱいになる。

「忘《わす》れちゃうんですか」

ぽたりと涙《なみだ》が落ちたみたいに、私の口から言葉がこぼれた。

知っていたつもりだった。ここには三年だけしかないって

五　次の文章を読んで、あとの問いに答えなさい。

私《わたし》と正木くんは同じクラスで、人見《ひとみ》先生は私たちの理科の受け持ちであり、男子バレーボール部の顧問である。あの日、正木くんが人見先生の授業で先生にいたずらをしようとしたクラスメートとトラブルを起こした。そのことについて私は人見先生に説明をするため理科準備室《りかじゅんびしつ》を訪《たず》ねた。それ以来、何となく人見先生のいる理科準備室を訪《おとず》れるようになっていた。

人見先生と正木くんと三人で過《す》ごしたあの日から、①私は金曜日の放課後に理科準備室を訪れるようになった。

なぜ、金曜日か。

それはシンプルな理由だった。金曜日は男子バレー部の活動が休みなのだ。

帰りのホームルームのあと、私は毎週わくわくしながら階《かい》段《だん》を下り、第二理科準備室に向かった。

[A]、私よりも先に、かならず正木くんが来ているのだった。

金曜日、職員会議《しょくいんかいぎ》が始まるまでの時間に、人見先生はそこでおやつを食べる。そして五時前に職員会議を知らせる放送が入ると、私と正木くんはそこから追い出されてしまう。

②まるでシンデレラみたいだなと思った。私《わたし》たちの時間は限《かぎ》られている。

私たちがどんな話をするかというと、その日クラスで起こった出来事とか、先生のうわさ話とか、おもしろかった漫《まん》画《が》についてとか、芸能人《げいのうじん》の誰《だれ》と誰が付き合っているとか、政《せい》治《じ》家の悪口とか、あるいは自分たちの進路についてとか、本当にその日によってバラバラで、統一感《とういつかん》がない。

でも、人見先生のおやつには、③今のところ統一感があった。

エクレア、ミルクプリン、チョコレートドーナツ。

みーんな、甘《あま》いもの。正木くんも私も、先生のおやつにひかれてこの場所に集まり始めた。「先生のおやつに」というよりは、「おやつを食べる先生に」と言ったほうが正しいけれど。

国語の時間の音読で、

「甘美《かんび》な響《ひび》き」

というフレーズを口にした時、それだと思った。

甘美。

甘くて美しくて、うっとりしてしまう感じ。ちょっとだけ秘密《ひみつ》のにおいもする。

嬉《うれ》しかったのは、私がそこに加わったことに対して、ふたりがごく自然に受け入れてくれたことだった。私にだけ分からないような話題、[B]ふたりが出会った空手道場の話とか、そういうことはほとんど話題にあがらなかった。それ

問五 ――部⑤について、次のⅠ・Ⅱに答えなさい。

Ⅰ 「物忘れ」とはどういうことか、説明しなさい。

Ⅱ 「聞き取れていない」とはどういうことか。次の中から最も適当なものを選び、番号で答えなさい。

1 個別化社会の進む現代社会に流されず、しっかりとした自分の価値観に基づいて情報を選び取ることができていないということ。

2 カクテルパーティ効果を使って、雑多な情報の中から自分にとって役に立つ情報だけを聞き取れていないということ。

3 様々な人がいる社会の中で、自分の仕事に役立つ情報を持っている人を見抜けていないということ。

4 みんなで働くことが減ってしまった現代の職場環境の中で、そのことに対する問題意識を持っていないということ。

問六 筆者がこの文章全体で「嗅ぎ分ける能力」よりも「聞き分ける能力」についての理由を説明したものとして最も適当なものを次の中から選び、番号で答えなさい。

1 嗅ぎ分ける能力よりも聞き分ける能力で困っている人が増えてきたから。

2 現代社会では、嗅ぎ分ける能力を必要としていないから。

3 聞き分ける能力は、嗅ぎ分ける能力よりも訓練が難しいから。

4 嗅ぎ分ける能力よりも聞き分ける能力の方が生きていくうえで大切だから。

Ⅱ　Ⅰの問題の解き方を説明した次の文章の（　ア　）・（　イ　）にあてはまる言葉を、それぞれあとの１～４から選び、番号で答えなさい。

　Ａ に入るのは（　ア　）である。そのためのヒントをさがすと、「脳はその他大勢の人の話し声を入力していないわけではありません」とあるので、ここから（　イ　）という視点で考えると答えになる。

ア
１　人間の脳の構造
２　人間の脳ができること
３　人間の脳の欠点
４　人間の脳の限界

イ
１　情報をどのように処理しているか
２　脳をどのように使っているか
３　情報の入力をどのようにしているか
４　正しい情報をどのように見分けているか

問四　――部④を説明するために医者の例と営業マンの例が出てきますが、この二つの例に共通することとして最も適当なものを次の中から選び、番号で答えなさい。

１　どんな仕事にもクリエイティブな能力は必要であり、その能力を上げるためにも雑多な情報が必要とされるということ。
２　日常生活の中では、ほとんどが役に立たない情報ばかりだが、目的を持っていると自然と役に立つ情報が聞こえてくるということ。
３　雑多な情報の中から、本当に価値ある情報を見つける能力は、医者や営業マンなど、人を相手にする仕事に必要だということ。
４　本当に仕事に活かせる情報は、建て前の話の中ではなく、様々な話が飛び交う環境の中にあることが多いということ。

※《注》識別…見分けること。
鼓膜…耳穴の奥にあって、空気の振動にともなって振動して音を伝える器官。
側頭葉…脳の一部で、聴覚・言語・記憶等にかかわっている部位。
前頭葉…脳の一部で、物事の認知や推理・推論など、高度な働きにかかわっている部位。
弊害…悪い影響。
建て前…表向きの基本方針。
クリエイティブ…独自の発想が感じられる様子。独創性。
ブレーンストーミング…複数で意見を出し合って行われる会議。
パーソナルスペース…他者の目をさえぎり、自分の仕事に集中できる空間。
ＳＯＨＯ…情報機器を使って小さなオフィスや自宅などで業務を行うこと。

問一 ――部①と②とはどのような関係になっているか。次の中から選び、番号で答えなさい。

1 本当に伝えたいことは②だということがわかるように①を出している。
2 ①と②とは、全く違うことを述べている。
3 ①で述べたことを②でさらにくわしく説明している。
4 ①と②とは、全く同じことを述べている。

問二 ――部③とおなじ意味のものを次の中から選び、番号で答えなさい。

1 先生が急いで教室に来られる。
2 お弁当から母の愛情が感じられる。
3 休みなのでゆっくり寝られる。
4 成績が悪かったので以前より勉強させられる。

問三 [Ａ] について、次のⅠ・Ⅱに答えなさい。

Ⅰ [Ａ] に入るものとして最も適当なものを次の中から選び、番号で答えなさい。

1 情報の正誤をきびしく判断している
2 情報の解釈をやめてしまう
3 不要な情報を解釈しない
4 時間をかけてじっくり解釈している

だければ分かる通り、これは非常に高度な脳の働きです。

その高次脳機能が低下し、カクテルパーティ効果が使えなくなっている結果起こってくる※弊害《へいがい》は、たまに大勢で会議をしたときなどに聞き取れなくて困るということだけではありません。④情報を多面的に取れない人になっていくことにもつながっていると思います。

たとえば、我々医者は、病室や診察室で患者さんから直接情報をもらっているだけでは十分な仕事はできません。ナースステーションに行って書き物をしているときなどに、看護師さんたちがいろいろな話をしている。それに何気なく聞き耳を立てていると、

「なるほど。あの患者さんにはそういう面があるのか」

などと初めて分かることがあります。

そういうことを患者さんに口では言わないものの、治療に活《い》かしているわけです。

医者の世界に限らず、どの業界でも、本当に価値のある情報というのは、そういう雑多な話が飛び交っている環境でしか得られないところがあり、たとえば営業マンの世界でも、誰か一人がしゃべって、それをみんなが聞いている、そんなところには※建て前しかないはずです。本音のところはどうなのか、他社の営業マンたちは何を考えているのか、あの会社の人の意見はどうなのか、そういう情報をキャッチして、多面的な組み立てをしていくのが、※クリエイティブな仕事ができるということだと思います。会社もそれを求めているはずですが、普段の環境としては、その訓練の機会をなくさせているところがないでしょうか。

たとえば、大人数で会議をすることが少なくなっている。※ブレーンストーミングのようなことをするにしても、一つずつ案件を挙げさせて採決するという場合が多い。普段の業務でも、※パーソナルスペースを与えて個別に仕事をさせる。業務上の連絡はオンラインでする。会議もそうやって行われているケースが少なからずあると思います。そうすると、確かに仕事の効率は上がるかも知れませんが、聞き分ける力を鍛《きた》える機会は減ってしまう。

聞き分ける力を訓練するには、最初から整理された環境ではなく、注意して聞き耳を立てなければならないような環境が必要です。「みんなで働く」という意識が強かった頃の日本には、そういう訓練の機会が嫌でもたくさんあったわけですが、それが極端に減ってしまった。※ＳＯＨＯや在宅勤務などが究極の形だと思いますが、個別化社会が急速に進展している。

そういう社会環境の変化を反映してのことでしょうか。⑤最近、物忘れを訴えて来院される患者さんの中に、じつはそもそも聞き取れていないと思われる人が増えています。

（築山　節『フリーズする脳　思考が止まる、言葉に詰まる』）

三　次の各文の□にあてはまる最も適当な語をあとから選び、記号で答えなさい。

1　台風のため、宿泊を□した。
2　光と影の□が素晴らしい絵画だ。
3　他人には思いつかない□な考えですね。
4　会社の□を一新するため社名を変更した。
5　目標を達成するために□を掲《かか》げる。
6　彼は分刻みの□をこなしている。
7　いつもこの場所にくると□が湧《わ》いてくる。
8　言葉は□の重要な手段だ。
9　試合で勝てるように友人に□する。
10　研修会に参加した□を提出する。

ア　イメージ　　イ　アドバイス
ウ　キャンセル　　エ　コミュニケーション
オ　レポート　　カ　コントラスト
キ　ユニーク　　ク　インスピレーション
ケ　スローガン　　コ　スケジュール

四　次の文章を読んで、あとの問いに答えなさい。

①現代人が今もっともしなくなりつつあることの一つは、「聞き分ける」ということではないでしょうか。②複数の人が話している中から一人だけの話に注目し、内容を理解する。そういう高次脳機能を訓練する機会が、日常の中からなくなりつつある気がします（いろいろな匂《にお》いがある中から一つの匂いを※識別する「嗅《か》ぎ分ける」ということはもっとしなくなっていると思いますが、こちらの方は社会的な有効性自体が小さくなっているので省きます）。

パーティのような、みんながワイワイ話している状況でも、誰か一人の話を聞こうとしたとき、そこに注意を集中させられる。③そういう能力を「カクテルパーティ効果」と言います。

カクテルパーティ効果を使っているとき、脳はその他大勢の人の話し声を入力していないわけではありません。聴覚は※鼓膜《こまく》の振動を電気信号に変えるという、物理的に単純な装置なので、その段階で情報を遮断《しゃだん》することはおそらくできない。可能なのは、聴覚から入力された情報が、※側頭葉を介して※前頭葉に送られる、その途中か、前頭葉が情報を処理する段階で、［　A　］ということです。同じことをコンピュータにさせるのがどれほど大変かを想像していた

2023年度 佐野日本大学中等教育学校

【国語】〈第二回試験〉（五〇分）〈満点：一〇〇点〉

一 次の各文の――部について、１～５のカタカナは漢字に直し、６～10は読み方をひらがなで書きなさい。

１ 一日センシュウの思いで待つ。
２ 学校をカイホウする。
３ 大きなゴサンだった。
４ 主役をツトめる。
５ 口で言うのはヤサしい。
６ 知己をたよって上京する。
７ 和室の障子を開ける。
８ 地震に対して万全の対策をとる。
９ 手間を省く。
10 暗雲が低く垂れる。

二 次の□に反対の意味になる漢字を入れ、四字熟語を完成させなさい。なお解答は上から順番に書くこと。

１ □往□往
２ 半□半□
３ □肉□食
４ 空□絶□
５ □□選択
６ 針□棒□
７ □平無□
８ 起□回□
９ □名□実
10 一部□□

2023年度

佐野日本大学中等教育学校 ▶解説と解答

算 数 ＜第２回試験＞（50分）＜満点：100点＞

解 答

1 (1) $\frac{3}{5}$　(2) 3：14　(3) $1\frac{5}{6}\left(\frac{11}{6}\right)$　(4) 7.34　(5) 12　(6) $0.8\left(\frac{4}{5}\right)$　(7) 54　(8) 3　(9) 4　(10) 4　**2** (1) 12.64　(2) 70　(3) 11110　(4) 85　(5) $1\frac{4}{5}$　**3** (1) 41　(2) 96　(3) 72点　(4) 375円　(5) 6通り　**4** (1) 8 cm　(2) 90度　(3) 70cm²　(4) 45cm²　(5) 120cm³　**5** (1) 30.5cm²　(2) 45度　(3) 40.69cm

解 説

1 **分数の性質，比の性質，四則計算，逆算**

(1) 逆数とは，ある数にかけ合わせると１になる数で，分数の分母と分子を入れかえた数のことである。$1\frac{2}{3}$を仮分数にすると，$1\frac{2}{3}=\frac{5}{3}$となり，この分数の分母と分子を入れかえると$\frac{3}{5}$になる。よって，$1\frac{2}{3}$の逆数は$\frac{3}{5}$である。

(2) 比は前項《こう》と後項に同じ数をかけても，比の値は変わらないので，$\frac{3}{4}:3.5=\frac{3}{4}:\frac{7}{2}=\left(\frac{3}{4}\times 4\right):\left(\frac{7}{2}\times 4\right)=3:14$となる。

(3) $2\frac{2}{3}-\frac{5}{6}=2\frac{4}{6}-\frac{5}{6}=1\frac{5}{6}$

(4) 右の筆算より，12.5−5.16＝7.34

```
  1 2.5 0
−   5.1 6
    7.3 4
```

(5) 108÷(13−４)＝108÷９＝12

(6) $3\frac{1}{10}-2.3=3.1-2.3=0.8$

(7) 72−54÷３＝72−18＝54

(8) $5.4-2\frac{\square}{5}=2.8$より，$2\frac{\square}{5}=5.4-2.8=2.6=2\frac{3}{5}$　よって，□＝３

(9) $1\frac{1}{12}\div\frac{1}{\square}=4\frac{1}{3}$より，$\frac{1}{\square}=1\frac{1}{12}\div 4\frac{1}{3}=\frac{13}{12}\div\frac{13}{3}=\frac{13}{12}\times\frac{3}{13}=\frac{1}{4}$　よって，□＝４

(10) 32÷(８−□)＝８より，８−□＝32÷８＝４　よって，□＝８−４＝４

2 **四則計算，計算のくふう**

(1) 右の筆算より，31.6÷2.5＝12.64

```
       1 2.6 4
2.5) 3 1.6
     2 5
       6 6
       5 0
       1 6 0
       1 5 0
         1 0 0
         1 0 0
             0
```

(2) 45÷９×５＋３×(32−17)＝５×５＋３×15＝25＋45＝70

(3) 千の位，百の位，十の位，一の位に｛1，２，３，4｝が１個ずつあらわれるから，各位の和は，１＋２＋３＋４＝10になる。よって，1234＋2341＋3412＋4123＝1000×10＋100×10＋10×10＋１×10＝10000＋1000＋100＋10＝11110

(4) $A\times B+A\times C=A\times(B+C)$となることを利用すると，17×12＋17×15−17×３−17×19＝17×(12＋15−３−19)＝17×５＝85

(5)　$\left\{\frac{2}{3}\times\left(0.2+\frac{2}{5}\right)+2\frac{3}{5}\right\}\div\frac{5}{3}=\left\{\frac{2}{3}\times\left(\frac{1}{5}+\frac{2}{5}\right)+2\frac{3}{5}\right\}\div\frac{5}{3}=\left(\frac{2}{3}\times\frac{3}{5}+2\frac{3}{5}\right)\div\frac{5}{3}=\left(\frac{2}{5}+2\frac{3}{5}\right)$
$\div\frac{5}{3}=3\times\frac{3}{5}=\frac{9}{5}=1\frac{4}{5}$

3　数列，約束記号，平均とのべ，売買損益，相当算，場合の数

(1)　問題文中の数列で，となり合う数の差を調べると，右の図のように，４の倍数ずつ増えていることがわかる。よって，□にあてはまる数は，25＋16＝41である。

1，　5，　13，　25，　□，　61，…
＋4　＋8　＋12　＋16　＋20

(2)　約束にしたがって計算すると，（６★２）＝（６－２）×６＝24となるから，（６★２）★20＝(24★20)＝(24－20)×24＝96と求められる。

(3)　(平均点)＝(合計点)÷(人数)より，(合計点)＝(平均点)×(人数)となるので，６人の合計点は，68×６＝408(点)とわかる。そのうち，A，B，Cの３人の合計点は，66×３＝198(点)，D，Fの２人の合計点は，69×２＝138(点)だから，Eの点数は，408－(198＋138)＝72(点)と求められる。

(4)　６個の売り値の合計が1800円なので，１個あたりの売り値は，1800÷６＝300(円)である。また，２割引きにするともとの値段の，１－0.2＝0.8(倍)になるから，もとの値段を□円とすると，□×0.8＝300(円)と表すことができる。よって，□＝300÷0.8＝375(円)と求められる。

(5)　４回で移動できる数の合計は，１×４＝４(個)以上，２×４＝８(個)以下なので，４回投げて点Cにいるのは，移動した数の合計が６個の場合だけである。よって，移動した数は，{1個，１個，２個，２個}の４回とわかる。つまり，表が２回，裏《うら》が２回出たことになるから，表を○，裏を×としてコインの出方を表すと，○→○→×→×，○→×→○→×，○→×→×→○，×→○→○→×，×→○→×→○，×→×→○→○の６通りと求められる。

4　長さ，角度，和差算，面積，体積

(1)　下の図１のように，同じ大きさの正方形を，２×３＝６(個)並べた図で考える。図１で，三角形ABCの面積が48cm^{2}だから，長方形ABCDの面積は，48×２＝96(cm^2)となり，正方形１個の面積は，96÷６＝16(cm^2)とわかる。よって，16＝４×４より，並べた正方形の１辺の長さは４cmとわかるので，三角形ABCの高さは，４×２＝８(cm)と求められる。

(2)　下の図２で，角EBCの大きさは，90－30＝60(度)だから，角CEBの大きさは，180－(60＋60)＝60(度)となり，三角形EBCは正三角形とわかる。よって，BCとCDの長さが等しいから，CDとCEの長さも等しいので，三角形CDEは二等辺三角形になる。さらに，角ECDの大きさは，180－60＝120(度)だから，角DECの大きさは，(180－120)÷２＝30(度)となり，㋐の角の大きさは，30＋60＝90(度)と求められる。

(3)　３つの正方形の１辺の長さを，長い方から順にア，イ，ウとすると，アとイの差は１cm，イとウの差は２cmである。また，ア，イ，ウの和は14cmなので，下の図３のように表すことができる。図３から，アの３倍が，14＋１＋（２＋１）＝18(cm)とわかるから，ア＝18÷３＝６(cm)，イ＝６－１＝５(cm)，ウ＝５－２＝３(cm)と求められる。よって，３つの正方形の面積の和は，６×６＋５×５＋３×３＝70(cm^2)である。

図１

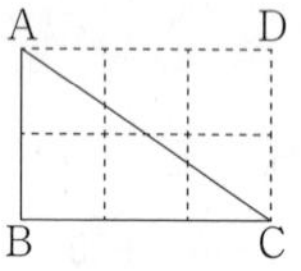

図２

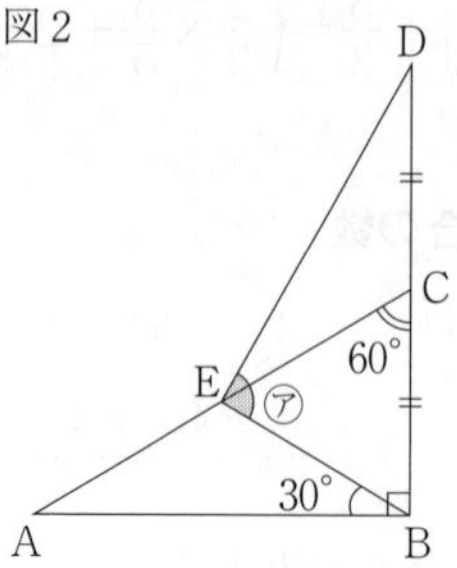

図３

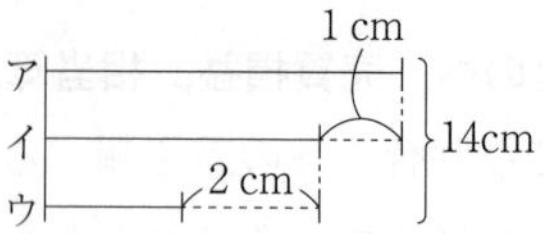

図４

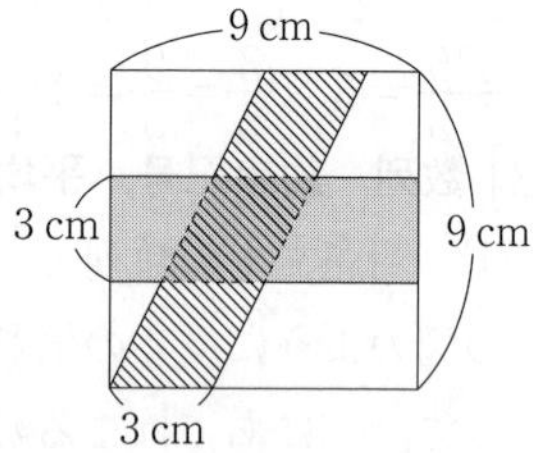

⑷　右上の図４で，かげをつけた長方形と斜線《しゃせん》をつけた平行四辺形の面積はどちらも，$3\times9=27$ (cm²)である。また，これらの図形が重なった部分は，底辺が３cm，高さが３cmの平行四辺形なので，その面積は，$3\times3=9$ (cm²)となる。よって，２つの図形の面積の和から重なりの図形の面積をひくと，色のついた部分の面積は，$27\times2-9=45$(cm²)と求められる。

⑸　下から１段目には８個，下から２段目には５個，下から３段目には２個の立方体があるから，立方体の数は全部で，$8+5+2=15$(個)である。また，立方体１個の体積は，$2\times2\times2=8$ (cm³)なので，この立体の体積は，$8\times15=120$(cm³)とわかる。

5　平面図形－面積，図形の移動，角度，長さ

⑴　下の図①で，円の半径は，$10\div2=5$ (cm)だから，円の面積は，$5\times5\times3.14=78.5$(cm²)となる。また，三角形ABCと三角形ABDの面積はどちらも，$6\times8\div2=24$(cm²)なので，色のついた図形の面積の合計は，$78.5-24\times2=30.5$(cm²)と求められる。

図①

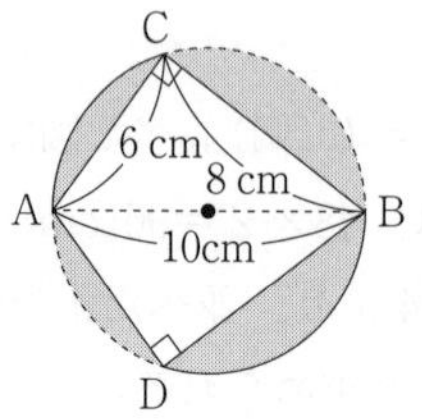

図②

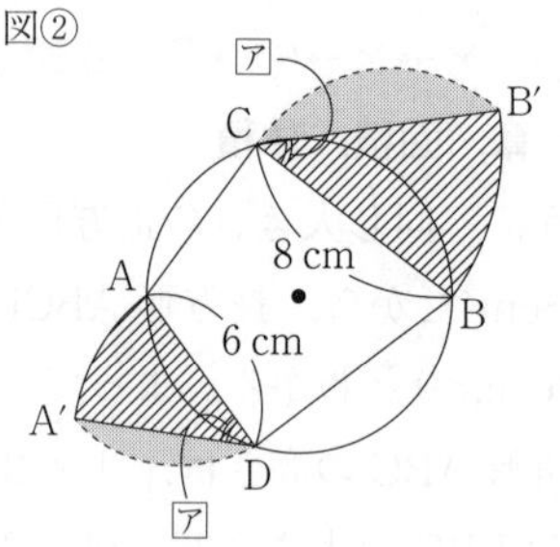

⑵　上の図②で，かげをつけた図形と斜線をつけた図形の面積の合計が54.5cm²になる。このうち，かげをつけた図形の面積の合計は⑴で求めた面積の半分だから，$30.5\div2=15.25$(cm²)とわかる。よって，斜線をつけた図形の面積の合計は，$54.5-15.25=39.25$(cm²)となる。一方，斜線をつけた図形の面積の合計は，$8\times8\times3.14\times\frac{\boxed{ア}}{360}+6\times6\times3.14\times\frac{\boxed{ア}}{360}=(64+36)\times3.14\times\frac{\boxed{ア}}{360}=314\times\frac{\boxed{ア}}{360}=\frac{314}{360}\times\boxed{ア}$(cm²)と表すことができる。したがって，$\frac{314}{360}\times\boxed{ア}=39.25$より，$\boxed{ア}=39.25\div\frac{314}{360}=45$(度)と求められる。

⑶　図②の太点線(弧《こ》A′Dと弧B′C)の長さの合計は，図①の太点線(弧ADと弧BC)の長さの合計と等しくなる。これは円のまわりの長さの半分にあたるので，$10\times3.14\div2=15.7$(cm)とわかる。また，図②の弧BB′と弧AA′の長さの合計は，$8\times2\times3.14\times\frac{45}{360}+6\times2\times3.14\times\frac{45}{360}=(16+12)\times3.14\times\frac{1}{8}=3.5\times3.14=10.99$(cm)と求められる。これらの合計にBCとADの長さを加えると，移動してできた図形のまわりの長さの合計は，$15.7+10.99+8+6=40.69$(cm)となる。

社　会　＜第２回試験＞（理科と合わせて50分）＜満点：50点＞

解　答

1 **問１**　ウ　**問２**　名古屋市　**問３**　中京工業地帯　**問４**　ア　**問５**　羽柴(豊臣)秀吉　**問６**　源頼朝　**問７**　日光東照宮　2 **問１**　オ　**問２**　伊藤博文　**問３**　木簡　**問４**　ペルシャ　**問５**　エ　**問６**　1964年　3 **問１**　**Ａ**　イ　**Ｂ**　ア　**問２**　Ｅ　**問３**　(例)　日本の資源が少ないことと，原料やエネルギー資源のねだんが安い(豊富にとれる)ため，外国から輸入しているため。　**問４**　イ　**問５**　ア　**問６**　イ　**問７**　太平洋戦争　4 **問１**　イ　**問２**　温室効果ガス　**問３**　ウ　**問４**　エ　**問５**　**17の目標のうち選んだ目標の番号**　(例)　4…将来，わたしは先生になって，世界の国々のこどもたちを教えたい。(11…今，わたしが住んでいるまちでごみをひろったり，環境に気を配ったりして住み続けたい。／2…フードロスに協力して，食べ物をムダに残したりしない。)

解　説

1 徳川家康の生涯を題材にした問題

問１　本文に2022年は徳川家康が生まれてから480年とあるので，家康が生まれた年は(2022－480＝)1542年になる。アの鉄砲伝来は1543年，イの豊臣秀吉による検地と刀狩は1580年代，ウの応仁の乱は1467～77年，エのキリスト教の宣教師の来日は1549年以後，オのシャクシャインの乱は1669年である。よって，ウが家康が生まれる前のできごとになる。

問２　愛知県の県庁所在地は名古屋市で，江戸時代には「徳川御三家」の一つ尾張《おわり》藩の城下町として発展した。現在は中部地方の政治・経済の中心地となっている。なお，愛知県の旧国名は東部が家康の出身地の「三河」，西部が織田信長と豊臣秀吉の出身地の「尾張」。また，「徳川御三家」はこのほか，水戸藩(茨城県)と紀伊藩(和歌山県)。

問３　中京工業地帯は愛知県と三重県の伊勢湾岸を中心に発達した工業地帯で，現在工業生産額が全国第１位であり，特に愛知県豊田市の自動車工業など，機械工業の割合がきわめて高い。

問４　今川義元は駿河国の戦国大名で，駿河は静岡県東部にあたる。静岡県の形はアがあてはまる。イは群馬県，ウは千葉県，エは鹿児島県，オは滋賀県。なお，義元は桶狭間《おけはざま》の戦い(1560年)で織田信長に敗れ，その後今川氏は滅亡した。

問５　長篠《ながしの》の戦い(1575年)は信長と家康の連合軍が武田勝頼《かつより》を破った戦いで，信長は大量の鉄砲を用いて武田の騎馬隊を破り，実戦兵器として鉄砲の有効性を証明した。資料の絵「長篠合戦図屏風」はその様子を描いたもので，Ａは信長の本陣の北にあたり，秀吉が布陣した(当時の姓は「羽柴」)。

問６　1192年，征夷大将軍に任命されたのは鎌倉幕府を開いた源頼朝。なお，「征夷大将軍」はもとは平安時代初めに設けられた臨時の将軍職で，東北地方の蝦夷征討を担当した。頼朝の就任以降は，武家の棟梁《とうりょう》を表す称号となり，代々源氏の家系が継承《けいしょう》することになった。徳川家は源氏を祖とする家系と称したことから，家康はこの職に就くことができた。

問７　家康は死後，久能山(静岡県)に葬《ほうむ》られたが，その後日光(栃木県)の東照宮に移された。

2 鉄道開通にちなんだ問題

問１　江戸時代の「五街道」は江戸日本橋を起点とし，東海道は太平洋側を経て京都三条大橋まで結んだ。よって，オがあてはまる。アは日光街道，イは奥州街道，ウは甲州街道，エは中山道《なかせんどう》。なお，1872年，新橋－横浜間で初めて鉄道が開通したが，東海道本線（東京－神戸間）の全通は1889年。

問２　伊藤博文は長州藩（山口県）出身の政治家で，岩倉使節団に副使の一人として随行《ずいこう》した。1885年に内閣制度を創設して初代内閣総理になり，大日本帝国憲法の制定（1889年）にも貢献《こうけん》した。日露戦争（1904～05年）後，初代韓国統監となるが，1909年に満州（中国東北部）のハルビンで暗殺された。

問３　「木簡」は古代の律令国家において，全国からの貢納物の荷札として使われた短冊状の木片などで，表面をかんなで削《けず》って繰り返し用いられた。当時は紙が貴重品であったため，こうした木片が使われ，官庁間の連絡や官人の習字などにも用いられた。

問４　「絹の道（シルクロード）」は古代における中国と西アジア・ヨーロッパを結んだ交通路で，西域の珍しい文物が中国にもたらされた。折しも，日本から中国（唐）に遣唐使が派遣されていたことから，こうした文物が日本にも伝わったのであるが，写真の「白瑠璃碗《はくるりのわん》」もその一つで，ペルシャ（現在のイラン）のガラス製の器であり，東大寺正倉院に納められていた。

問５　伊能忠敬は下総国佐原《さわら》（千葉県）で酒造業や商業で成功したが，50歳にして江戸に出て西洋の測量術や暦法を学び，全国の沿岸を測量して正確な日本全図を作製した。なお，アの杉田玄白は『解体新書』を刊行した蘭学者，イの歌川広重は『東海道五十三次』を描いた浮世絵師，ウの近松門左衛門は人形浄《にんぎょうじょう》瑠璃《るり》や歌舞伎《かぶき》の脚本家。

問６　1964年，アジアでは初となるオリンピックが東京で開催されたが，これにあわせて東海道新幹線（東京－新大阪間）が開通した。

3　日本の貿易についての問題

問１　**Ａ**　現在，日本の貿易における輸入品の中心は，機械類である。　**Ｂ**　かつて日本は，原料品を輸入して製品を輸出する「加工貿易」を行っていた。

問２　2016年における木材の自給率は34.8％で，輸入材はカナダ・アメリカ合衆国・ロシア連邦からのものである。よって，Ｅがあてはまる。Ａは原油，Ｂは石炭，Ｃは液化天然ガス（ＬＮＧ），Ｄは鉄鉱石，Ｆは綿花。統計資料は『日本国勢図会』2018／19年版による。

問３　日本は資源にとぼしく，また国産より外国産のほうが安価なため，主な原料やエネルギー資源のほとんどを外国からの輸入に頼っている。

問４　原油は自動車や火力発電の燃料のほか，合成せんいなどの石油化学工業の原料にも利用される。しかし，紙は木材を原料にしているので，イが正しくない。

問５　ブラジルは南アメリカ大陸の北東部を占める国で，2016年のオリンピック夏季大会の開催地となったリオデジャネイロは「カーニバル」で世界的に知られる。よって，アがあてはまる。イは韓国（大韓民国），ウはアフガニスタン，エは中国（中華人民共和国）。

問６　現在ロシア連邦が不法占拠している「北方領土」は，択捉島・国後島・色丹《しこたん》島・歯舞群島である。よって，イが正しくない。礼文島は北海道の北西部に位置する島。

問７　太平洋戦争は1941年12月に，日本軍がハワイにあるアメリカ軍基地を奇襲攻撃して始まった。この戦争は日本が1945年８月15日に連合国の「ポツダム宣言」を受け入れ，無条件降伏して終結した。

4　地球環境や公害についての問題

問１　地球が温暖化すると，両極や高山地帯の氷雪がとけることで海水面が上昇し，沿岸や小島が水没するという問題も起こる。よって，イが正しい。アは車の排気ガスや工場のばい煙などに含まれる硫黄酸化物や窒素酸化物を原因とする酸性雨，ウはフロンガスを原因とするオゾン層の破壊。

問２　地球の温暖化は，二酸化炭素などの温室効果ガスが原因である。温室効果ガスは熱を保存する働きがあるため，大気中の温室効果ガスの濃度が高まることで温暖化が進む。

問３　1997年，京都で気候変動枠組み条約第３回締約国会議(COP3)が開かれ，温暖化防止についての先進国の温室効果ガス削減目標などを定めた「京都議定書」が採択された。

問４　水俣病は熊本県水俣市の八代海沿岸で，化学工場から流された廃液に含まれる有機水銀を原因として発生した。よって，組み合わせはエが正しい。なお，「四大公害病」はこのほか，新潟県阿賀野川流域で発生した有機水銀を原因とする第二水俣病(新潟水俣病)，富山県神通川流域で発生したカドミウムを原因とするイタイイタイ病，三重県四日市市で発生した亜硫酸ガスを原因とする四日市ぜんそく。

問５　図は国際連合総会で2015年に採択された「持続可能な開発目標(SDGs)」で，2030年までに達成すべき17の目標からなる。現在世界が抱えている環境問題やエネルギー問題，人権問題や食料不足・貧困などの問題など多方面にわたる。日本でも政府・地方自治体はもとより，民間の企業・団体などが積極的に取り組んでおり，国民一人ひとりの意識改革も進んでいる。

理　科　＜第２回試験＞（社会と合わせて50分）＜満点：50点＞

解　答

１　**問１**　(1)　エタノール　(2)　**水**…100℃　**エタノール**…78℃　(3)　(例)　気体になって逃げてしまったから。　**問２**　㋒　**問３**　(例)　エタノールは水より先にふっとうして空気中に逃げてしまうから。　**２**　**問１**　①　**問２**　75cm／秒　**問３**　㋑　**問４**　㋐　**問５**　㋒　**３**　**問１**　あきらさんとみえさん　**問２**　㋐　**問３**　㋒　**問４**　㋓　**４**　**問１**　青紫色　**問２**　右の図　**問３**　消化　**問４**　**結果**…(例)　油性マジックで描いた部分だけ，溶けずに残った。／**理由**…(例)　油が水をはじくから。

解　説

１　**水やエタノールのふっとうについての問題**

問１　(1)，(2)　ふっとうとは，液体を熱してある温度のときに，液体の内部から液体が気体に変化していく現象のことをいう。水やエタノールがふっとうしているときは，液体から気体へすがたを変えるために熱が使われるので，温度が上がらなくなる。問題文中のグラフを見ると，水は約100℃で，エタノールは約78℃で温度が上がらなくなっているので，水は約100℃でふっとうが始まり，エタノールは約78℃でふっとうが始まると考えられる。　(3)　液体の水はふっとうすると，気体の水蒸気《すいじょうき》に変化する。気体の水蒸気は空気中に逃げていくので，水をしばらくふっとうさせ続けると，水の量はだんだんと少なくなる。

問２　問１より，エタノールがふっとうする温度は約78℃で，水がふっとうする温度は約100℃である。したがって，水とエタノールを混ぜたものを熱していくと，エタノールが先にふっとうし始め，液体から気体に変化して空気中に逃げていく。このとき，ふっとうしているエタノールの温度は上がらないが，まだふっとうしていない水の温度は上がっていくので，エタノールがふっとうする温度である約78℃を超《こ》えても，水がふっとうする温度の約100℃になるまでは，液体の温度はゆるやかに上昇《じょうしょう》をしていく。

問３　問２より，水がふっとうする温度で調理すれば，エタノールは水よりも先にふっとうして液体から気体に変化し，空気中へ逃げていくため，料理の中からなくなると考えられる。

２　てこのはたらきとものの運動についての問題

問１　てこを支える点を支点，てこに力を加える点を力点，力点に加えた力により，他のものに力がはたらく点を作用点という。また，てこに力を加えたとき，てこを回転させようとするはたらきのことをモーメントといい，モーメントの大きさは，(力点や作用点から支点までの距離《きょり》)×(力点や作用点にはたらく力の大きさ)で決まる。これより，モーメントの大きさが変わらなければ，力点や作用点から支点までの距離が長くなるほど，力点や作用点にはたらく力の大きさは小さくなることがわかる。よって，せんたくばさみの支点が問題文中の図のおもちゃの支点でもあるから，せんたくばさみから一番遠くにある①を押すときが，一番小さな力で棒《ぼう》を押せると考えられる。

問２　1.2mは，1.2×100＝120(cm)なので，球の動く速さは，120÷1.6＝75(cm/秒)と求められる。

問３　球が飛び出すときの速さが速いほど，球は遠くまで飛ぶといえる。図のおもちゃで，金属の棒を閉じてから開くときの動きは，せんたくばさみの支点を中心としたおうぎ形を描《えが》くような動きになる。このとき，①～③それぞれの場所からせんたくばさみの支点までの距離は，このおうぎ形の半径の長さと考えることができる。おうぎ形の弧《こ》の長さは，おうぎ形の半径の長さが長いほど長くなるから，①～③でくらべると，せんたくばさみの支点から最も遠い①の場所が描く弧の長さが最も長くなる。金属の棒を閉じてから開くまでにかかる時間は，①～③のすべての場所で変わらないので，球が飛び出すときの速さは，描く弧の長さが最も長くなる①の場所が最も速いといえる。したがって，箱を①に設置したときに球が一番飛ぶと考えられる。

問４　問３より，図のおもちゃで球が飛ぶ距離は，球が箱から飛び出すときの速さにより決まるといえる。よって，押す場所を変えたとしても，球が飛ぶ距離は変わらない。

問５　㋐～㋒それぞれの道具の支点・力点・作用点の関係は，くぎぬきやハサミが作用点・支点・力点の順番にならび，ピンセットは作用点・力点・支点の順番にならぶ。また，図のおもちゃは作用点・力点・支点の順番にならんでいるから，㋒が選べる。

３　月の見え方についての問題

問１　月が東の空に見えてから南の空に見えるまでは約６時間，南の空に見えてから西の空に見えるまでも約６時間かかる。よって，みえさんが見た月は朝６時ごろ，キャリーさんが見た月は夜12時ごろに南の空にあると考えられる。同じ日ならば，月が南の空に見える時刻は同じになるので，あきらさんとみえさんの見た月が同じ日の月であるとわかる。

問２　月は，東の空から上り，南の空高くを通り，西の空に沈《しず》む。月を１日ごとに同じ時刻で観察すると，１日あたり約12度東寄りにずれて見えるから，㋐が選べる。

問３　問１より，夜12時ごろ南の空に見える月を考えればよい。満月は夜12時ごろに南の空に見えるので，月の形は㋒に近いと考えられる。

問４　月の満ち欠けの周期は約29.5日だから，それに最も近い㋓を選べばよい。なお，あきらさんがこのとき観察した月は左半分が光って見え，このような月を下弦《かげん》の月という。

4 デンプンの分解についての問題

問１　ヨウ素(溶《よう》)液は茶色っぽい色をしているが，デンプンと反応すると青紫《むらさき》色に変化する。このような反応を，ヨウ素デンプン反応という。

問２　だ液や大根おろしのしぼり汁《じる》には，デンプンを分解するはたらきを持つ物質が含《ふく》まれる。したがって，薬用オブラートが溶《と》けたのは，だ液や大根おろしのしぼり汁がある部分と考えられる。

問３　体内で，デンプンなどの養分を別のものに変化させ，体内に吸収しやすい形にすることを消化という。

問４　油性マジックには，水分をはじく性質がある。したがって，油性マジックで描いた部分は大根のしぼり汁がはじかれ，薬用オブラートは溶けずに残ると考えられる。

国　語　＜第２回試験＞（50分）＜満点：100点＞

解　答

一　**1～5**　下記を参照のこと。　**6**　ちき　**7**　しょうじ　**8**　ばんぜん　**9**　はぶ(く)　**10**　た(れる)　二　**1**　右，左　**2**　信，疑　**3**　弱，強　**4**　前，後　**5**　取，捨　**6**　小，大　**7**　公，私　**8**　死，生　**9**　有，無　**10**　始，終

三　**1**　ウ　**2**　カ　**3**　キ　**4**　ア　**5**　ケ　**6**　コ　**7**　ク　**8**　エ　**9**　イ　**10**　オ　四　**問１**　3　**問２**　3　**問３**　Ⅰ　3　Ⅱ　ア　2　イ　1　**問４**　4　**問５**　Ⅰ　(例)　いったん覚えたことを忘れること。　Ⅱ　2　**問６**　1

五　**問１**　(例)　(金曜日は人見先生が顧問をしている)男子バレー部の活動が休みだから。　**問２**　3　**問３**　(例)　(人見先生のおやつは)みんな甘いものという統一感。　**問４**　4　**問５**　どっちが人見ちゃんの生徒？〔どっちが先生の生徒だろう〕　**問６**　よく覚えてないの　**問７**　2　**問８**　(例)　中学を卒業したら私は忘れられてしまうかもしれないと思ったから。　**問９**　A　3　B　1　六　**問１**　4　**問２**　①　1　②　3　**問３**　2　**問４**　3　**問５**　字あまり　**問６**　C　**問７**　1　D　2　A

●漢字の書き取り

一　**1**　千秋　**2**　開放　**3**　誤算　**4**　務(める)　**5**　易(しい)

解　説

一 漢字の書き取りと読み

1　「一日千秋」は，一日を千年のように長く感じること。　**2**　窓や戸を開けたままにすることや，自由な出入りを認めること。　**3**　見込みが甘く，予想外の事態になること。　**4**　音読みは「ム」で，「勤務」などの熟語がある。　**5**　音読みは「イ」「エキ」で，「容易」「貿易」などの熟語がある。　**6**　なじみの友人や知人。　**7**　木の枠《わく》に和紙をはった戸やふすま。　**8**　すきがなく，完全であること。　**9**　音読みは「ショウ」「セイ」で，「省略」「反省」などの熟語がある。　**10**　音読みは「スイ」で，「垂直」などの熟語がある。

二　四字熟語の完成

1「右往左往」は，右へ左へと行きまどうこと。　**2**「半信半疑」は，信じる気持ちと疑う気持ちが半々であるさま。　**3**「弱肉強食」は，強いものが弱いものに勝って栄えること。　**4**「空前絶後」は，過去にも例がなく，これからもありえそうにないこと。　**5**「取捨選択」は，必要なものだけ選び取り，ほかは捨てること。　**6**「針小棒大」は，ささいなことを大げさに言うこと。　**7**「公平無私」は，私利私欲にとらわれず，全員に対して平等であること。　**8**「起死回生」は，危機的状況《じょうきょう》を一気にくつがえすこと。　**9**「有名無実」は，見かけや評判はよいが，中身がともなわないさま。　**10**「一部始終」は，物事の始めから終わりまでという意味。

三　外来語の知識

1「キャンセル」は，予定や約束を取り消すこと。　**2**「コントラスト」は，正反対の二つのものの対照。　**3**「ユニーク」は，ほかにはない独特なさま。　**4**「イメージ」は，あるものに対して人が持つ印象のこと。　**5**「スローガン」は，集団で同じ方向性をめざすために共有する言葉。　**6**「スケジュール」は，いつ何をするかという予定。　**7**「インスピレーション」は，突然うかぶひらめきのこと。　**8**「コミュニケーション」は，人と人との会話や，やりとり。　**9**「アドバイス」は，「こうしたほうがいい」という助言。　**10**「レポート」は，見聞きしたことや感想をまとめた報告書。

四　出典は築山節《つきやまたかし》の『フリーズする脳―思考が止まる，言葉に詰《つ》まる』による。筆者は，大勢の人が話す環境《かんきょう》のなかで価値のある情報を聞き分ける力について，現代社会での課題を交えて説明している。

問１　筆者は，ぼう線部①では現代人が「聞き分ける」ことをしなくなっていると述べ，ぼう線部②では「聞き分ける」とは「複数の人」の話のうち「一人だけの話」に集中して理解することだと言いかえ，そのような脳の機能を訓練する「機会」が減っている，と説明している。つまり，ぼう線部①をより詳しく具体的に説明しているのがぼう線部②となるので，３が正しい。

問２　ぼう線部③の「られる」は可能を表し，“集中させることができる”という意味となる。よって，“寝ることができる”という意味の３が合う。１は先生に対する尊敬，２は愛情が自然とわいてくるという自発，４は勉強することを人から強《し》いられるという使役《しえき》を表す。

問３　Ⅰ　筆者は，脳は「その他大勢の人の話し声」も「遮断《しゃだん》」せずに入力したうえで，「誰か一人の話」だけ理解できると述べている。つまり，聴覚から情報を得ながら，脳では必要な「一人の話」以外理解しないようにしていることになるので，３がよい。　Ⅱ　**ア**　空欄《くうらん》Ａの前後の部分で筆者は，「カクテルパーティ効果を使っているとき」の「脳の働き」について説明している。

イ　Ⅰでみたように，脳は大勢の人の話も情報として入力したうえで，その後の情報を処理する段階で価値のあるものを取捨選択している，と論じられている。

問４　第七段落で筆者は，「本当に価値のある情報」は「雑多な話」が飛び交う環境でしか得られず，一人の話を「みんなが聞」くような場面では「建て前」しか出てこないと説明している。

問５　Ⅰ「物忘れ」とは，一度聞いて理解したはずのことを，時間とともに忘れてしまうこと。　Ⅱ「カクテルパーティ効果」によって人は雑多な話から必要な情報を聞き分ける力がある一方，現代人はこの能力を失いつつあると筆者は論じているので，２が正しい。価値観に基づいた情報の取捨選択については書かれていないので，１は誤り。人を見抜く力は，情報を聞き分ける力とは異なるので，３は合わない。物忘れは「みんなで働く」機会が減った社会の反映だと筆者は述べているが，問題意識との関連については説明していないので，４はふさわしくない。

問６　第一段落で筆者は，「嗅《か》ぎ分ける」ことも「聞き分ける」ことも現代人はしなくなっている，と述べている。そのうち，「聞き分ける能力」について説明しているのは，「嗅ぎ分ける」ことの「社会的な有効性自体が小さくなっている」うえに，「物忘れを訴《うった》えて」病院にかかる人のなかに「そもそも聞き取れていないと思われる人が増えてい」るからである。

五　**出典は戸森《ともり》しるこの『理科準備室のヴィーナス』による。**放課後の理科準備室で，理科教師の人《ひと》見《み》先生やクラスメートの正木くんと話していた「私」は，あることをきっかけに中学校の卒業後を想像する。

問１　続く部分に，「金曜日は男子バレー部の活動が休み」であることが書かれている。前書きでは人見先生が男子バレー部の顧問《こもん》だと説明されていることもふまえると，金曜日は「私」や正木くんにとって，放課後に人見先生と話せる唯一《ゆいいつ》の曜日だとわかる。

問２　「まるで」や「みたいだ」といった語を用いた比喩《ひゆ》表現なので，直喩である。

問３　続く部分で，人見先生が食べているおやつはエクレアやミルクプリン，チョコレートドーナツなど，すべて「甘《あま》いもの」であることが書かれている。

問４　前の部分を見ると，人見先生と正木くんは空手道場で出会っており，「私」にはわからない共通の話題があることがわかる。しかし，ふたりは以前からの知り合いであることはあまり表に出さず，「私」のことも「自然に」仲間に加えて平等にあつかっている。「私」はそうした態度の理由がはっきりとはわからないながらも「嬉《うれ》し」く思っているので，４がよい。

問５　直前の部分には，写真に写る男女のうち「どっちが先生の生徒だろう」と思う「私」の疑問が書かれている。また，直後には，「私」の疑問と同じ内容である，「どっちが人見ちゃんの生徒？」という正木くんの発言が続いている。

問６　葉書に写る昔の生徒について問われた人見先生は，担任していなかったうえに六年以上も前のことなので「よく覚えてないの」と答えている。その言葉を聞いた途端《とたん》に「私」は表情を変えていることから，「失言」はこの言葉を指しているとわかる。

問７　「うぬぼれる」とは，必要以上に自分に自信を持ち，思い上がること。

問８　続く部分で「私」は思わず，人見先生に「忘れちゃうんですか」とたずねている。「私」は人見先生にとって「特別な生徒」ではなかった葉書の女性に自分自身を重ね，中学を卒業したら「私」のことも人見先生は忘れてしまうのかと考えて傷ついたことが読み取れる。

問９　**Ａ**　続く部分では，金曜の放課後に「私」が第二理科準備室へ行くと必ず起きることが説明されている。よって，前のことがらに続いて後のことが起こることを表す「すると」がふさわしい。　**Ｂ**　続く部分では，人見先生と正木くんだけの共通の話題として「空手道場の話」が例にあがっているので，具体的な例をあげるときに用いる「たとえば」が正しい。

六　**短歌の観賞**

問１　『桐《きり》の花』は北原白秋《きたはらはくしゅう》の最初の歌集なので，４が正しい。１の『赤光《しゃっこう》』は斎藤茂吉《さいとうもきち》の歌集。２の『みだれ髪《がみ》』は与謝野晶子《よさのあきこ》の歌集。３の『一握《いちあく》の砂』は石川啄木《いしかわたくぼく》の歌集。

問２　①　直後の体言を修飾《しゅうしょく》する「の」なので，「わたしの」が「カバン」を修飾している１がよい。　② 直前が主語であることを示す「の」なので，“雪が降る”という意味の3が選べる。

問3　Aは「夕《ゆうべ》」，Bは「日」といずれも体言で歌が終わるので，体言止めである。

問4　初句から三句にかけての「病《や》める児《こ》はハモニカを吹《ふ》き夜《よ》に入りぬ」が一つの文となっているので，三句切れとわかる。

問5　短歌の初句は通常五音だが，Eの初句は「桜，さくら」と六音になっている。このように，各句に定められた五七五七七よりも音数が多いことを「字あまり」という。

問6　Aは「春の鳥」，Bは「ヒヤシンス」，Dは「草わかば」，Eは「桜」という語から，いずれも春を詠《よ》んだ歌だとわかる。Cは「もろこし畑《ばた》」が「黄」色いことから，収穫《しゅうかく》時期の夏であると考えられる。

問7　**1**　Dの歌では，「草わかば」の緑色と「色鉛筆」の「赤」色のあざやかな対比が描かれている。　**2**　Aの歌は，前半で「春の鳥な鳴きそ鳴きそ」と，「な」を多用してリズムよく歌った後，後半では夕日が沈む景色を詠んでいる。

2022年度　佐野日本大学中等教育学校

〔電　話〕　0283(25)0111㈹
〔所在地〕　〒327－0192　栃木県佐野市石塚町2555
〔交　通〕　JR線「佐野駅」，東武佐野線「吉水駅」よりスクールバス

【算　数】〈第１回試験〉（50分）〈満点：100点〉

注意事こう
・定規は使用してもかまいません。
・円周率は3.14とする。

1　次の □ にあてはまる数を求めなさい。

(1)　$3\frac{1}{5}$ の逆数は □ です。

(2)　235：60 を最《もっと》も簡単な整数の比にすると

□ ： □ です。

(3)　$\frac{1}{6} + 1\frac{3}{8} = \square$

(4)　$\frac{3}{2} - \frac{5}{6} = \square$

(5)　$1\frac{5}{12} \times \frac{4}{3} = \square$

(6)　$\square - 3.14 = 1.96$

(7)　$2.8 \div 0.8 = \square$

(8)　$\frac{10}{\square} \div \frac{5}{6} = \frac{4}{7}$

(9) $2\dfrac{\square}{10} + \dfrac{1}{6} = 2\dfrac{13}{15}$

(10) $13 - \dfrac{61}{5} = \square$

2 次の計算をしなさい。

(1) $11.16 \div 0.9$

(2) $57 - (5 + 6 \times 7)$

(3) $(12345 \times 81 + 54) \div 7$

(4) $\left\{\left(3\dfrac{5}{7} - \dfrac{8}{3}\right) \div \dfrac{11}{14} + 3\right\} \div 13$

(5) $\left(1 - \dfrac{1}{2} + \dfrac{1}{4} - \dfrac{1}{8} + \dfrac{1}{16}\right) \times 10\dfrac{2}{3}$

3 次の各問いに答えなさい。

(1) 右の図は大きさの異なる白と黒の正方形を組み合わせてつくったものです。図の黒い部分の面積の合計Ｓと白い部分の面積の合計Ｔの面積の比を最も簡単《かんたん》な整数の比で表すと
Ｓ：Ｔ＝□：□になります。

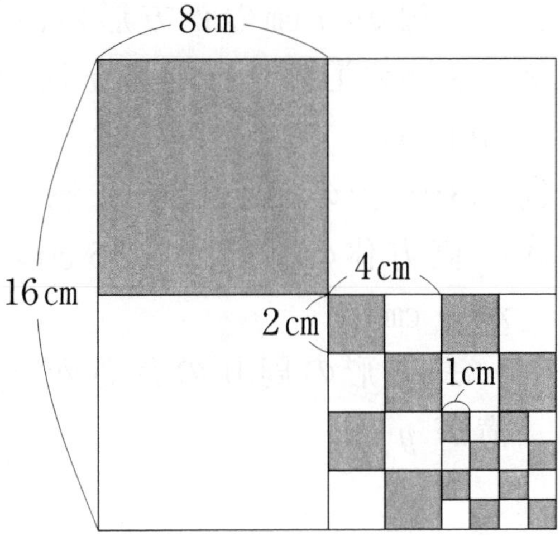

(2) たかしくんの家から駅まで1620ｍあります。1日目たかしくんは9時に家を出発し，家から途中《とちゅう》の公園まで毎分60ｍの速さで歩きました。その後，公園で12分休けいして，公園から駅まで毎分150ｍの速さで走りました。2日目，たかしくんは9時に家を出発し，1日目と同じ道のりを家から駅まで休けいせずに毎分60ｍの速さで歩いたところ，1日目と同じ時刻《じこく》に駅に着きました。家から公園までの道のりは何ｍですか。

(3) 4回のテストの平均が89点のとき，5回目のテストで何点とると5回のテストの平均が90点になりますか。

⑷　次の①から⑤のうち，y が x に反比例しているものをすべて選《えら》びなさい。

①　１辺が x cmの正方形の面積 y ㎠

②　８ kmの道のりを時速 x kmで歩くとき，かかった時間 y 時間

③　300円のおかしを x 個買ったときの代金は y 円

④　直方体の体積が125 ㎤のとき底面積が x ㎠で高さが y cm

⑤　長方形の周りの長さが40 cmのとき，たてが x cm，横が y cm

⑸　右の図は２つの長方形を組み合わせた図形です。色のついた長方形の面積は何㎠ですか。

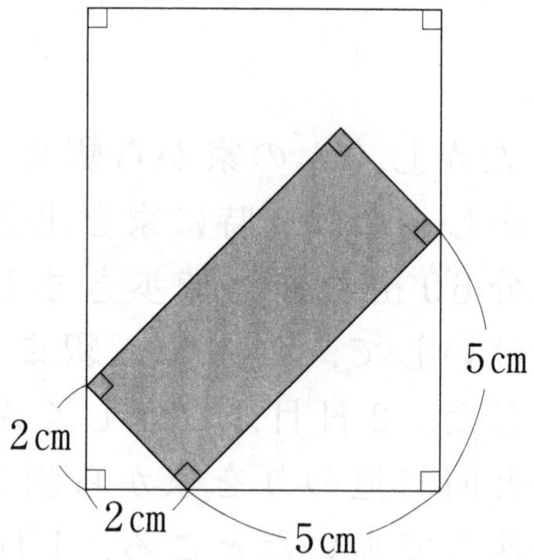

4 図１のような図形に，○と×を入れて，整数１，２，３，…，31を表します。次の各問いに答えなさい。

〈図１〉 | | | | | |

〈表し方〉

×××× ○	××× ○ ×	××× ○○
1	2	3
×× ○ ××	×× ○ × ○	×× ○○ ×
4	5	6
×× ○○○	× ○ ×××	
7	8	

⋮

(1) ×○○○○ はどのような整数を表しますか。

(2) ○×○○× はどのような整数を表しますか。

(3) 27はどのように表しますか。○×を用いて表しなさい。

(4) ○×○○× － ×○××○ を計算し，その結果を○×を用いて表しなさい。

5 下の図の立体は１辺が２cmの立方体のブロックを16個重ねてつくった直方体です。次の各問いに答えなさい。

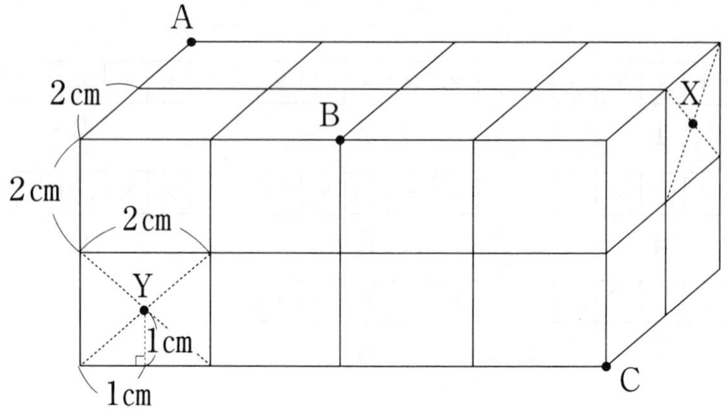

(1) この直方体の体積は何cm³ですか。

(2) この直方体で，点Ａから点Ｂまで最短で移動する道順を考えます。移動するときに通る道が立方体ブロックの辺であるとき，８cmで移動する道順は全部で何通りありますか。

(3) 点Ａから点Ｂを通り，点Ｃに最短で16cmで移動する道順は全部で何通りありますか。

(4) 点Ｘから点Ｙまで針金《はりがね》をまっすぐに通したとき，針金が通った立方体ブロックは何個ですか。

【社　会】〈第１回試験〉（理科と合わせて50分）〈満点：50点〉

1　次の文章を読んで，あとの問いに答えなさい。

今年，1871年に廃藩置県《はいはんちけん》が行われてから150年経ちました。皆さんが今受験している佐野日本大学中等教育学校の在校生《ざいこうせい》の多くは，栃木県《とちぎけん》・群馬《ぐんま》県・埼玉《さいたま》県・茨城《いばらき》県の４県から通学しています。この４県にゆかりのある人物《じんぶつ》や建造物《けんぞうぶつ》などについて考えてみましょう。

栃木県は，1999年に世界遺産《せかいいさん》に登録された日光《にっこう》の社寺《しゃじ》で有名《ゆうめい》です。江戸幕府初代将軍である徳川家康《とくがわいえやす》がまつられている日光東照宮《にっこうとうしょうぐう》は大変有名ですが，すぐ近くにその孫①の墓《はか》があることはあまり知られていません。

群馬県は４人も内閣総理大臣《ないかくそうりだいじん》②を出《だ》しており，都道府県別の歴代首相《れきだいしゅしょう》の出身数では，第１位の山口《やまぐち》県（８人），第２位の東京都《とうきょうと》（５人）に次いで，岩手《いわて》県と並び第３位です。火山③活動が活発な地域でもあり，そのおかげで自然に湧き出る湯が日本一である草津《くさつ》などの温泉が多いことでも有名です。

埼玉県は，2024年から新しい１万円札の顔となる今話題の渋沢栄一《しぶさわえいいち》④の出身地です。渋沢栄一は，明治政府が経済を発展させるために官営工場《かんえいこうじょう》を開くなど多くの政策を行っている頃《ころ》に，500余りの会社の設立にたずさわるなど，近代的な産業をさかんにし，経済発展に貢献した人物です。また，埼玉という地名の由来の１つとされている場所にある埼玉古墳群《さきたまこふんぐん》には稲荷山古墳《いなりやまこふん》⑤があります。

茨城県は江戸幕府最後《さいご》の将軍・慶喜《よしのぶ》の父《ちち》である徳川斉昭《とくがわなりあき》が開設した水戸《みと》にある弘道館《こうどうかん》が有名です。また，東京に近いという地理的環境を生かし，レタスやねぎなどさまざまな野菜が作られ⑥，東京までトラックで運ばれていきます。

問１　下線部①の人物は，祖父《そふ》家康が発布《はっぷ》した武家諸法度《ぶけしょはっと》を改《あらた》め，参勤交代を正式に定めた。その参勤交代を「１年おき」「江戸」の語句を必ず用《もち》い，説明しなさい。

問２　下線部②の内閣総理大臣に関する説明文として，あてはまらないものを次のア～エから１つ選《えら》び，記号で答えなさい。

ア．国会において，衆議院《しゅうぎいん》では少数でも，参議院《さんぎいん》で多数をしめた政党《せいとう》の代表が選ばれる。

イ．国務大臣《こくむだいじん》を任命《にんめい》し，専門的な仕事を担当させる。

ウ．国務大臣との会議である閣議《かくぎ》を開き，国の政治の進め方を話し合う。

エ．国会で決めた予算を使って政治を行う，内閣の最高責任者《さいこうせきにんしゃ》である。

問３　下線部③について，火山の噴火《ふんか》による被害について，あてはまらないものを次のア～エから１つ選び，記号で答えなさい。

ア．岩や小石，灰や有毒《ゆうどく》なガスが噴《ふ》き出る。

イ．日でりが続き，農作物に被害が出る。

ウ．高温でドロドロに溶けた地中の岩石が流れ出す。

エ．火口が落ちくぼむなど地形が変化する。

問４　下線部④にある渋沢栄一の時代に行われていた，明治政府が外国から機械を買い，技師を招き，官営工場をつくるなど，経済的な取り組みを何というか。漢字４字で答えなさい。

問５　下線部⑤について，この古墳から出土した鉄剣《てっけん》には５世紀後半の大和朝廷《やまとちょうてい》の大王《おおきみ》であった人物の名前が刻みこまれている。その大王の名前をカタカナ５字で答えなさい。

問６　下線部⑥について，レタスやねぎ以外にも茨城県特産《とくさん》の野菜がある。生産量全国１位が茨城県である野菜を次のア～エから１つ選び，記号で答えなさい。

ア．じゃがいも　　イ．キャベツ　　ウ．ピーマン　　エ．いちご

2　資源や環境，貿易についてあとの問いに答えなさい。

問１　次の図は，日本におけるおもな原料《げんりょう》・エネルギー資源の輸入先《ゆにゅうさき》を示《しめ》したものである。ア～エの矢印は石油《せきゆ》・石炭《せきたん》・天然《てんねん》ガス・木材《もくざい》のいずれかを示している。天然ガスにあてはまるものはどれか。ア～エから１つ選び，記号で答えなさい。

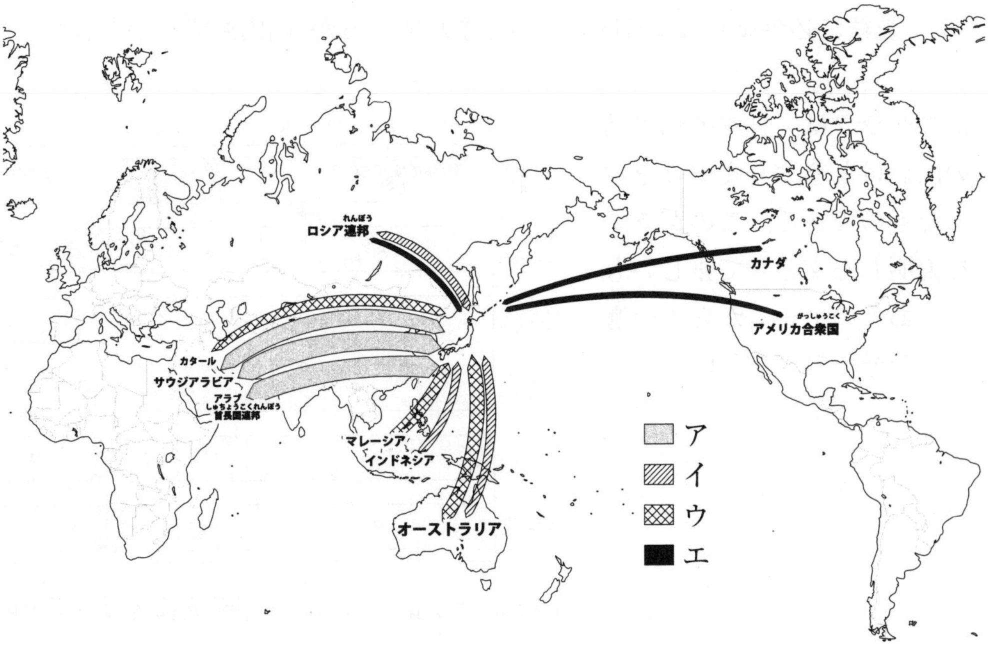

「おもな原料・エネルギー資源の輸入先」(財務省貿易統計,2017年刊日本国勢図会2017/18年版)

問２　次の図から日本各地のおもな製鉄所《せいてつじょ》は，海ぞいにあることが分かる。製鉄所の立地《りっち》や特徴《とくちょう》を説明した文として，<u>あてはまらないもの</u>をあとのア～エから１つ選び，記号で答えなさい。

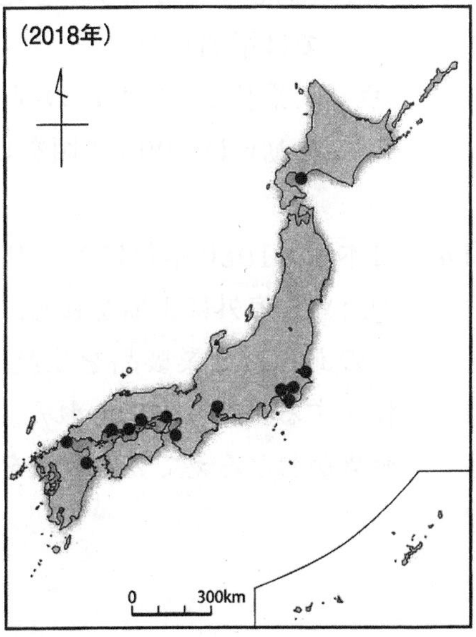

ア．日本は世界第２位の鉄鋼《てっこう》生産量をしめており，輸出《ゆしゅつ》に向けて海ぞいに立地している。

イ．製鉄に必要な鉄鉱石《てっこうせき》は国内で手に入るが，石炭は輸入しなければならないため，海ぞいに立地している。

ウ．製鉄には，原料《げんりょう》を保管する場所や製鉄をする大規模な施設が必要なので，広《ひろ》い土地が必要である。

エ．製鉄に必要な原料に石灰石《せっかいせき》もふくまれているが，国内産でまかなわれている。

問３　次のグラフは，日本の輸出品の内《うち》わけとうつり変《か》わりを示したものである。このグラフを説明した文として正しいものをあとのア～エから１つ選び，記号で答えなさい。

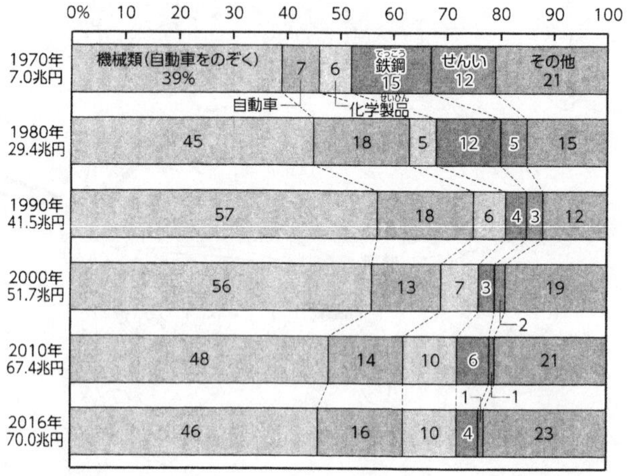

日本の輸出品の内わけとうつり変わり（通商白書各年版《つうしょうはくしょかくねんばん》，財務省貿易統計《ざいむしょうぼうえきとうけい》）

ア．輸出品のほとんどが工業製品だが，エネルギー資源も重要な輸出品である。

イ．1970年と2016年を比べると鉄鋼の割合は３分の１以下になったが金額では増加した。

ウ．工業製品の内わけの割合に10%をこえるような変化はみられない。

エ．自動車は1990年頃をピークに輸出額が減少している。

問４　日本は，1980年代《ねんだい》にアメリカなどとの間《あいだ》で貿易《ぼうえき》まさつがはげしくなった。そのため，海外《かいがい》に工場《こうじょう》を移《うつ》し，相手国《あいてこく》で生産《せいさん》する日本の会社があらわれた。また，そのあと，工業製品《こうぎょうせいひん》を生産する費用《ひよう》が日本よりも安《やす》いアジアの国々に工場を移転《いてん》する企業もあらわれた。このように生産が海外に移転することで，国内の産業がおとろえていく現象を何というか，答えなさい。

問５　次のグラフは，日本における情報通信《つうしん》機器《きき》を持っている家庭の割合《わりあい》の変化を示したものである。グラフ中のア～エは，パソコン，スマートフォン，タブレット型コンピューター，携帯電話《けいたいでんわ》・PHSを示している。タブレット型コンピューターを示しているものをア～エから１つ選び，記号で答えなさい。

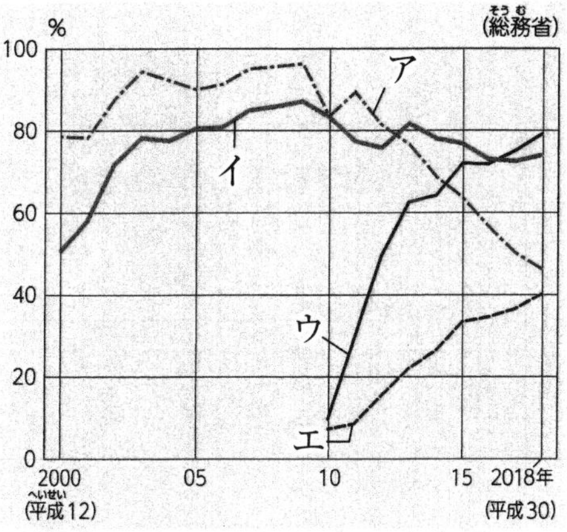

情報通信機器を持っている家庭の割合の変化

問６　四大公害病《よんだいこうがいびょう》を説明した文として正しいものはどれか。次のア～エから１つ選び，記号で答えなさい。

ア．新潟水俣病《にいがたみなまたびょう》は，神通川《じんずうがわ》の下流で発生した公害病で，工場から空気中に出されたガスが原因である。目や耳が不自由になるなどの症状があらわれた。

イ．四日市《よっかいち》ぜんそくは，工場から空気中に出されたカドミウムが原因で発生した公害病で，はげしいぜんそくの症状があらわれた。

ウ．水俣病は，水俣湾周辺で工場から海に流された水銀によって起こった公害病で，手足がしびれるなどの症状があらわれた。

エ．イタイイタイ病は阿賀野川《あがのがわ》の下流で発生した公害病で，工場から出されたガスが原因で，骨がもろくおれやすくなるなどの症状があらわれた。

問７　現在，世界全体でSDGsと言われる，人間が地球でずっと暮《く》らしていけるような世界をつくるための17の目標にもとづく活動が行われている。SDGsとはどのような開発をめざす目標か。「（　　　）な開発目標」という言葉の（　　　）にあてはまる語を漢字４字で答えなさい。

3 次の文章を読んで，あとの問いに答えなさい。

米づくりは１万年ほど前に（　あ　）で始まり，日本に伝わったと言われています。米づくりが広まると，人々の生活も大きく変わり，①食料や用水，鉄の道具などをめぐって，戦いが起こるようになり，王と呼ばれる人も現れました。そしてむらからくにへ発展し，強大な力をもつ大和朝廷《やまとちょうてい》が成立しました。８世紀の初めには律令《りつりょう》も制定《せいてい》され，法律によって治められる国家へ成長しました。その律令には②農民が負担する税や兵役《へいえき》などが定められており，農民たちにとって重い負担となりました。

平安時代も中頃になると，都では貴族がはなやかな生活をしていましたが，地方の有力な農民は，新たに田畑をたがやし，領地を広げていきました。また地方に派遣《はけん》された役人の中には任期《にんき》が終わっても京に戻らず，領地を守るために武士となっていく者も現れました。やがて，その人たちは武士団を形成し，その中でも源氏《げんじ》と平氏《へいし》が大きな勢力となりました。平氏を倒した源頼朝《みなもとのよりとも》は鎌倉で，③「ご恩と奉公」とよばれる関係によって運営される幕府を始めました。

16世紀の終わりに登場した豊臣秀吉《とよとみひでよし》は，④武士と百姓《ひゃくしょう》・町人（商人・職人）という身分の区分を進め，百姓は農業，林業，漁業などに専念《せんねん》しなければいけなくなりました。このような身分は江戸時代にも引きつがれました。

明治時代になると，国の安定した収入をえるため，土地に対する新たな税法が定められました。この税はそれまでの米で納めていた年貢とちがい，現金で納めなければなりませんでした。

太平洋戦争に敗戦した日本は，連合国軍の指導で，民主主義国家として戦後改革が行われました。その中の一つとして，⑤農業も改革が行われ，小作農家も自分の農地を持てるようになりました。

2013年，大昔から農業とともに日本人が築き上げてきた和食は，「自然を尊《とうと》ぶ」という日本人の気質《きしつ》に基づいた「食」に関する「習《なら》わし」として⑥国際連合のある組織が運営する無形文化遺産《むけいぶんかいさん》に登録されました。

問１　（　あ　）にあてはまる国名を答えなさい。

問２　下線部①について，弥生時代後期の遺跡で，二重の堀《ほり》や柵《さく》で囲まれた戦いの跡が残《のこ》っている佐賀《さが》県の遺跡名を答えなさい。

問3　下線部②について，織物《おりもの》や地方の特産品を納める税は何というか。漢字1字で答えなさい。

問4　下線部③にある「ご恩と奉公」について説明しなさい。ただし,「領地」「手がら」の2つの語句を必ず用《もち》いること。

問5　下線部④について，その政策の一つとして，次の文章の命令が出された。この命令の名前を答えなさい。

> 一　諸国《しょこく》の百姓が，刀《かたな》，やり，鉄砲《てっぽう》などの武器をもつことを，かたく禁止する。武器をたくわえ，年貢を出ししぶり，一揆《いっき》を企《くわだ》てて領主《りょうしゅ》に反抗《はんこう》する者は，厳しく処罰《しょばつ》される。
> 一　取り上げた刀などは，京都に新しくつくる大仏のくぎやかすがいなどにする。百姓は仏のめぐみを受け，この世だけではなく，死んだ後も救われるだろう。

問6　下線部⑤について，この政策を何というか。政策の名前を次のア～エから1つ選び，記号で答えなさい。

ア．農地改革　　イ．解放令　　ウ．地租改正　　エ．検地

問7　下線部⑥にある「国際連合のある組織」とは何か，カタカナ4字で答えなさい。

4　次の図をみて，あとの問いに答えなさい。

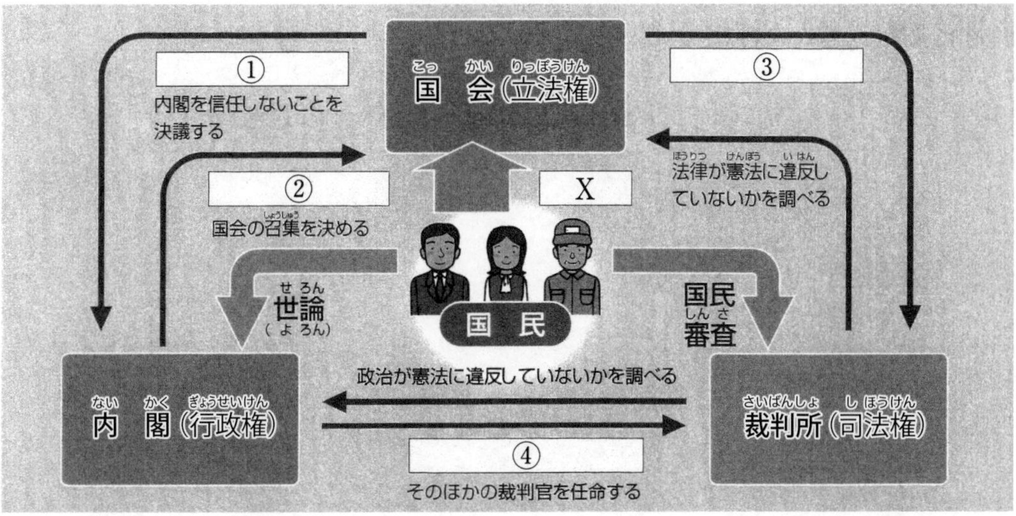

問１　①〜④にあてはまる文を，次のア〜エから１つずつ選び，記号で答えなさい。
　ア．最高裁判所の長官を指名する
　イ．衆議院《しゅうぎいん》の解散を決める
　ウ．裁判官をやめさせるかどうかの裁判をする
　エ．内閣総理大臣を国会議員のなかから指名する

問２　Ｘは国民の国会に対する行為である。Ｘにあてはまる語句を漢字２字で答えなさい。

問３　裁判所について述べた文として，あてはまらないものを次のア〜エから１つ選び，記号で答えなさい。
　ア．最高裁判所のほかに，高等裁判所や地方裁判所，家庭裁判所，簡易《かんい》裁判所がある。
　イ．裁判のまちがいを防ぎ，人権を守るために，同じ事件について３回まで裁判を受けることができる。
　ウ．最高裁判所は「憲法の番人」とよばれ，憲法の改正を国民に提案《ていあん》する発議《はつぎ》を行うことができる。
　エ．重大な犯罪の裁判に国民が裁判員として参加し，裁判官とともに有罪・無罪などを判断する機会がある。

問４　図のように，国会・内閣・裁判所で国の重要な役割を分担し，権力が一つのところに集《あつ》まることをさける政治のしくみを何というか答えなさい。

問５　立法権・行政権・司法権のうち，あなたはどれがもっとも重要な権力であると考えるか。選んだ理由も簡単に説明しなさい。

【理　科】〈第１回試験〉（社会と合わせて50分）〈満点：50点〉

注意事こう

定規は使用してもかまいません。

1　下の資料㋐～㋓は日本付近の雲画像で，４月，７月，10月，１月のいずれかの月に撮影したものである。連続した３日間のうち，２日目が除かれている。また，身のまわりの自然の様子で，気がついたことを記録した。次の問いに答えなさい。

㋐　晴れた日の夜，７時ごろ，しし座が東の空に見えた。ヘチマのたねをまいた。

1日目

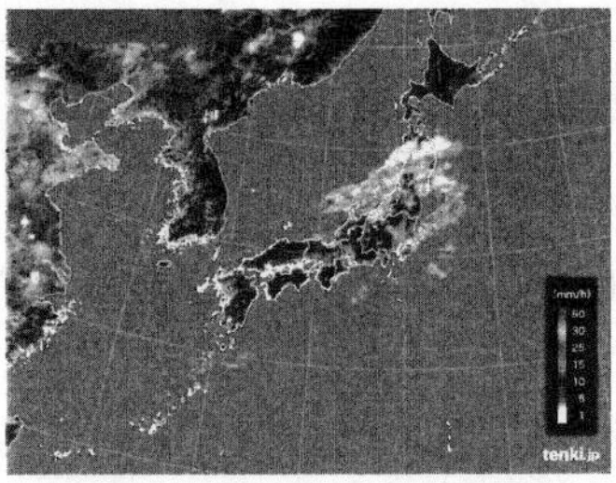

3日目

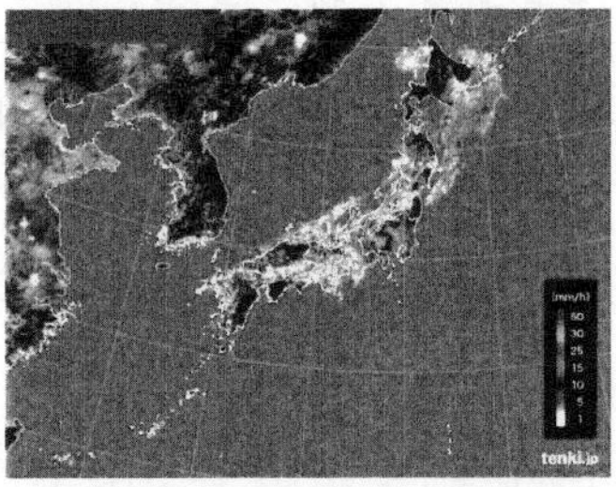

㋑　関東地方では，夕方から雷や強い雨になる日が多かった。ヘチマの花が咲いた。

1日目

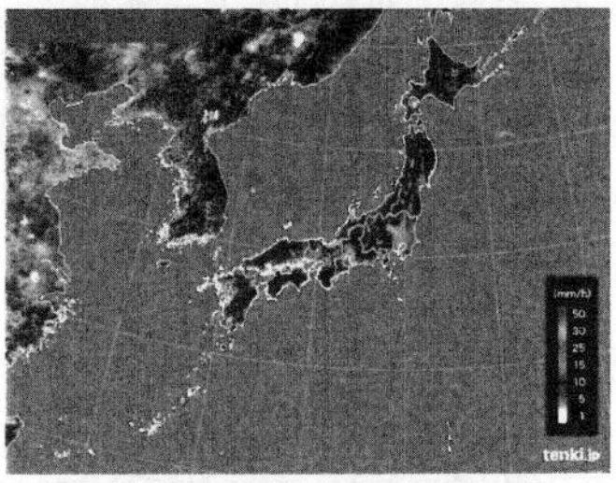

3日目

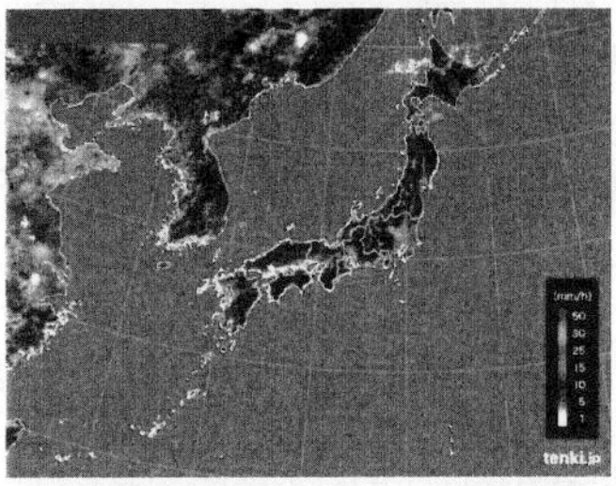

㋒　関東地方は晴れの日が続き，８時ごろ，オリオン座が見えた。強い北風が吹いた。

1日目

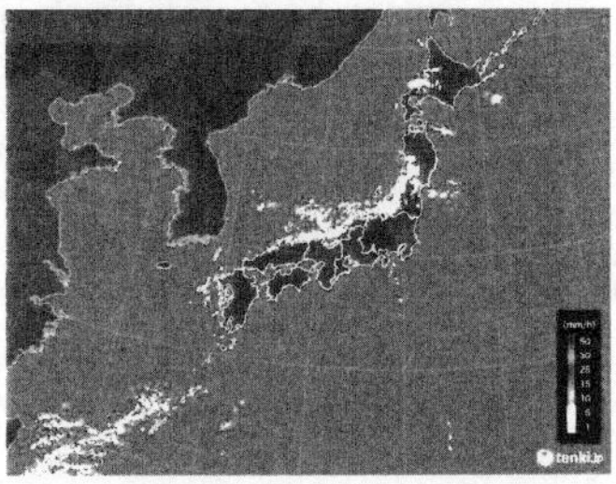

3日目

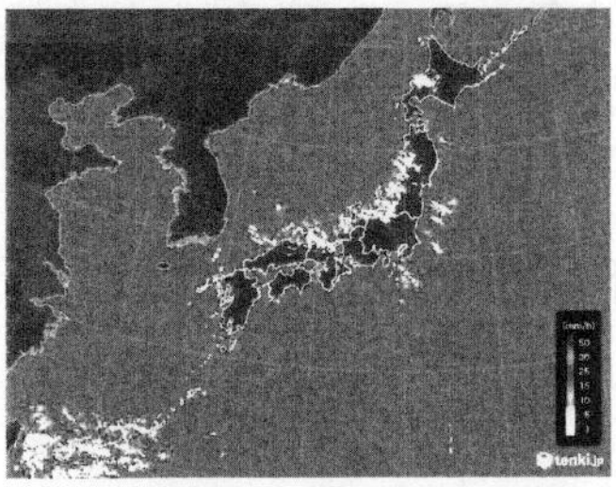

㋓　だんだん暗くなる時間が早くなってきた。ヘチマの実が茶色く枯れていた。

1日目

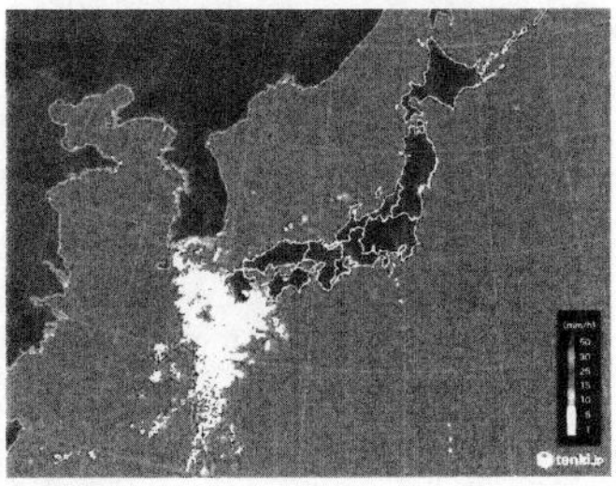

3日目

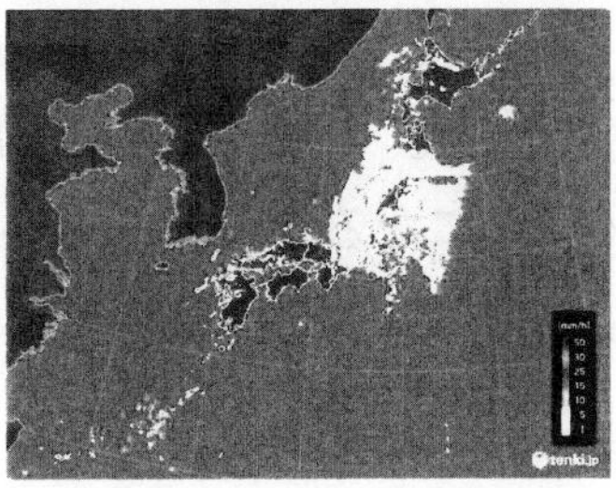

問１　右の雲画像が２日目に入るのは，前のページの資料㋐～㋓のどれか答えなさい。

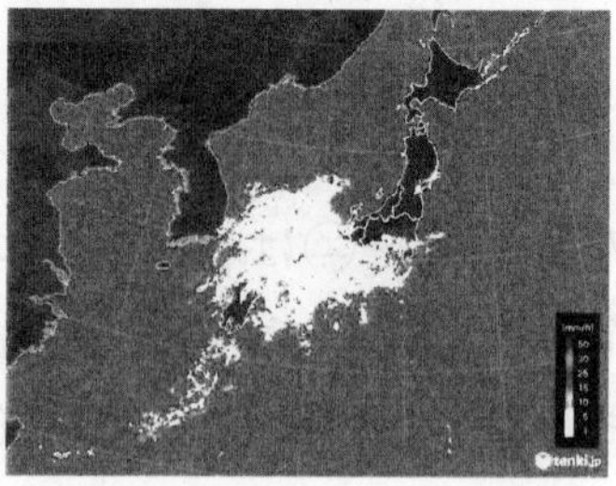

問２　各地の１か月の降水量を調べた。次のようになる月は，前のページの資料㋐～㋓のどれにあたるか答えなさい。

金沢　250mm　　　新潟　180mm　　　東京　50mm　　　名古屋　40mm

問３　前のページの資料㋑の２日目の佐野市の気温変化のグラフは，次のグラフ㋐～㋓のどれか答えなさい。

㋐
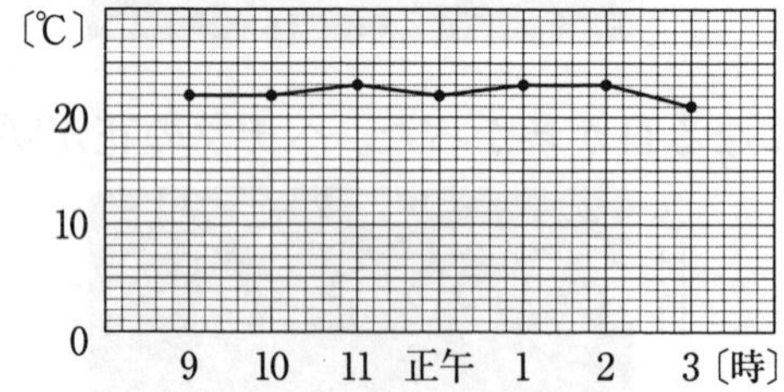

㋑
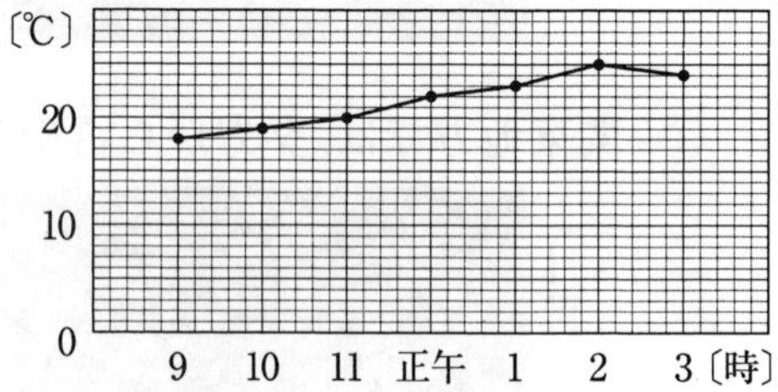

㋒
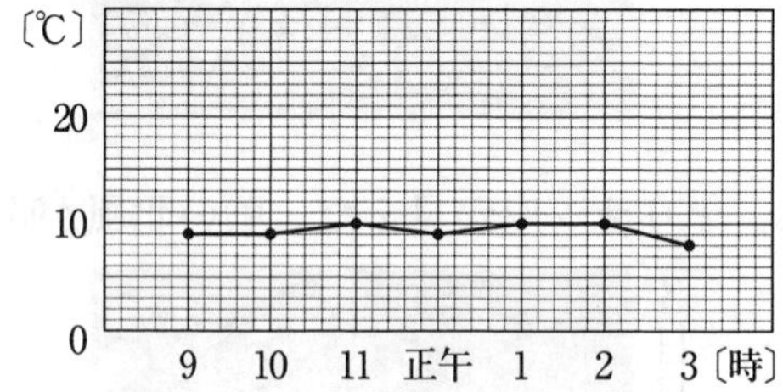

㋓
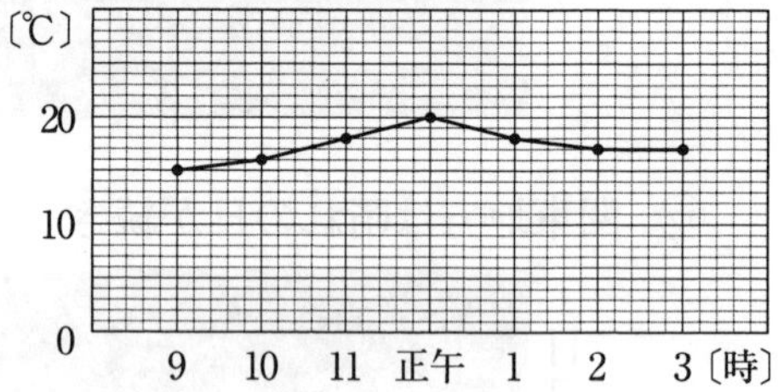

問４　雨を降らせる雲の名前を㋐～㋔からすべて選びなさい。

㋐　積らん雲　　㋑　こうせき雲　　㋒　けん雲　　㋓　らん層雲　　㋔　けん層雲

問５　水は１cm^3で１gの重さがある。ある日の夕方，右図のように１時間で１cm^2に30mmの雨が降った。この雨は２時間降り続いた。たて１m，横１mのプールに降った雨の重さは何kgになるか答えなさい。

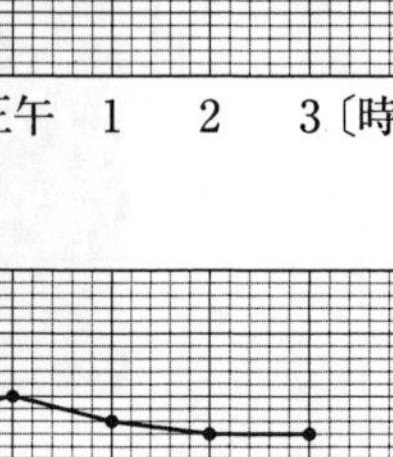

2 ある晴れた春分の日に，次のような観察を行った。

観察① 太陽からの光の道筋を，影を用《もち》いて図１のように観察した。
観察② 午前10時から，２時間ごとに影の動きを，向かって右から３回分書き込み，図２を作成した。

図１

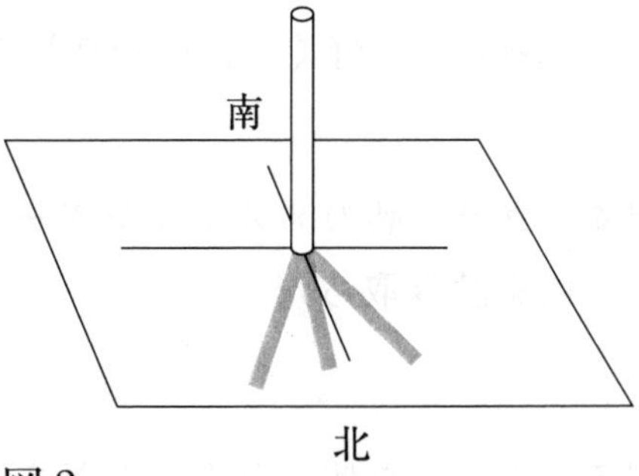

図２

問１ 図１から，太陽からの光はどのように進む性質があるか答えなさい。

問２ 観察②から，真ん中の影が短い理由を答えなさい。

問３ 太陽はどの方角からどの方角へと移動していくか，東，南，西，北を用いて答えなさい。

3 理科の実験の仕方や，実験用具の使い方，注意点をまとめた下の文章で，正しい文には「○」，間違っている文には「×」で答えなさい。

問１ 実験を行うときに，寒かったのでコートを着て，実験を行った。

問２ 目に薬品が入るといけないので，視力が良くないが，自分のめがねをはずして保護めがねをかけ，実験を行った。

問３ ガスコンロを使った実験のときに，ガスボンベの残りを調べるために，上下にふったり，軽くたたいたりしてみた。

問４ ガラス製のメスシリンダーで60mLの液をはかりとるとき，液面の一番高い所を読み取った。

問５ ろうとを使うとき，ろ紙を四つ折りにして開き，ろうとにおしつけておいた。ろ紙がろうとにくっつかなかったため，ガラスぼうでおさえて溶液《ようえき》をガラス棒に伝わらせて少しずつ入れた。

4　コイルに流れる電流の強さが変わると，コイルと磁石がひきつけあう力が変わる。このことを利用して，電流計を作った。次の問いに答えなさい。

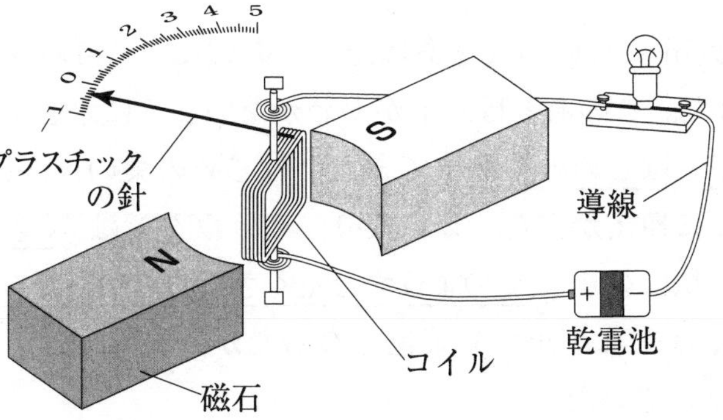

図１　電流計の仕組み

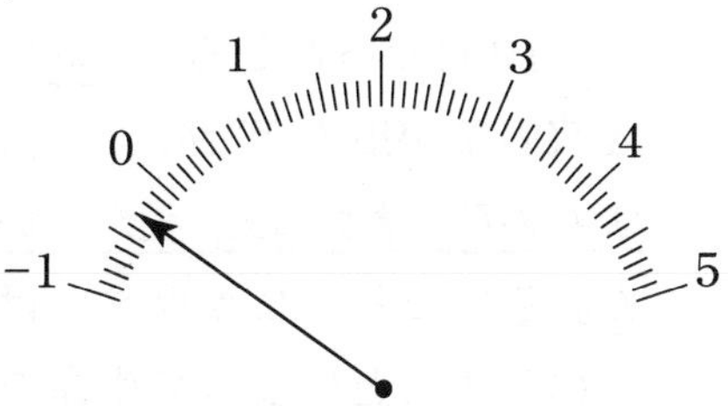

図２

問１　乾電池を図１のようにつないだところ，図２のように，針が左にふれた。右にふれるようにするには，電流計のどの部分をどのように変えたらよいか。次の㋐～㋓からすべて選び，記号で答えなさい。

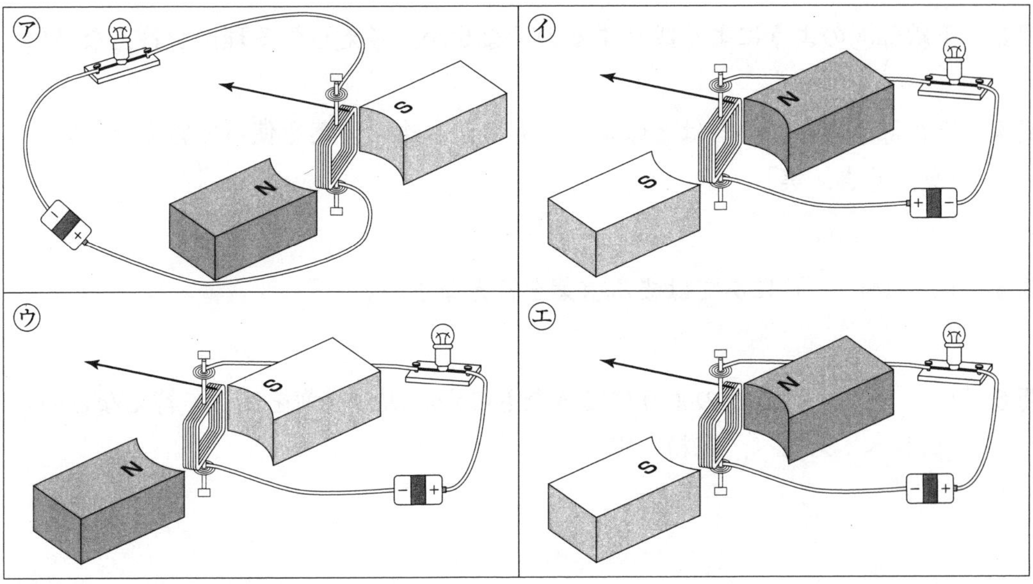

問２　針が右にふれるようにして，乾電池を２個並列にしたときの針のふれ方を解答らんに描き入れなさい。

問３　より大きく針がふれる電流計にする方法を，次の㋐～㋓から2つ選び，記号で答えなさい。

㋐ 鉄の針に変える。　　㋑ 乾電池を２個直列に変える。

㋒ コイルの巻き数を変える。　　㋓ 磁石の向きを変える。

5 春にまいた植物が，季節とともにどのように成長したかを観察した。下の文を読んで，次の問いに答えなさい。

ビニルポットに土を入れ，指で２cm ぐらいの穴をあけた。その穴に，ヒョウタンのたねを入れて，土を上からかけた。このあとは，土がかわかないように水をやった。10日たったころ，①芽が出て②はじめの葉が出てきた。はじめの葉のほかに，４枚の葉が出てきたので，花だんに植えかえた。夏になり，ヒョウタンは③くきがよくのび，葉がふえ，花がさいた。秋になり，④夏のようすとたくさんのちがいがあった。冬になり，ヒョウタンは，くきや葉がかれて茶色くなったが，（　あ　）をのこすことによって生命をつないでいた。

問１　下線部①のようになることを何というか答えなさい。

問２　下線部②を何というか答えなさい。

問３　下線部③のようによく成長するのはなぜか。考えられる理由を答えなさい。

問４　下線部④のちがいとはどのようなものか。次の言葉を使って答えなさい。
［葉，くき，実］

問５　（　あ　）にあてはまる言葉を答えなさい。

問６　（　あ　）はどのようにできたものか。次の言葉を使って答えなさい。
［めしべ，おしべ，花粉，実］

問三 ――部②とありますが、〈ひぐれおしみ〉とはどんな意味だと思われますか。最も適当なものを次の中から選び、番号で答えなさい。

1　一日が終わる日暮れを楽しみ、翌日に期待すること
2　一日が終わる日暮れを嫌《いや》がり、夜を恐《おそ》れること
3　一日が終わる日暮れを喜び、ゆっくり休むこと
4　一日が終わる日暮れを残念に思い、大切にすること

問四 ――部③とありますが、人の何を打つのか。詩の中の一語で答えなさい。

問五 この詩の主題としてふさわしいものを次の中から選び、番号で答えなさい。

1　故郷への思い　　2　ことばの力
3　自然の雄大さ　　4　日本と外国の違い

問七　――部⑦と坂口先生が言ったのはどういう意図があってのことですか。最も適当なものを次の中から選び、番号で答えなさい。

1　早弥をおどろかせたい
2　早弥を笑わせたい
3　早弥を得意がらせたい
4　早弥に自信を持たせたい

六　次の詩を読んで、あとの問いに答えなさい。

ことば　　　　川崎　洋

山という字を描いてみせ
川という字を描いてみせ
山という字は山そのものから
川という字は川そのものから
生まれたのですよ
と説明すると
①横文字の国の人々は感動する
このあいだ　岡山で
②〈ひぐらし〉を
〈ひぐれおしみ〉と呼ぶ人々がいる
と知って胸が鳴った
そのことに
③人を打つことばが日本のことばの中にある
日本語の国に住む私は感動する

問一　この詩の形式を漢字五字で答えなさい。

問二　――部①とありますが、なぜですか。その理由を説明した次の文の［１］～［５］にあてはまる語をあとの語群からそれぞれ選び、記号で答えなさい。

英語などの言語に用いる［１］は［２］で、文字そのものは［３］を持たないが、山や川などの［４］は山や川そのものの形を表す［５］なので、文字そのものに［３］があるから。

語群
ア　漢字　　　イ　アルファベット
ウ　ひらがな　エ　表音文字
オ　表意文字　カ　意味　　キ　発音

落ち…弓道の団体戦でチームの一番最後に矢を射る人
反芻《はんすう》…言葉や経験について繰り返し考え、よく味わうこと。
握卵《あくらん》…弓道用語　手の内（握り方）の教えの一つ

問一　――部①とありますが、だれが、どうして泣きたくなるのですか。わかりやすく説明しなさい。

問二　――部②の意味として最も適当なものを次の中から選び、番号で答えなさい。

1　ばかにして笑うこと
2　やたらと笑うこと
3　軽い気持ちで笑うこと
4　何も考えずに笑うこと

問三　――部③とありますが、どうして早弥は笑えなかったのですか。解答らんに合うように、本文中から二十字以内でぬき出しなさい。

問四　――部④とありますが、早弥がうつむいたのはどうしてですか。その理由となる連続した二文を本文中からぬき出し、はじめの五字を答えなさい。

問五　――部⑤とありますが、具体《ぐたい》的に表したものとしてふさわしくないものを次の中から選び、番号で答えなさい。

1　同じチームのだれよりもよい成績で勝つこと
2　大前としてチームのみんなを引っ張ること
3　三日後の県大会を勝ちぬいて九州大会に出ること
4　九州大会も勝ちぬいて全国大会に出場すること

問六　――部⑥について、次のⅠ・Ⅱに答えなさい。

Ⅰ　何をおそるおそるたずねたのですか。本文中の言葉を使って説明しなさい。

Ⅱ　早弥のどのような様子がうかがわれますか。最も適当なものを次の中から選び、番号で答えなさい。

1　強く願う様子
2　自信がない様子
3　悲しげな様子
4　くやしげな様子

よ」

「はい」

坂口先生の声は、がちがちした心の塊《かたまり》にゆっくりと響《ひび》くようだった。硬《かた》くなった体もやわらかくほどけていくのを感じた。

「そうそう、リラーックス」

澤田先生の顔芸に、やっと少し笑えた。

「大丈夫です。※握卵《あくらん》もきちんとできていますから」

「そう、ですか？」

⑥おそるおそる早弥はたずねた。

「ええ。正しく握れていますよ」

「だって先生、早弥はいつもうずらのたまごを携帯してるんですよ」

実良が言いつけると、坂口先生はにこやかにうなずいた。

「ああそれでね。さっきから伊吹さんがポケットに手を入れていたのは、うずらのたまごを握っていたのですか」

「そうです。今まではこっそり更衣室で握るくらいだったのに、市内大会のあとからは射場《しゃじょう》にも持ちこんどるの」

「ちょっと見せてもらえますか」

坂口先生に言われて、早弥はポケットから取り出した。手のひらにのせて見せる。

坂口先生はそれをひょいとつまんだ。

「あっ」

⑦「これ、わたしがもらっていいかしら」

「えっ？」

「煎《せん》じて飲むから。伊吹さんの願いがそんなにつまったたまごならさぞ元気になることでしょう」

「へ？」

「やめたほうがいいよ先生。それぜーったい腐っとる」

実良もあわてた。

「うそですよ。でもこれはやっぱりわたしがいただきます。伊吹さんはもうきちんと持てています。なくても大丈夫。かえってあったほうが、心が乱されるかもしれませんから」

坂口先生は静かに笑った。

「自信を持っていいです」

力のこもった声で断言し、こちらを見つめた。深い湖みたいな先生の瞳。早弥はじっと見つめてうなずいた。

（まはら三桃『たまごを持つように』）

※〈語注〉
早弥…光陵中学校弓道部員　伊吹早弥
実良…光陵中学校弓道部員　松原実良
春…光陵中学校弓道部部長　石田春フィリップアンダーソン。早弥や実良が頼りにしている。
大前…弓道の団体戦でチームの一番はじめに矢を射る人
坂口先生…光陵中学校弓道部監督。坂口清子。弓道教士八段。夏の大会の後、体調を崩し、休養していた。

「みんながおったから……」

照れくさそうだ。

「そういうところも成長しましたよ。もう大丈夫です」

実良はうれしそうに、坂口先生の手をぎゅっと握った。

「石田くんは、立派な※落ちですね。あなたが最後に控《ひか》えているおかげで、二人も安心でしょう」

そのとおりだ。春は、早弥や実良が外そうが中《あ》てようがびくともしない。

「ありがとうございます」

春はかしこまった感じでお辞儀《じぎ》をした。

先生の穏《おだ》やかな目がこちらを見た。④早弥はうつむいた。自分ひとりだけ、大きく立ち遅れている。先生のいない間の成長を見せることができなかった。顔が上げられない。

そんな早弥に、坂口先生は意外な言葉をかけてくれた。

「伊吹《いぶき》さんも頼《たの》もしいですよ。見まがうくらいの気迫《きはく》を感じますよ」

早弥はおずおずと顔を上げた。

「頼もしくなんかないです。全然だめです」

首を振る早弥の後ろから、澤田先生が懇願《こんがん》するように言った。

「先生、いいところに来てくれました。ちょっと指導してやってください。伊吹、市内大会からこっち、スランプらしくって、正直、まいっとったんですわ。素人のぼくではどうにもなりません」

泣き出しそうな声を張りあげる。

「そんなことはないですよ。澤田先生もご立派にやってらっしゃいます」

坂口先生からほめられて、澤田先生は大きな体をちぢこめて、子どもみたいに照れ笑いした。

坂口先生は優《やさ》しい微笑《ほほえ》みを浮かべたまま早弥に向かった。

「もう言うことはないと思いますけどね。基本はしっかりしていますよ。足腰の安定もぐっとよくなっていますしね。伊吹さん、あなたよく練習しましたね」

「早弥は、あたしの練習にもずっと付き合ってくれてました」

口ごもる早弥のかわりに、実良は答えた。

「そうでしょうね。大丈夫です。今、ちょっと具合が悪いのは、思いが強すぎるからではないですか」

⑤思いが強すぎる。

心の中で※反芻《はんすう》してみる。大きな心当たりにごろりとふれた。

はっと顔を上げる。

大前、県大会、九州大会。そして、全国大会。がっちりと絡《から》み合って心の中に居座《いすわ》っていた。

「志を強く持つのはいいですけど、心がそれに支配されてしまっては、振り回されます。よい矢を射ることができませんではない。
さらに力をこめた乙矢《おとや》も、早弥を②あざ笑うみたいに的を外した。
「おーい。伊吹、どうしたんか」
見かねたような澤田先生の声がした。
「リラーックスだぞ、リラーックス」
だらんとさせた肩を上下させて、おどけたように眉《まゆ》も上下させている。普通なら爆笑ものの顔芸だが、③いっぱいいっぱいの早弥には、笑えなかった。
「すみません」
真顔のまま、答える。むやみに顔を動かすと、涙が出そうなのだ。
感覚がおかしい。早弥は体操着のポケットにそっと左手を入れた。たまごをもう一度握る。
この感じ。
忘れないうちに、弓を握る。歯を食いしばって、もう一度的に向かう。思い切り、弦を引いた。
やはり、外れた。
「こんにちは」
そのとき、玄関からだれかの声がした。やわらかな声だった。
え？
懐《なつ》かしい。それがだれかわかったとたん、早弥ははじかれるように振り返った。
「※坂口先生！」
実良が大声で叫び、そのままそばへかけ寄った。早弥も春もわっと先生を取り囲んだ。
「練習中に失礼します」
「いいえ、お久しぶりです。お体は大丈夫ですか」
澤田先生も出てきた。
久しぶりに見る先生は、なんだか少し小さくなったような気がした。
「はい、大丈夫ですよ。試合前にどうしてもみなさんにお会いしたくてね」
坂口先生はにこにこと笑っている。
「いつからいらっしゃったんですか」
「十五分ほど前です。ここで拝見させていただいていました」
「えー、ぜんぜん気づかんかった」
驚《おどろ》く実良を、坂口先生は感慨《かんがい》深そうに見つめた。
「集中していましたからね。松原さん、あなたすっかり力を取り戻しましたね。すばらしいです」
「そんなあ」
「いいえ、たいしたものです」
実良は首を振った。

ウ
1 予想できないことが起きたこと
2 予想した通りになったこと
3 知ろうとしないために起きたこと
4 知ったせいで起きたこと

問三 本文中には接続詞が誤《あやま》って使われている部分が二か所あります。その部分について、次のⅠ・Ⅱに答えなさい。

Ⅰ その部分をさがし、誤って使われている接続詞の前の文の最後の五文字をそれぞれぬき出して書きなさい（句読点を含む）。

Ⅱ また、誤っている接続詞を正しく改めたものを次の中からそれぞれ選び、番号で答えなさい。

1 しかし　2 ところで　3 そして
4 つまり　5 すると　6 だから

問四 ――部Cとありますが、これはいつの時点のことか、説明しなさい。

五 次の文章を読んで、あとの問いに答えなさい。

弓道場の花壇のひまわりが、花を広げはじめ、夏休みになった。市内大会は無事通過し、三日後には県大会に臨む。

ここへきて、※早弥《さや》は調子をくるわせてしまっていた。思うような矢が発射できない。

市内大会も満足のいく結果ではなかった。※実良《みら》と春※のおかげで、なんとか一位通過できたものの、早弥の成績は、平凡なものだった。弦《つる》の伸びも、矢の力もいまひとつ足りず、手ごたえのない射ばかりだった。

こんなことで、この先の大会が戦えるのだろうか。県大会、九州大会、試合はどんどん大きくなる。当然、相手も強くなる。

考えただけで、気がめいった。

だめだ。※大前《おおまえ》として、みんなを引っ張っていかんと。

早弥はポケットに手を入れる。小さなたまごをしっかり握《にぎ》る。

がんばらんと。

自分に言い聞かせて、足を踏《ふ》ん張って構える。

力のある矢を射なければ。

思いをこめて、弦を引く。しかし、願えば願うほど、コントロールは悪くなる。飛び出した矢は、思うところには、飛んでいかない。

①まったく泣きたくなる。こんなことでは、全国大会どころ

Ⅱ　Ⅰの答えの解き方を説明した次の文章の[ア]〜[ウ]にあてはまる言葉を、あとの1〜4よりそれぞれ選び、番号で答えなさい。

[A]には[ア]が入るので、まず[A]の前後を読む。すると、前の部分と後の部分とは[イ]ことが分かる。そこで[ウ]をみると、答えは［Ⅰの答え］となる。

ア
1　感動詞　2　接続詞
3　動詞　4　名詞

イ
1　かなり違う　2　同じである
3　少し違う　4　関係がない

ウ
1　[A]の前後　2　本文
3　本文の最後　4　選択肢《せんたくし》

問二　[B]について、次のⅠ・Ⅱに答えなさい。

Ⅰ　[B]にあてはまるものとして最も適当なものを次の中から選び、番号で答えなさい。

1　世の中が進歩して、人間の理解力や判断力がもっと向上すれば
2　世の中が進歩して、人間の生活がもっと楽になれば
3　人間が成長して、より正しい判断ができるようになれば
4　人間が新しいことを発見したり、新しい社会になれば

Ⅱ　Ⅰの答えの解き方を説明した次の文章の[ア]〜[ウ]にあてはまる言葉をあとの1〜4よりそれぞれ選び、番号で答えなさい。

[B]には[ア]が入ると考えられる。そこで、そのようになるヒントをさがすと、すぐ後にグールドとミュラーの話題が出てくるので、そこをヒントにすると、人間は自分の頭にあることで判断すると[イ]ということの例だとわかる。したがって、[B]には、グールドが[ウ]が原因で未来予想が外れたとわかるので、答えは［Ⅰの答え］となる。

ア
1　未来が不確かな理由
2　予想が的中する理由
3　１００％間違う理由
4　人間が考えない理由

イ
1　考えられない
2　正解にたどりつく
3　予測できる
4　間違う

実際の60億人と比較すると「なんで、そんなに間違ったの？」と言いたいぐらいだ。

国際連盟が予測を頼《たの》んだ学者は、その当時の一流の学者だったし、なにしろ国際連盟がお金を出して、使ったデータも豊富だったから、なぜ、こんなに間違ったのか、普通に考えたら原因が分からない。

実は人間の頭脳は将来を予測することが出来《でき》ない。なぜ、出来《でき》ないかというと、「人間は、今、自分の頭にあることで判断するから」ということになる。

人間は、昨日までに分かったことを元に判断し、明日からのものは頭に入っていない。だから、未来予想というのは、未来を考えなければならないので、［B］、１００％間違う。

グールドの世界人口の予想が外れた主な理由は、「新しい殺虫剤《さっちゅうざい》が発明されて、農作物の生産量が飛躍《ひやく》的に上がる」ということを予想できなかったからだ。

実は、グールドらが国際連盟に頼まれて一所懸命《いっしょけんめい》になって予測をしている頃、ミュラーという学者がまったく新しい殺虫剤……害虫には毒《どく》になり、人間には毒ではない……というものを研究していたのだ。ミュラーはそれを発見し、ノーベル賞をもらった。

グールドはCそれを知らない。もともとノーベル賞をもらうようなものをあらかじめ知っているはずはない。しかし、もしグールドが「近いうちに新しい殺虫剤が発見されるかも知れないから、農作物の収穫量が2倍になるとしよう」と言っても、他の人から「そんなこと分からないじゃないか」と言われる。まだ誰《だれ》も考えていないのだから、そんなことを予想には入れられない。

つまり、人間は新しいものを発見する。だから、必ず今年と来年は少しずつ変わっていく。よく「ノーベル賞をもらうのは大変だ」と言われるのは、毎年、新しいことを見いだす人は大勢いて、そのうちの数人が受賞する。人間は毎年、毎年、発展するので、極端に言えば、「ノーベル賞がある限り、予測は当たらない」ということになる。もちろん、科学的な発明ばかりではなく、社会のいろいろなことも変わる。

（武田邦彦『君が地球を守る必要はありません』
ただし、出題の都合上、改変した部分がある。）

問一 ［A］について、次のI・IIに答えなさい。

I ［A］にあてはまる言葉として最も適当なものを次の中から選び、番号で答えなさい。

1 だから　2 そして　3 でも　4 すると

2　高瀬舟《たかせぶね》は京都の高瀬川を上下する小舟である。徳川時代に京都の罪人《ざいにん》が遠島を申し渡されると、本人の親類が牢屋敷《ろうやしき》へ呼び出されて、そこで暇乞《いとまご》いをすることを許《ゆる》された。

3　ゴーシュは町の活動写真館でセロを弾《ひ》く係りでした。けれどもあんまり上手でないという評判でした。上手でないどころではなく実は仲間の楽手《がくしゅ》のなかではいちばん下手《へた》でしたから、いつでも楽長にいじめられるのでした。

4　或春《あるはる》の日暮《ひぐれ》です。

唐の都洛陽《らくよう》の西の門の下に、ぼんやり空を仰《あお》いでいる、一人の若者がありました。

若者は名を杜子春《とししゅん》といって、元は金持の息子でしたが、今は財産を費《つか》い尽《つく》して、その日の暮しにも困る位、憐《あわれ》な身分になっているのです。

5　ある日、しょうねんたんていだんのぽけっと小ぞうは、ひとりで、さびしいのはらをあるいていました。ぽけっと小ぞうは、小がっこう四ねんせいですが、ようちえんのせいとみたいにからだが小さくて、ぽけっとにでもはいりそうだというので、こんなあだながついているのです。

ア　芥川龍之介　　イ　江戸川乱歩　　ウ　夏目漱石

エ　宮沢賢治　　オ　森　鷗外

四　次の文章を読んで、あとの問いに答えなさい。

地球に人間が増《ふ》えすぎて、将来の問題になる、と２００年以上前に警告《けいこく》したのはイギリスのマルサスという経済学者だった。その時の世界の人口はわずか10億人強だったと推定されているから、現在の70億人に比較すると、７分の１ぐらいだ。

マルサスの警告は注目されたのだけれど、まだまだ世界は人口密度が低かったので、すぐには問題にならなかった。だから、１２０年ぐらい経《た》つと、世界人口は15億人を超《こ》えて、みんな心配になってきた。そこで、国際連盟（今は国際連合という組織になっている）は、グールドという研究者が中心になって、「将来の世界人口を予測する」というプロジェクトを作って、予想をすることにした。

予測の細かいことは別にして、「世界人口は、このまま急増を続け、１９５０年までに26億５０００万人に達するだろう。そしてその数を頂点にして人口は減少に転じるだろう」と報告したのだ。

[A]、実際はまったく予測とは違い、すでに現在の世界人口は60億人を超えている。国際連盟の予測は「地球の人口が最大になったとき26億５０００万人」というのだから、

二〇二二年度 佐野日本大学中等教育学校

【国語】〈第一回試験〉（五〇分）〈満点：一〇〇点〉

一 次の各文の――部について、１～５のカタカナは漢字に直し、６～10は読み方をひらがなで書きなさい。

1 セキニンのある仕事。
2 セイケツな室内。
3 ヒガンの優勝をとげる。
4 安全な場所へミチビく。
5 お城をキズく。
6 先生に質問する。
7 身分の証明をする。
8 史実にもとづいた本。
9 医者を志す。
10 欠くことのできない人。

二 次のことわざ・慣用句として正しいものには〇、まちがっているものには×を解答らんに書きなさい。

1 的を射る
2 天下の宝刀
3 一石を投じる
4 木が熟す
5 手応えがある
6 熱にうなされる
7 一つ返事
8 人の身になる
9 舌先三寸
10 間がさす

三 次の１～５の文章の作者をあとからそれぞれ選び、記号で答えなさい。

1 吾輩《わがはい》は猫である。名前はまだ無《な》い。
どこで生《う》まれたかとんと見当がつかぬ。何でも薄暗《うすぐら》いじめじめした所でニャーニャー泣いていた事だけは記憶している。

2022年度
佐野日本大学中等教育学校 ▶解説と解答

算　数　＜第１回試験＞（50分）＜満点：100点＞

解　答

1 (1) $\frac{5}{16}$　(2) 47：12　(3) $1\frac{13}{24}$　(4) $\frac{2}{3}$　(5) $1\frac{8}{9}$　(6) 5.1　(7) 3.5　(8) 21　(9) 7　(10) $\frac{4}{5}$　2 (1) 12.4　(2) 10　(3) 142857　(4) $\frac{1}{3}$　(5) $7\frac{1}{3}$
3 (1) 3：5　(2) 420m　(3) 94点　(4) ②，④　(5) 20cm^2　4 (1) 15　(2) 22　(3) ○○×○○　(4) ×○○×○　5 (1) 128cm^3　(2) 6通り　(3) 36通り　(4) 6個

解　説

1 分数の性質，比，四則計算，逆算

(1) 2つの数の積が1になるとき，一方の数をもう一方の数の逆数という。真分数や仮分数では，分母と分子を入れかえた数が逆数になるので，$3\frac{1}{5}=\frac{16}{5}$より，$3\frac{1}{5}$の逆数は$\frac{5}{16}$である。

(2) 235：60＝(235÷5)：(60÷5)＝47：12

(3) $\frac{1}{6}+1\frac{3}{8}=\frac{4}{24}+1\frac{9}{24}=1\frac{13}{24}$

(4) $\frac{3}{2}-\frac{5}{6}=\frac{9}{6}-\frac{5}{6}=\frac{4}{6}=\frac{2}{3}$

(5) $1\frac{5}{12}\times\frac{4}{3}=\frac{17}{12}\times\frac{4}{3}=\frac{17}{9}=1\frac{8}{9}$

(6) □−3.14＝1.96より，□＝1.96＋3.14＝5.1

(7) 割られる数と割る数ともに10倍しても答えはかわらないので，2.8÷0.8＝28÷8＝3.5

(8) $\frac{10}{\square}\div\frac{5}{6}=\frac{4}{7}$より，$\frac{10}{\square}=\frac{4}{7}\times\frac{5}{6}=\frac{10}{21}$　よって，□＝21

(9) $2\frac{\square}{10}+\frac{1}{6}=2\frac{13}{15}$より，$2\frac{\square}{10}=2\frac{13}{15}-\frac{1}{6}=2\frac{26}{30}-\frac{5}{30}=2\frac{21}{30}=2\frac{7}{10}$　よって，□＝7

(10) $13-\frac{61}{5}=\frac{65}{5}-\frac{61}{5}=\frac{4}{5}$

2 四則計算

(1) 11.16÷0.9＝111.6÷9＝12.4

(2) 57−(5＋6×7)＝57−(5＋42)＝57−47＝10

(3) (12345×81＋54)÷7＝(999945＋54)÷7＝999999÷7＝142857

(4) $\left\{\left(3\frac{5}{7}-\frac{8}{3}\right)\div\frac{11}{14}+3\right\}\div13=\left\{\left(\frac{26}{7}-\frac{8}{3}\right)\div\frac{11}{14}+3\right\}\div13=\left\{\left(\frac{78}{21}-\frac{56}{21}\right)\div\frac{11}{14}+3\right\}\div13=\left(\frac{22}{21}\times\frac{14}{11}+3\right)\div13=\left(\frac{4}{3}+\frac{9}{3}\right)\div13=\frac{13}{3}\times\frac{1}{13}=\frac{1}{3}$

(5) $\left(1-\frac{1}{2}+\frac{1}{4}-\frac{1}{8}+\frac{1}{16}\right)\times10\frac{2}{3}=\left(\frac{16}{16}-\frac{8}{16}+\frac{4}{16}-\frac{2}{16}+\frac{1}{16}\right)\times\frac{32}{3}=\frac{11}{16}\times\frac{32}{3}=\frac{22}{3}=7\frac{1}{3}$

3 面積の比，速さ，つるかめ算，平均とのべ，反比例，面積

(1) 下の図1で，黒い部分は，1辺8cmの正方形1個と，1辺2cmの正方形6個（図1のア〜カ）と，1辺1cmの正方形8個（太線部分の内側）だから，黒い部分の面積の合計Sは，8×8＋(2×

２)×６＋(１×１)×８＝64＋24＋８＝96(cm^2)である。また，１辺16cmの正方形の面積は，16×16＝256(cm^2)なので，白い部分の面積の合計Tは，256－96＝160(cm^2)となる。よって，S：T＝96：160＝３：５とわかる。

図１

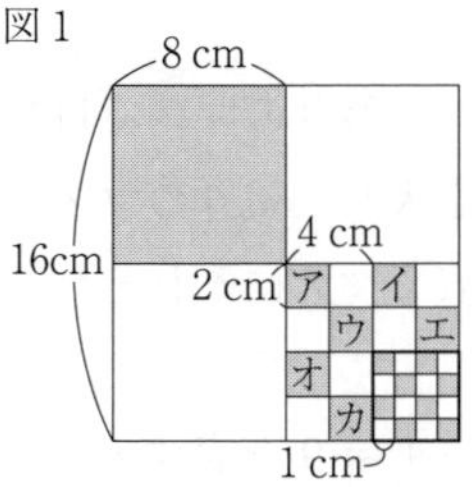

図２

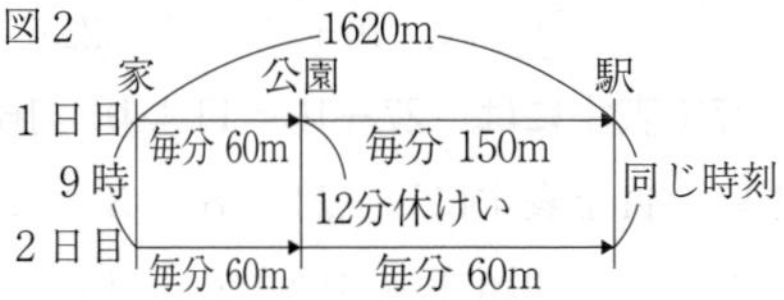

⑵　１日目と２日目に進んだようすは上の図２のように表せる。どちらの日も同じ時刻に出発し，同じ時刻に駅に着いたので，家から駅までかかった時間は同じであり，２日目は家から駅まで，1620÷60＝27(分)かかったから，１日目は休けいした時間もふくめて27分かかったとわかる。よって，１日目は，毎分60mと毎分150mで進んだ時間の合計が，27－12＝15(分)で，進んだ道のりが1620mということになる。もし，毎分150mで15分進んだとすると，進む道のりは，150×15＝2250(m)となり，実際進んだ道のりよりも，2250－1620＝630(m)長い。毎分150mで進むかわりに１分間だけ毎分60mで進むと，進む道のりは，150－60＝90(m)短くなるので，毎分60mで進んだ時間は，630÷90＝７(分)とわかる。よって，家から公園までの道のりは，60×７＝420(m)と求められる。

⑶　(平均)×(回数)＝(合計点)より，４回のテストの合計点は，89×４＝356(点)である。また，５回のテストの平均が90点になるためには，５回のテストの合計点が，90×５＝450(点)になればよい。よって，５回目のテストで，450－356＝94(点)とればよい。

⑷　yがxに反比例するとき，y＝(決まった数)÷xという形で表せる。①は，(正方形の面積)＝(１辺)×(１辺)より，$y＝x×x$と表せる。②は，(時間)＝(道のり)÷(速さ)より，$y＝8÷x$と表せる。③は，(代金)＝(１個の値段)×(個数)より，$y＝300×x$と表せる。④は，(底面積)×(高さ)＝(直方体の体積)より，$x×y＝125$だから，$y＝125÷x$と表せる。⑤は，(長方形の周りの長さ)＝｛(たて)＋(横)｝×２より，$(x＋y)×2＝40$だから，$x＋y＝40÷2＝20$となり，$y＝20－x$と表せる。よって，yがxに反比例しているのは，②，④である。

⑸　長方形の面積は１本の対角線で２等分されるから，右の図３で，色のついた長方形の面積は三角形ADEの面積の２倍となる。三角形ADEの面積は，台形ABCDの面積から，三角形ABEと三角形ECDの面積をひいて，(２＋５)×(２＋５)÷２－２×２÷２－５×５÷２＝24.5－２－12.5＝10(cm^2)と求められるから，色のついた長方形の面積は，10×２＝20(cm^2)とわかる。

図３

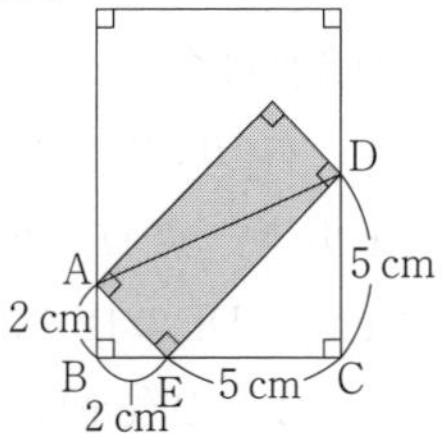

4　N進数

⑴　問題文中の図から，右の図のように，右はしのマスは１を，右から２番目のマスは２を，右から３番目のマスは４を，右から４番目のマスは８を表しており，これらを組み合わせて数を表していることがわかる。たとえば，２を表す右から２番目のマスと，１を表す右はしのマスに○

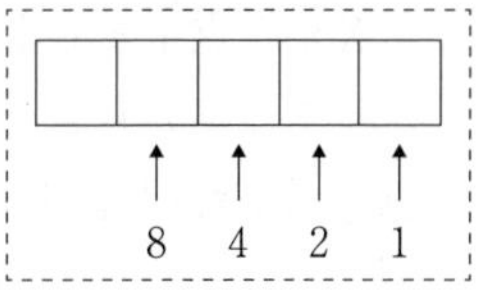

を入れると，２＋１＝３になり，４を表す右から３番目のマスと，１を表す右はしのマスに○を入れると，４＋１＝５になる。よって，×○○○○は，８＋４＋２＋１＝15を表す。

(2)　左へ１マス進むごとに数は２倍になるから，左はしのマスは，８×２＝16を表している。よって，○×○○×は，16＋４＋２＝22を表す。

(3)　27を表すには，27－16＝11より，16を表すマスに○を入れ，残りのマスで11を表すようにすればよい。11を表すには，11－８＝３より，８を表すマスに○を入れ，残りのマスで３を表すようにすればよい。問題文中の図より，３は，２を表すマスと１を表すマスにそれぞれ○を入れると，表せるから，27は，○○×○○と表される。

(4)　○×○○×は(2)より，22を表し，×○××○は，８＋１＝９を表すので，○×○○×－×○××○＝22－９＝13となる。13を表すには，13－８＝５，５－４＝１より，８を表すマス，４を表すマス，１を表すマスにそれぞれ○を入れればよいから，×○○×○となる。

5　立体図形―体積，場合の数，構成

(1)　この直方体は，たてが，２×２＝４(cm)，横が，２×４＝８(cm)，高さが，２×２＝４(cm)なので，体積は，４×８×４＝128(cm^3)である。

(2)　点Ａから点Ｂまで，立方体ブロックの辺を通って，最短で移動する道順は，下の図１の辺を通って，最短で移動する道順となる(このとき，移動する長さは，２×４＝８(cm)になる)。図１で，各交差点まで移動する最短の道順の数はそれぞれ数字で示した通りになる。たとえば，点Ｐまでの最短の道順は１通り，点Ｑまでの最短の道順は１通りなので，点Ｒまでの最短の道順は，１＋１＝２(通り)というように計算できる。よって，点Ａから点Ｂまでの最短の道順は６通りとわかる。

図１

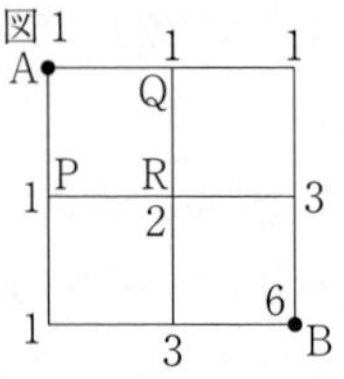

図２

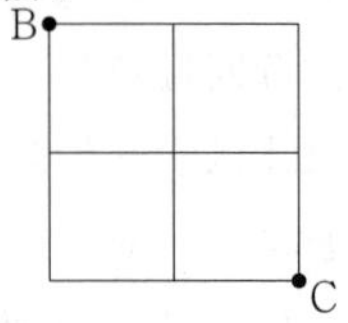

(3)　点Ｂから点Ｃまで，立方体ブロックの辺を通って，最短で移動する道順は，上の図２の辺を通って，最短で移動する道順となる。よって，その道順は，図１の場合と同様に考えて６通りとわかるから，立方体ブロックの辺を通って，点Ａから点Ｂを通り，点Ｃに最短で移動する道順は，６×６＝36(通り)と求められる。なお，このとき，移動する長さは，８＋８＝16(cm)となり，問題文の条件に合っている。

(4)　右の図３のように，立方体のブロックの辺と平行な直線を引き，点Ｄ，Ｅをとると，XDの長さは，１＋２＝３(cm)，DEの長さは，２×３＋１＝７(cm)，EYの長さは，１＋１＝２(cm)だから，点Ｙは点Ｘから，手前に３cm，左に７cm，下に２cm進んだ点とみることができる。これより，点Ｘから点Ｙまでまっすぐに通した針金上を進むとき，手前，左，下に進む長さの比は３：７：２である。よって，点Ｆ，Ｇ，Ｈ，Ｉを通る平面(面FGHIの外側もふくむ)と針金の交わる点をＭとすると，点Ｍは，点Ｘから手前に１cm，左に，$1\times\frac{7}{3}=2\frac{1}{3}$(cm)，下に，$1\times\frac{2}{3}=\frac{2}{3}$(cm)進んだところにあるから，面FGHI上にある。また，点Ｇ，Ｊ，Ｋ，

図３

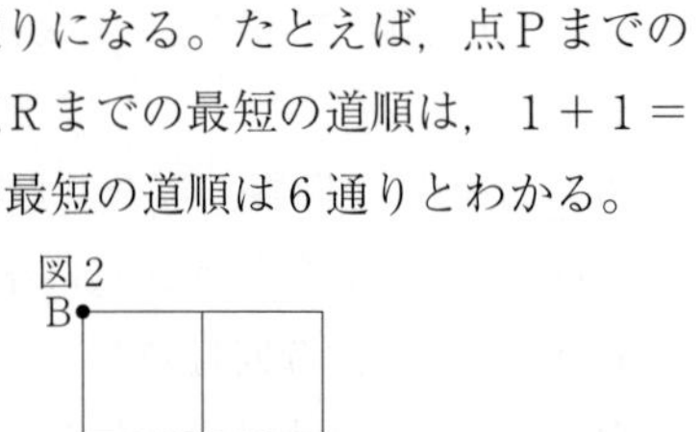

Ｈを通る平面(面GJKHの外側もふくむ)と針金の交わる点をＮとすると，点Ｎは，点Ｘから下に1cm，手前に，$1\times\frac{3}{2}=1\frac{1}{2}$(cm)，左に，$1\times\frac{7}{2}=3\frac{1}{2}$(cm)進んだところにあるから，面GJKH上にある。したがって，点Ｘから点Ｍまでは２個，点Ｍから点Ｎまでは１個，点Ｎから点Ｙまでは３個のブロックを通るから，全部で，２＋１＋３＝６(個)のブロックを通る。

社 会 ＜第１回試験＞（理科と合わせて50分）＜満点：50点＞

解 答

1 **問１** (例) 大名に自分の藩と江戸の間を１年おきに行き来させた制度 **問２** ア **問３** イ **問４** 殖産興業 **問５** ワカタケル大王 **問６** ウ **2** **問１** ウ **問２** イ **問３** イ **問４** 産業の空洞化 **問５** エ **問６** ウ **問７** 持続可能 **3** **問１** 中国 **問２** 吉野ヶ里遺跡 **問３** 調 **問４** (例) 将軍が御家人(武士)たちの領地を保護し，手がらをたてれば新たに領地をあたえ，それに対して御家人は将軍のためにいくさにかけつけるという関係。 **問５** 刀狩令 **問６** ア **問７** ユネスコ **4** **問１** ① エ ② イ ③ ウ ④ ア **問２** 選挙 **問３** ウ **問４** 三権分立 **問５** **選んだ権力** (例) 立法権 **選んだ理由** (例) 立法権を持つ国会は主権者である国民によって選ばれる国会議員によって構成されるから。

解 説

1 関東地方４県にゆかりの深い人物や建造物などを題材にした問題

問１ 徳川家光は江戸幕府を開いた家康の孫で，３代将軍に就任すると，大名の参勤交代を制度化した。これは大名を１年おきに江戸と領地を往復させる制度で，大名の妻子は人質として江戸に住まわせ，大名の経済力を弱めることで，幕府に反抗できないようにした。

問２ 内閣総理大臣は国会の指名で選ばれるが，その指名には「衆議院の優越」の原則が適用されるため，衆議院の指名が優先される。よって，アがあてはまらない。

問３ 火山の噴火による被害は，火山岩の落下や降灰・火山ガス，溶岩流，空が噴煙におおわれることによる冷害などである。また，火口が落ちくぼんでできた地形をカルデラという。日でりは降水量が少ないことによるので，イがあてはまらない。

問４ 明治政府は富国強兵政策の一環として，産業の振興を目指し，全国各地に政府が出資する官営工場を設立した。これを「殖産興業」という。

問５ 埼玉県の稲荷山古墳《いなりやまこふん》は墳丘全長120mの前方後円墳で，「ワカタケル」と記された鉄剣が出土している。ワカタケルは５世紀後半に在位した雄略《ゆうりゃく》天皇と推定され，熊本県の江田船山古墳から出土した鉄刀にも同様の名前が記されていることから，少なくとも５世紀末までに大和政権の支配が九州から関東に及んでいたことがわかる。

問６ 茨城県のピーマンの生産量は23.8％を占め，以下宮崎・高知・鹿児島の各県が続く。なお，アのじゃがいもは北海道，イのキャベツは群馬県，エのいちごは栃木県が全国一。統計資料は『日本国勢図会』2020／21年版による(以下同じ)。

2 資源や観光，貿易についての問題

問１　日本の天然ガス(液化天然ガス)の輸入先は，オーストラリア・カタール・マレーシアなどとなっている。よって，ウがあてはまる。なお，アは石油(原油)，イは石炭，エは木材。

問２　製鉄の原料となる石灰石は自給できるが，鉄鉱石と石炭はほとんど外国からの輸入でまかなっている。よって，イがあてはまらない。

問３　グラフの「鉄鋼」において，1970年の割合は15％であったが，2016年は４％しかない。しかし，輸出額は1970年が(7.0兆円×0.15＝)1.05兆円なのに対し，2016年が(70.0兆円×0.04＝)2.8兆円である。よって，イが正しい。なお，アについて，輸出品の内わけに「その他」をのぞきエネルギー資源の項目はない。ウの工業製品の内わけの割合に10％をこえる変化は多く見られる。エの自動車の輸出額は増加している。

問４　日本の企業が海外に生産拠点を移すと，国内の産業がおとろえ，雇用も減ることになる。こうした現象を「産業の空洞化」という。

問５　タブレット型コンピューターが普及し始めたのは2010年ごろからで，2018年には普及率が40％ほどになっている。よって，エがあてはまる。なお，アは携帯電話・PHS，イはパソコン，ウはスマートフォン。

問６　「四大公害病」のうち，水俣病は熊本県水俣市を中心に発生し，原因物質は有機水銀である。よって，ウが正しい。アの新潟水俣病は原因が水俣病と同じで，新潟県の阿賀野川流域で発生した。イの四日市ぜんそくは亜硫酸ガスが原因で，三重県四日市市で発生した。エのイタイイタイ病は原因がカドミウムで，富山県の神通川流域で発生した。

問７　SDGsは2015年９月の国連サミットで採択された「持続可能な開発目標」のことで，2016年から2030年までに達成すべき17の目標をかかげている。

3　米づくりの歩みを題材にした問題

問１　米づくりの始まりは今から約１万年前にさかのぼり，中国南部の長江《ちょうこう》流域だと考えられている。大陸や朝鮮半島から日本へ米づくりが伝来したのは約2700年前の縄文時代終わりころと考えられている。

問２　吉野ヶ里《よしのがり》遺跡(佐賀県)は弥生時代の環濠《かんごう》集落の跡で，外敵の侵入を防ぐため，集落の周りを濠《ほり》や柵《さく》で囲み，物見やぐらも備えていたという。

問３　律令制度の下で，農民は租庸調《そようちょう》という税を納めていたが，このうち「調」は地方の特産物を都に納める税であった。なお，「租」は稲の３％を地方の役所に納める税，「庸」は都での労役の代納物で調と同じように都に納めた。

問４　鎌倉時代，幕府(将軍)と御家人とは「ご恩と奉公《ほうこう》」の主従関係で結ばれ(封建《ほうけん》制度)，幕府は御家人の領地を保護し，手がらがあれば新たに領地を与えた(ご恩)。一方，御家人は「いざ鎌倉」という緊急事態《きんきゅうじたい》に際し，幕府のために命がけで戦った(奉公)。

問５　豊臣秀吉《とよとみひでよし》は1590年に全国統一を果たし，検地(太閤《たいこう》検地)と刀狩を行い，封建的支配体制を再編した。命令は「刀狩令」で，農民から武器を没収《ぼっしゅう》して一揆《いっき》を未然に防ぎ，武士と農民の身分を固定する「兵農分離《へいのうぶんり》」を進めた。

問６　太平洋戦争の敗戦後，日本は連合国に占領され，GHQ(連合国軍総司令部)の指令により民主化政策が行われた。このうち「農地改革」では，地主の土地を制限して土地を持たない小作農に安く払い下げ，土地を持つ多くの自作農を創出した。なお，イの解放令(身分解放令)は1871年，ウの地租改正は1873年で，いずれも明治政府の政策。エの検地は室町時代の戦国大名が農民から年貢を取りたてるために，田畑の面積や収穫高を調べること。

問７　ユネスコ（国連教育科学文化機関）は国連の専門機関の一つで，教育・科学・文化などの分野での国際協力を進め，世界平和に貢献することを目的としている。世界遺産や無形文化遺産の登録などの活動も行っている。

4　三権分立についての問題

問１　①　国会（立法府）は内閣（行政府）に対し，国会議員の中から内閣総理大臣を指名したり，内閣不信任案（信任案）を議決したりする。　②　一方，内閣は国会に対し，衆議院の解散を決めたり，国会の召集を決めたりする。　③　国会は裁判所（司法府）に対し，訴追を受けた裁判官が適任かどうか裁判をする（弾劾《だんがい》裁判）。一方，裁判所は国会に対し，国会が制定した法律が憲法に違反していないかどうか審査する（違憲立法審査権《いけんりっぽうしんさけん》）。　④　内閣は裁判所に対し，最高裁判所長官を指名し，その他の裁判官を任命する。一方，裁判所は内閣に対し，内閣が定めた政令・命令や行政処分などの違憲審査をする。

問２　主権（政治を決める最高権力）を持つ国民は，国会の代表者（国会議員）を選挙によって選ぶことができる。

問３　憲法改正の発議（提案すること）は，国会の権限である。よって，ウがあてはまらない。

問４　権力の集中による独裁（専制）政治を防ぐため，立法（法律を作ること）・行政（法律を行うこと）・司法（法律を守ること）の三権をそれぞれ別の機関が担当し，行き過ぎのないように抑《おさ》え合うしくみを「三権分立」という。このしくみは，18世紀のフランスの思想家モンテスキューがその著書『法の精神』で初めて提唱した。

問５　国会は主権者である国民の代表者で構成されており，日本国憲法も第41条で国会を「国権の最高機関」と位置づけているので，国会が最も重要な国の機関といえる。ただし，法律が内閣によって正しく行われ，また法律が裁判所によってしっかり守られなければ，法律を作る国会の機能もそこなわれる。その意味で，国会・内閣・裁判所がそれぞれその仕事を行うことで，国が運営され，国民の生活も守られるのである。

理　科　＜第１回試験＞（社会と合わせて50分）＜満点：50点＞

解　答

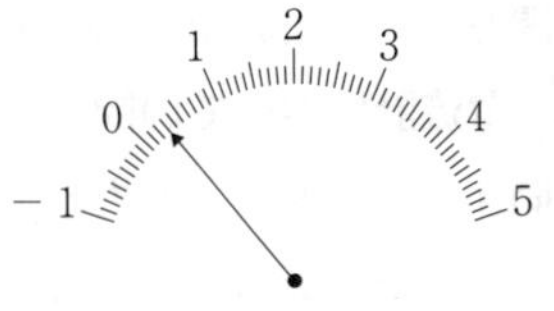

1　**問１**　㋓　**問２**　㋒　**問３**　㋓　**問４**　㋐，㋓　**問５**　60kg　**2**　**問１**　（例）　直進する性質。　**問２**　（例）　太陽が高い位置にあるから。　**問３**　（例）　東から南を通って西へ移動していく。　**3**　**問１**　×　**問２**　×　**問３**　×　**問４**　×　**問５**　×　**4**　**問１**　㋑，㋒　**問２**　右上の図　**問３**　㋑，㋒　**5**　**問１**　発芽　**問２**　子葉　**問３**　（例）　太陽の光がたくさん当たるようになったので，たくさん光合成できたから。　**問４**　（例）　葉やくきが茶色くなってきて，実が大きくなってきた。　**問５**　種子　**問６**　（例）　おしべの花粉がめしべについて，実ができ，その実の中に種子ができる。

解　説

1　日本の天気についての問題

問１　日本の上空には１年中偏西風《へんせいふう》とよばれる強い西風がふいているので，ふつう雲は西から東へ移動する。資料㋓について，１日目に九州地方をおおっていた雲は，問題文中の雲画像のように，２日目に中国・四国地方をおおい，３日目に中部・関東地方をおおっているようすが読み取れる。

問２　資料㋐は春（４月），資料㋑は夏（７月），資料㋒は冬（１月），資料㋓は秋（10月）の雲画像である。日本海側の金沢，新潟の降水量が多く，太平洋側の東京，名古屋の降水量が少ないのは，日本海側が雲でおおわれている資料㋒の時期で，日本海側に雨や雪が降っていると考えられる。

問３　資料㋑の時期は，夏（７月）なので比較的あたたかいが，佐野市のある関東地方は夕方から雷や強い雨になる日が多かったことから，昼過ぎから雲におおわれ，グラフ㋓のように気温が上昇しなくなったと考えられる。

問４　積らん雲，らん層雲のように，「らん（乱）」という字をふくむ雲は雨を降らせる。

問５　２時間の降水量は，30×２＝60(mm)である。また，たて１m，横１mのプールの底面積は，１m＝100cmより，100×100＝10000(cm^3)である。60mm＝６cmより，２時間でプールにたまった雨の量は，10000×６＝60000(cm^3)で，雨水60000cm^3の重さは，60000g＝60kgである。

2　太陽と影《かげ》の動きについての問題

問１　光は直進する性質があり，光が木にさえぎられたあと，木の後ろにまわりこまないので，木の影ができる。

問２　太陽の高さが高くなるほど，棒《ぼう》の影の長さが短くなる。正午ごろに太陽の高さが最も高くなるので，午前10時，正午，午後２時の３回のうち真ん中の正午ごろの影の長さが最も短くなる。

問３　太陽は，東の地平線からのぼり，南の空高くを通って，西の地平線にしずむので，棒の影は西から，北に移動したあと，東に移動していく。

3　理科の実験についての問題

問１　コートのように，すそが長い服を着て実験を行うと，服に薬品がついたり，火が引火したりするおそれがある。

問２　自分のめがねの上から保護めがねをかけて実験を行う。

問３　ガスボンベをふって，中身のガスが残っているかを確かめる動作は正しいが，ガスボンベをたたいてはいけない。

問４　メスシリンダーで液の体積を読み取るときは，液面の一番低い所を真横から読み取る。

問５　ろ紙を水でしめらせて，ろ紙とろうとをくっつける。

4　電流計についての問題

問１　針《はり》が左にふれた状態から右にふれるようにするには，㋑のようにコイルのまわりに置いた磁《じ》石《しゃく》の極を反対にするか，㋒のようにコイルに流れる電流を反対にすればよい。

問２　乾電池《かんでんち》を１個つないだ状態から，乾電池を２個並列につないでも，コイルに流れる電流の大きさは変わらないので，針のふれる大きさも変わらない。問題文中の図２では，左に３目《め》盛《も》り分ふれているので，針が右にふれるようにしてから乾電池を２個並列につなぐと，右に３目盛り分ふれる。

問３　より大きく針がふれる電流計にするには，㋑のようにコイルに流れる電流を大きくするか，

㋒のようにコイルの巻き数を多くすればよい。また，より強い磁石に変えても，より大きく針がふれるようになる。

5　植物の発芽や成長についての問題

問１　種子から芽が出ることを発芽という。

問２　種子からはじめに出る葉を子葉という。

問３　夏になると，昼の長さが長くなり，太陽の光が葉に当たる時間が長くなるので，さかんに光合成を行うようになる。

問４　秋になると，葉やくきが茶色くなってきて，緑色の実が大きくなっていく。冬になると，くきや葉がかれてさらに茶色くなり，実も茶色くなっていく。

問５　冬にできる茶色い実の中には，多数の種子が入っている。

問６　お花にあるおしべでつくられた花粉が，め花のめしべにつくことを受粉という。受粉が起こると，め花のめしべの根もとにある子房《しぼう》が成長して実になり，実の中には種子ができる。

国　語　＜第１回試験＞（50分）＜満点：100点＞

解　答

一　**1～5**　下記を参照のこと。　**6**　しつもん　**7**　しょうめい　**8**　しじつ　**9**　こころざ(す)　**10**　か(く)　二　**1**　○　**2**　×　**3**　○　**4**　×　**5**　○　**6**　×　**7**　×　**8**　○　**9**　○　**10**　×　三　**1**　ウ　**2**　オ　**3**　エ　**4**　ア　**5**　イ　四　**問１**　Ⅰ　3　Ⅱ　**ア**　2　**イ**　1　**ウ**　4　**問２**　Ⅰ　4　Ⅱ　**ア**　3　**イ**　4　**ウ**　1　**問３**　Ⅰ…なかった。，Ⅱ…1／Ⅰ…ずはない。，Ⅱ…6　**問４**　（例）　ミュラーが害虫にだけ効き，人間には無害な新しい殺虫剤を研究していた時点。　五　**問１**　（例）　早弥がコントロールが悪くなり，自分の射る矢が思うところに飛んでいかないから。　**問２**　1　**問３**　むやみに顔を動かすと，涙が出そう（だから。）　**問４**　自分ひとり　**問５**　1　**問６**　Ⅰ　（例）　早弥の握卵がきちんとできていること。　Ⅱ　2　**問７**　4　六　**問１**　口語自由詩　**問２**　**1**　イ　**2**　エ　**3**　カ　**4**　ア　**5**　オ　**問３**　4　**問４**　胸　**問５**　2

●漢字の書き取り

一　**1**　責任　**2**　清潔　**3**　悲願　**4**　導(く)　**5**　築(く)

解　説

一　漢字の書き取りと読み

1　引き受けて最後まで行うべき義務や任務。仕事や任務の結果に対して批判や追及《ついきゅう》を負うこと。　**2**　よごれがなくきれいなこと。　**3**　成しとげようという強い願い。　**4**　音読みは「ドウ」で，「指導」などの熟語がある。　**5**　音読みは「チク」で，「建築」などの熟語がある。　**6**　わからないところや知りたい点などを聞くこと。　**7**　何らかのことがら，判断，理由などの真偽《しんぎ》を明らかにすること。　**8**　歴史上の事実。　**9**　音読みは「シ」で，「志望」などの熟語がある。訓読みはほかに「こころざし」などがある。　**10**　音読みは「ケツ」で，

「欠席」などの熟語がある。

二 ことわざ・慣用句の正誤

1 「的を射る」は，矢や弾《たま》を的に向かって放つ，放った矢や弾が的に命中する意味。転じて，的確に要点をとらえることを表す。　**2** 「伝家の宝刀」が正しい。「伝家の宝刀」は，家宝として伝わっている名刀。転じて，いざというときに使う物，手段，切り札を表す。　**3** 「一石を投じる」は，水に石を投げこめば波紋《はもん》が広がることから，新たな問題や意見を提示して反響《はんきょう》をよぶことを表す。　**4** 「機が熟す」が正しい。「機が熟す」は，事を始めるのによい時期になること。　**5** 「手応え」は，物をたたいたり切ったりしたとき手に返ってくる快い抵抗《ていこう》感。そこから，働きかけに対する好ましい反応，確かな反応をいう。　**6** 「熱に浮《う》かされる」が正しい。「熱に浮かされる」は，高熱のせいでうわごとを言うこと，我を忘れて熱中すること。　**7** 「二つ返事」が正しい。「二つ返事」は，すぐに「はい，はい」と気持ちよく承知すること。　**8** 「人の身になる」は，相手の立場で考えたり配慮《はいりょ》したりする意味。　**9** 「舌先三寸」は，上辺だけで実のない言葉。　**10** 「魔《ま》がさす」が正しい。「魔がさす」は，心の中に悪魔が入ったように，よくない気持ちが起きること。

三 文学作品と作者

1 『吾輩《わがはい》は猫《ねこ》である』の冒頭《ぼうとう》で，作者は夏目漱石《なつめそうせき》。夏目漱石の作品には，ほかに『坊《ぼ》っちゃん』などがある。　**2** 『高瀬舟《たかせぶね》』の冒頭で，作者は森鷗外《もりおうがい》。森鷗外の作品には，ほかに『舞姫《まいひめ》』などがある。　**3** 『セロ弾《ひ》きのゴーシュ』の冒頭で，作者は宮沢賢治《みやざわけんじ》。宮沢賢治の作品には，ほかに『銀河鉄道の夜』『注文の多い料理店』などがある。　**4** 『杜子春《とししゅん》』の冒頭で，作者は芥《あくた》川龍之介《がわりゅうのすけ》。芥川龍之介の作品には，ほかに『蜘蛛《くも》の糸』などがある。　**5** 『怪人二十面相《かいじんにじゅうめんそう》』の冒頭で，作者は江戸川乱歩《えどがわらんぽ》。江戸川乱歩の作品には，ほかに『少年探偵団』などがある。

四 出典は武田邦彦《たけだくにひこ》の『君が地球を守る必要はありません』による。国際連盟による「将来の世界人口を予測する」プロジェクトを例にあげて，人間の頭脳が将来を予測できない理由を説明する。

問１　Ⅰ　前では，1932年に世界人口を予測するプロジェクトは「1950年までに26億5000万人に達する……その数を頂点にして人口は減少に転じる」と結論づけたと述べられている。後には，「実際はまったく予測とは違い」，現在の人口は60億人を超《こ》えているとある。よって，前の内容に反する内容が後に続いているのだから，「でも」が合う。　Ⅱ　**ア**　「でも」や「だから」などは，その前後の言葉や内容の関係を表す「接続詞」である。　**イ**　人口予測を現実の人口が大幅に超《こ》えているので「かなり違う」といえる。　**ウ**　空らんＡの前後を読み，前の部分と後の部分の関係がわかったので，ふさわしい接続詞を「選択肢《せんたくし》」から選ぶ。

問２　Ⅰ　グールドの試算が外れたのは，「新しい殺虫剤《さっちゅうざい》が発明されて，農作物の生産量が飛躍的《ひやくてき》に上がる」未来を予想できなかったことによる。つまり，「新しいことを発見したり，新しい社会」になったりすることを頭に入れていないと未来予想は「100％間違う」のである。　Ⅱ　**ア**　Ⅰでみたように，Ｂには，人間による「未来予想」は「100％間違う」ことの理由が入る。　**イ**　直後に，未来の新しい発見を予見できず，予想が外れた事例をあげている。つまり，「自分の頭にある」ものだけで判断すると「間違う」のである。　**ウ**　予測が外れたのは，「新しい殺虫剤が発明」される未来を「予想できなかったから」なので，１が合う。

問３　第２段落の「だから」は文脈に合わない。前に，「マルサスの警告」は「問題にならなかった」とあり，後に，120年ほど経って「心配になってきた」とあるのだから，「しかし」が合う。また，第10段落の「しかし」も合わない。前の段落に，グールドは研究段階の殺虫剤を知らなかったと述べてある。これは，新しい発明を人口「予想には入れられな」かった理由なので，前の内容が後の内容の理由であることを示す「だから」が適する。

問４　前の段落で説明している。グールドは，ミュラーが「害虫には毒になり，人間には毒ではない」という「新しい殺虫剤」を研究していた時点を，知らないのである。

五 **出典はまはら三桃《みと》の『たまごを持つように』による。**弓道の，これから続く大きな試合を前に，大前を務める早弥《さや》は調子をくずしていたが，久しぶりに訪れた坂口先生がアドバイスをしてくれる。

問１　これより前に，早弥の立場とあせりが描いてある。団体戦で「大前」をになう早弥は，「みんなを引っ張っていかんと」と気負い，「コントロール」をくずして満足に矢を射られなくなっている。これをふまえ，試合でみんなを引っ張っていくべき立場なのに，「調子をくるわせて」いる早弥が，「手ごたえのない射」，「思うところ」に飛ばない矢にあせっているからなどとまとめよう。

問２　「あざ笑う」は，ばかにして笑うこと。

問３　「いっぱいいっぱい」は，限度一杯で余裕《よゆう》がないようす。笑う余裕がないことについては，このあと「むやみに顔を動かすと，涙《なみだ》が出そうなのだ」と具体的に説明している。

問４　「うつむく」は下を向くことで，坂口先生の顔が見られない心情を読み取ろう。久しぶりに坂口先生が来てくれて，みんなに声をかけている場面である。実良《みら》には「すっかり力を取り戻しましたね」，春には「立派な落ちですね」と，成長を認める言葉をかけている。この二人に比べ，問１でもみたように早弥は調子をくずしている。その情けなさを，続く二つの文で「自分ひとりだけ，大きく立ち遅《おく》れている。先生のいない間の成長を見せることができなかった」と表現している。

問５　早弥をがんじがらめにしている，強い「思い」を読み取る。まず，問１でみた「大前」としての責任感がある。次に，冒頭の場面に着目しよう。調子の出ないまま「県大会」「九州大会」「全国大会」を「戦える」か不安なのだから，２・３・４があてはまる。みんな成長しているのに自分は立ち遅れていると，情けなく思ってはいるが，１のように，「だれよりもよい成績で勝」たなければと思っていることは読み取れない。

問６　Ⅰ　直前の会話からわかる。先生が「握卵《あくらん》もきちんとできています」と言ったのに，早弥は「そう，ですか？」と「おそるおそる」聞き返している。自分は握卵が本当にきちんとできているのかということをたずねたのだとわかる。　Ⅱ　「おそるおそる」は，恐《こわ》がってためらいながらするようす。大丈夫と言ってくれた先生に，「おそるおそる」聞き返したのだから，２の「自信がない様子」である。

問７　坂口先生が「もらっていいかしら」とつまんだのは，早弥の「握卵」用の「うずらのたまご」である。問５・問６でみたように，先生が「大丈夫」と言っても，強い責任感から早弥の不安は消えない。それを見ぬいた坂口先生は，たまごがあるほうがかえって「心が乱される」と言っている。「うずらのたまご」がなくても大丈夫だという自信が持てるように，早弥がたまごを使えないようにしたほうがよいと考えているのである。

六 **出典は川崎洋《かわさきひろし》の『ことば』。**日本のことばについて，横文字の国の人々と「私」自身の感動を歌う。

問１　口語を使い，自由な音数で表現しているので，口語自由詩である。

問２　「横文字」は，主に西洋の文字や文章を指す。　**１**　英語の表記には，「アルファベット」を使う。　**２・３**　アルファベットの文字は，音だけを表す「表音文字」で「意味」を持たない。　**４**　山や川は「漢字」である。　**５**　山や川は，ものの形をかたどった象形文字で「表意文字」だから，文字に意味がある。

問３　「ひぐれおしみ」は，「日暮れ」と「惜《お》しむ」を組み合わせた言葉。つまり，日が暮れることを残念に思うことだから，４である。

問４　直前の「胸が鳴った」に着目しよう。「胸が鳴る」は，感情が高ぶることを表す。「ひぐれおしみ」という言葉を知って，どきどきするほど感動したのだから，「人を打つことば」とは「胸」を打つもののことである。

問５　「ことば」で「感動」したり，「胸」を打たれたりするようすを描いており，２が適する。

Memo

Memo

出題ベスト10シリーズ

①国語読解ベスト10

②漢字合格の2790題

③計算合格の820題

④図形問題ベスト10

■過去の入試問題から出題例の多い問題を選んで編集・構成。受験関係者の間でも好評です！

有名中学入試問題集

●男子校編

●女子校編

■中学入試の全容をさぐる!!
■首都圏の中学を中心に、全国有名中学の最新入試問題を収録!!

※表紙は昨年度のものです。

算数の過去問25年分

■筑波大学附属駒場
■麻布
■開成

○名門３校に絶対合格したいという気持ちに応えるため過去問実績No.1の声の教育社が出した答えです。

都立中高一貫校 適性検査問題集

■都立一貫校と同じ検査形式で学べる！

●自己採点のしにくい作文には「採点ガイド」を掲載。
●保護者向けのページも充実。
●私立中学の適性検査型・思考力試験対策にもおすすめ！

当社発行物の無断使用は固くお断りいたします。御使用の前はまずご相談ください。

当社発行物には500点余の首都圏中・高過去問をはじめ、６点の学校案内、そのほかいくつかの情報誌などがございます。その多くが年度版で、限られたスタッフが来るべき受験シーズン前に余裕を持って受験生へ届けられるよう、日夜作業にあたり出版を重ねております。

その中で、最近、多くの印刷物やネット上において当社発行物からの無断使用が見受けられ、一部で係争化しているところもございます。事例といたしましては、当社の新刊発行を待ち、それを流用して毎年ネット上に新改訂として掲載していたＡ社、当社過去問から三百箇所をはぎ合わせ「自社制作につき無断転載禁止」とし、集客材としてホームページに掲載していたＢ社、当社版誌面を無断スキャンし、記述式解答は一部殆ど丸取りして動画を制作していた家庭教師グループＣ社、当社発行物の表紙を差し替え、内容を複製し配布していた塾のＤ社などほか数社がございます。

当社発行物の全部もしくは一部を無断使用することは固くお断りいたします。

当社コンテンツの中にはリーズナブルな設定でご提供している事例もたくさんございますので、ご利用されたい方はまずは、お気軽にご相談くださいますようお願いします。同時に、当社発行物を無断で使用している媒体などにつきましての情報もお寄せいただければ幸いです（呈薄謝）。

株式会社 声の教育社

スーパー過去問の 解説執筆・解答作成スタッフ（在宅）募集！

※募集要項の詳細は、10月に弊社ホームページ上に掲載します。

2025年度用
中学スーパー過去問

■編集人 声の教育社・編集部
■発行所 株式会社 声の教育社
〒162-0814 東京都新宿区新小川町8-15
☎03-5261-5061(代) FAX03-5261-5062
https://www.koenokyoikusha.co.jp

※本書の内容についての一切の責任は当社にあります。内容・解説・解答・その他は当社ホームページよりお問い合わせ下さい。

東京都／神奈川県／千葉県／埼玉県／茨城県／栃木県ほか

2025年度用
声の教育社版

中学受験案内

■全校を見開き2ページでワイドに紹介！

■中学～高校までの授業内容をはじめ部活や行事など、6年間の学校生活を凝縮！

■偏差値・併願校から学費・卒業後の進路まで、知っておきたい情報が満載！

私立・国公立353校掲載

Ⅰ 首都圏（東京・神奈川・千葉・埼玉・その他）の私立・国公立中学校の受験情報を掲載。

合格情報
近年の倍率推移・偏差値による合格分布予想グラフ・入試ホット情報ほか

学校情報
授業、施設、特色、ICT機器の活用、併設大学への内部進学状況と併設高校からの主な大学進学実績ほか

入試ガイド
募集人員、試験科目、試験日、願書受付期間、合格発表日、学費ほか

Ⅱ 資　料
(1)私立・国公立中学の合格基準一覧表（四谷大塚、首都圏模試、サピックス）
(2)主要中学早わかりマップ
(3)各校の制服カラー写真
(4)奨学金・特待生制度，帰国生受け入れ校，部活動一覧

Ⅲ 大学進学資料
(1)併設高校の主要大学合格状況一覧
(2)併設・系列大学への内部進学状況と条件

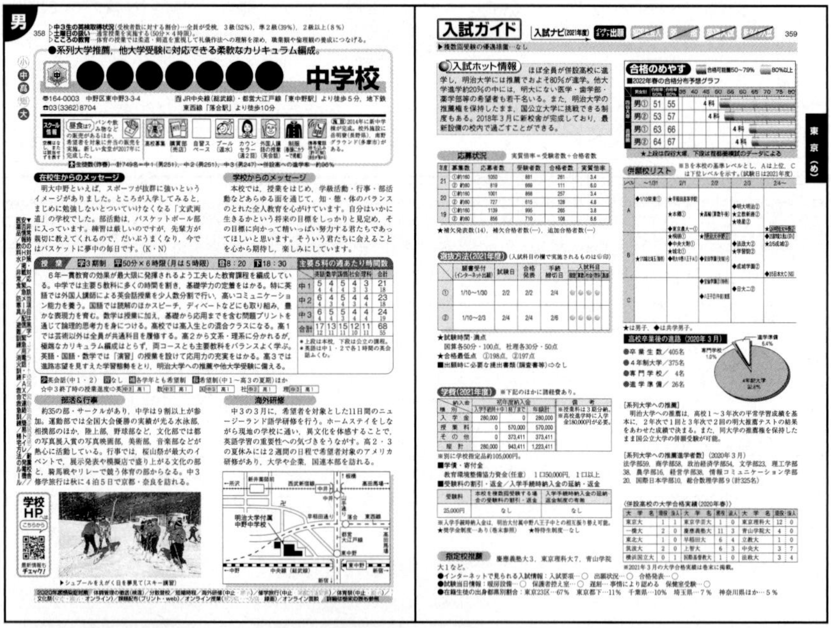

志望校・併願校を
この１冊で選ぶ！決める!!

過去問で君の夢を応援します
声の教育社
〒162-0814　東京都新宿区新小川町8-15
TEL.03-5261-5061　FAX.03-5261-5062
https://www.koenokyoikusha.co.jp

カコを追いかけ
ミライをつかめ
「今の説明、もう一回」を何度でも
web過去問
ストリーミング配信による入試問題の解説動画
もっと古いカコモンないの？
カコ過去問
「さらにカコの」過去問をHPに掲載（DL）
声の教育社
詳しくはこちらから

よくある解答用紙のご質問

01

実物のサイズにできない

拡大率にしたがってコピーすると，「解答欄」が実物大になります。配点などを含むため，用紙は実物よりも大きくなることがあります。

02

A3用紙に収まらない

拡大率164％以上の解答用紙は実物のサイズ（「出題傾向＆対策」をご覧ください）が大きいために，Ａ３に収まらない場合があります。

03

拡大率が書かれていない

複数ページにわたる解答用紙は，いずれかのページに拡大率を記載しています。どこにも表記がない場合は，正確な拡大率が不明です。

04

１ページに２つある

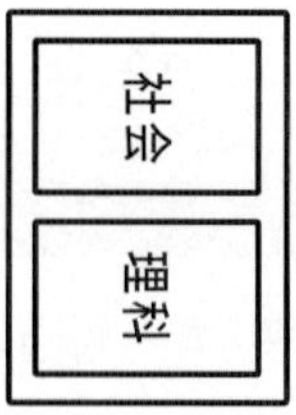

１ページに２つ解答用紙が掲載されている場合は，正確な拡大率が不明です。ほかの試験回の同じ教科をご参考になさってください。

佐野日本大学中等教育学校

つかいやすい書きこみ式

入試問題解答用紙編

禁無断転載

最近３年間収録

＊解答用紙は本体と一緒にとじてありますから、ていねいに抜きとってご使用ください。

■注意

●一部の科目の解答用紙は小社で作成しましたので、無断で転載することを禁じます。

●収録のつごうにより、一部縮小したものもあります。

●設問ごとの配点は、学校から公表されたものは〔学校配点〕、それ以外のものは〔推定配点〕と表記しています。

※ 実際の解答欄の大きさで練習するには、指定の倍率で拡大コピーしてください。なお、ページの上下に小社作成の見出しや配点を記載しているため、コピー後の用紙サイズが実物の解答用紙と異なる場合があります。

声の教育社

２０２４年度　佐野日本大学中等教育学校

算数解答用紙　第１回

番号	
氏名	

評点
／100

3

(1)	(2)	(3)
	cm	種類
(4)	(5)	
分速　m		

4

(1)	(2)	(3)
cm	度	cm^2
(4)	(5)	
cm	cm^3	

5

(1)	(2)	(3)
倍	倍	辺　上

1

(1)	(2)	(3)	(4)

(5)	(6)	(7)
(8)	(9)	(10)
個	：	g

2

(1)	(2)	(3)
個	cm	
(4)	(5)	

（注）この解答用紙は実物を縮小してあります。Ａ３用紙に156％拡大コピーすると、ほぼ実物大で使用できます。（タイトルと配点表は含みません）

〔算　数〕100点（学校配点）

1　各３点×10　2　各４点×５　3　各４点×５　4　各４点×５　5　(1)，(2)　各３点×２　(3)　４点

２０２４年度　佐野日本大学中等教育学校

社会解答用紙　第１回

番号		氏名		評点	／50

1

問1	問2
問3	問4
問5	
問6	
問7	

2

問1	問2
問3	問4
問5	問6

3

問1	
問2	問3	問4
問5	問6

4

問1	問2
問3	問4
問5	問6

（注）この解答用紙は実物を縮小してあります。Ａ３用紙に163％拡大コピーすると、ほぼ実物大で使用できます。（タイトルと配点表は含みません）

〔社　会〕50点(学校配点)

1〜4　各２点×25

２０２４年度　佐野日本大学中等教育学校

理科解答用紙　第１回

番号		氏名		評点	／50

1

問1		問2		問3	
問4	→	→	→		
問5					

2

問1		問2		問3	
問4					
問5					

3

問1	
問2	理由
問3	
問4	→ → →

4

問1		問2	
問3			
問4			

（注）この解答用紙は実物を縮小してあります。182%拡大コピーすると、ほぼ実物大で使用できます。（タイトルと配点表は含みません）

〔理　科〕50点(学校配点)

1　問１～問４　各２点×４　問５　３点　2　問１～問３　各２点×３　問４，問５　各３点×２　3　各３点×５　4　各３点×４

二〇二四年度　佐野日本大学中等教育学校

国語解答用紙　第一回

番号		氏名		評点	/100

一

1	2	3	4	5
			り	わって
6	7	8	9	10
				る

二

1	2	3	4	5
6	7	8	9	10

三

→　→　→　→

四

問一　1　2　3　4　5

問二　Ⅰ　Ⅱ

問三　1　2

五

問一

問二

問三

問四　問五

問六　一つ目　二つ目

問七　A　B　問八

六

問一　問二

問三　ポプラの葉は

けれど、「わたし」は　ということ。

問四　②　③

問五

(注) この解答用紙は実物を縮小してあります。A３用紙に163%拡大コピーすると、ほぼ実物大で使用できます。(タイトルと配点表は含みません)

〔国　語〕100点(学校配点)

一，二　各１点×20　三　各２点×５　四　問１，問２　各３点×７　問３　各２点×２　五　問１　３点　問２　２点　問３　３点　問４，問５　各２点×２　問６　各３点×２　問７　各２点×２　問８　３点　六　問１，問２　各２点×３　問３，問４　各３点×４　問５　２点

２０２４年度　佐野日本大学中等教育学校

算数解答用紙　第２回

番号		氏名	

評点
／100

1

(1)	(2)	(3)	(4)

(5)	(6)	(7)
		個

(8)	(9)	(10)
倍	：	g

2

(1)	(2)	(3)
個	cm^2	

(4)	(5)

3

(1)	(2)	(3)
円	本	分後

(4)	(5)
分	

4

(1)	(2)	(3)
cm^2	度	度

(4)	(5)
m^2	cm^3

5

(1)	(2)	(3)
	個	段目

（注）この解答用紙は実物を縮小してあります。Ａ３用紙に158％拡大コピーすると、ほぼ実物大で使用できます。（タイトルと配点表は含みません）

〔算　数〕100点（学校配点）

1　各３点×10　2　各４点×５　3　各４点×５　4　各４点×５　5　(1)，(2)　各３点×２　(3)　４点

2024年度　佐野日本大学中等教育学校

社会解答用紙　第2回

番号		氏名		評点	／50

1

問1	問2
問3	問4
問5	問6
問7	

2

問1	人物	職業	問2
問3	問4	問5	
問6	問7		

3

問1		
問2	問3	
問4	問5	問6

4

問1	問2
問3	問4
問5	問6

(注) この解答用紙は実物を縮小してあります。A３用紙に163%拡大コピーすると、ほぼ実物大で使用できます。(タイトルと配点表は含みません)

〔社　会〕50点(学校配点)

1～4　各２点×25 ＜2の問１，問２は両方正答で２点＞

２０２４年度　佐野日本大学中等教育学校

理科解答用紙　第２回

番号		氏名	

評点	/50

1

問1	
問3	
問4	mL
問5	
問2	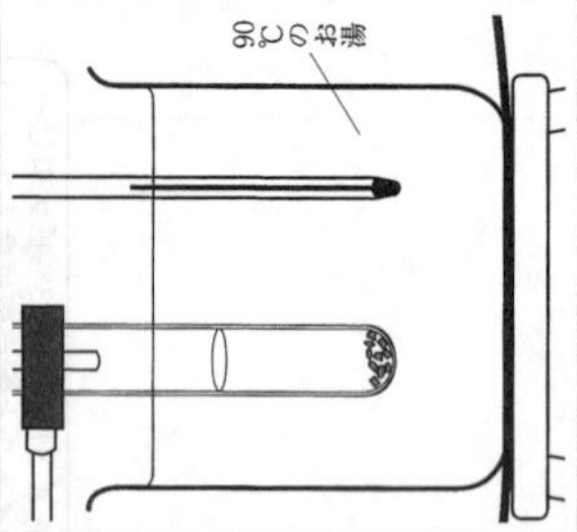

2

問1	
問2	
問3	
問4	

3

問1	
問2	
問3	
問4	

4

問1	
問2	
問3	
問4	
問5	
問6	m/時

（注）この解答用紙は実物を縮小してあります。185％拡大コピーすると、ほぼ実物大で使用できます。（タイトルと配点表は含みません）

〔理　科〕50点(学校配点)

1 問1，問2　各2点×2　問3，問4　各3点×2　問5　2点　2 各3点×4　3 問1～問3　各2点×3　問4　3点　4 問1　3点　問2　各2点×2　問3　3点　問4，問5　各2点×2　問6　3点

二〇二四年度　佐野日本大学中等教育学校

国語解答用紙　第二回

番号		氏名		評点	／100

一

1		2		3		4	す	5	りだ
6		7		8		9	む	10	む

二

1		2		3		4		5	
6		7		8		9		10	

三

1	ア		あ		2	イ		い		3	ウ		う		4	エ		え		5	オ		お	
6	カ		か		7	キ		き		8	ク		く		9	ケ		け		10	コ		こ	

四

問一		問二		問三	
問四	ア		イ		ウ
	エ		オ		カ
問五		問六 はじめ	〜	終わり	
問七					
問八	働くこと	問九			

五

問一		問二	
問三	Ⅰ		Ⅱ
問四			
問五	から。		
問六			
問七			
問八			

六

問一	A	季語		季節		B	季語		季節		C	季語		季節	
	D	季語		季節		E	季語		季節						
問二		問三		問四	1		2		3						

(注) この解答用紙は実物を縮小してあります。A3用紙に163%拡大コピーすると、ほぼ実物大で使用できます。(タイトルと配点表は含みません)

〔国　語〕100点(学校配点)

一〜三　各1点×30＜三は各々完答＞　四　問1〜問3　各2点×3　問4　各1点×6　問5　2点　問6　3点　問7　2点　問8，問9　各3点×2　五　問1，問2　各2点×2　問3〜問8　各3点×7　六　問1　各1点×10　問2〜問4　各2点×5＜問2は完答＞

２０２３年度　佐野日本大学中等教育学校

算数解答用紙　第１回

番号		氏名		評点	／100

1

(1)	(2)	(3)	(4)
	：		

(5)	(6)	(7)

(8)	(9)	(10)

2

(1)	(2)	(3)

(4)	(5)

3

(1)	(2)	(3)
	円	%

(4)	(5)
リンゴ　　個 みかん　　個	L

4

(1)	(2)	(3)
倍		度

(4)	(5)
cm^2	cm^3

5

(1)	(2)	(3)

（注）この解答用紙は実物を縮小してあります。Ａ３用紙に158％拡大コピーすると、ほぼ実物大で使用できます。（タイトルと配点表は含みません）

〔算　数〕100点(推定配点)

1　各３点×10　2　各４点×５　3　各４点×５　4　各４点×５　5　(1), (2)　各３点×２　(3)　４点

２０２３年度　佐野日本大学中等教育学校

社会解答用紙　第１回

番号		氏名	

評点	／50

1

問1	
問2	
問3	
問4	
問5	
問6	
問7	

2

問1	
問2	
問3	
問4	
問5	
問6	

3

問1	
問2	
問3	
問4	
問5	
問6	

4

問1	
問2	
問3	
問4	
問5	
問6	三つの原則のなかから選んだもの

(注) この解答用紙は実物を縮小してあります。Ａ３用紙に163％拡大コピーすると、ほぼ実物大で使用できます。(タイトルと配点表は含みません)

〔社　会〕50点(学校配点)

1～4　各２点×25

２０２３年度　佐野日本大学中等教育学校

理科解答用紙　第１回

番号		氏名		評点	／50

1

問1	
問2	
問3	
問4	

2

問1	
問2	
問3	記号　　理由
問4	
問5	

3

問1	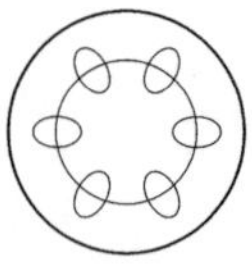
問2	
問3	
問4	

4

問1	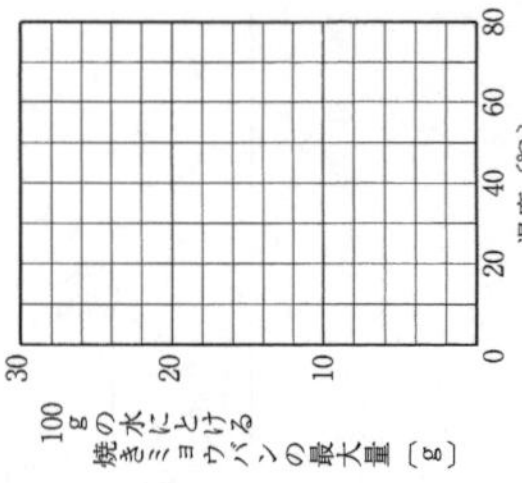
問2	g
問3	%
問4	

（注）この解答用紙は実物を縮小してあります。179%拡大コピーすると、ほぼ実物大で使用できます。（タイトルと配点表は含みません）

〔理　科〕50点(推定配点)

1　各３点×４　2　問１，問２　各３点×２　問３　各２点×２　問４，問５　各３点×２　3　問１　２点　問２～問４　各３点×３　4　問１～問３　各３点×３　問４　２点

二〇二三年度　佐野日本大学中等教育学校

国語解答用紙　第一回

番号		氏名		評点	／100

一

1		2		3		4	なう	5	る
6		7		8		9	う	10	

二

1		2		3		4		5	

三

1		2		3		4		5		6		7		8		9		10	

四

問一		
問二		
問三		
問四		
問五	Ⅰ	
	Ⅱ	から
問六		

五

問一	(1)		(2)		問二	A		B			
問三	はじめ		～	終わり		問四					
問五											
問六		問七	ア		イ						
問八											

六

問一		問二		問三		問四	A	B	C
問五									

（注）この解答用紙は実物を縮小してあります。A３用紙に163％拡大コピーすると、ほぼ実物大で使用できます。（タイトルと配点表は含みません）

〔国　語〕100点(学校配点)

一　各１点×10　二　各２点×５　三　各１点×10　四　問１，問２　各４点×２　問３　３点　問４　４点　問５　Ⅰ　３点　Ⅱ　４点　問6　３点　五　問１～問４　各２点×６　問５，問６　各３点×２　問７　各２点×２　問８　３点　六　問１　２点　問２～問５　各３点×６

２０２３年度　佐野日本大学中等教育学校

算数解答用紙　第２回

番号	氏名	評点
		／100

1

(1)	(2)	(3)	(4)
	：		

(5)	(6)	(7)

(8)	(9)	(10)

2

(1)	(2)	(3)

(4)	(5)

3

(1)	(2)	(3)
		点

(4)	(5)
円	通り

4

(1)	(2)	(3)
cm	度	cm^2

(4)	(5)
cm^2	cm^3

5

(1)	(2)	(3)
cm^2	度	cm

（注）この解答用紙は実物を縮小してあります。Ａ３用紙に158％拡大コピーすると、ほぼ実物大で使用できます。（タイトルと配点表は含みません）

〔算　数〕100点（推定配点）

1　各３点×10　2　各４点×５　3　各４点×５　4　各４点×５　5　(1)，(2)　各３点×２　(3)　４点

２０２３年度　佐野日本大学中等教育学校

社会解答用紙　第２回

番号		氏名		評点	／50

1

問1	問2	問3	問4	問5	問6	問7

2

問1	問2	問3	問4	問5	問6

3

問1 A	問1 B	問2	問3	問4	問5	問6	問7

4

問1	問2	問3	問4	問5 17の目標のうち選んだ目標の番号	問5

(注) この解答用紙は実物を縮小してあります。A３用紙に163％拡大コピーすると、ほぼ実物大で使用できます。（タイトルと配点表は含みません）

〔社　会〕50点(学校配点)

1　各２点×７　2　各２点×６　3　問１　各１点×２　問２～問７　各２点×６　4　各２点×５

２０２３年度　佐野日本大学中等教育学校

理科解答用紙　第２回

番号　　氏名　　評点　／50

1
問1　(1)　(2)水　℃　エタノール　℃　(3)
問2
問3

2
問1　問2　cm／秒
問3　問4　問5

3
問1
問2　問3　問4

4
問1
問2　佐　日　中
問3
問4　結果　理由

（注）この解答用紙は実物を縮小してあります。180％拡大コピーすると、ほぼ実物大で使用できます。（タイトルと配点表は含みません）

〔理　科〕50点（学校配点）

1　問1　(1), (2)　各2点×3　(3)　3点　問2　2点　問3　3点　2　問1　2点　問2～問4　各3点×3　問5　2点　3　問1, 問2　各3点×2　問3, 問4　各2点×2　4　問1　2点　問2　3点　問3　2点　問4　各3点×2

二〇二三年度　佐野日本大学中等教育学校

国語解答用紙　第二回

番号		氏名		評点	／100

一

1	2	3	4	5
			める	しい
6	7	8	9	10
			く	れる

二

1	2	3	4	5
6	7	8	9	10

三

1	2	3	4	5	6	7	8	9	10

四

問一	問二	問三 Ⅰ	Ⅱ ア	イ	問四
問五 Ⅰ	Ⅱ				
問六					

五

問一
問二
問三
問四
問五
問六
問七
問八
問九 A　B

六

問一	問二 ①	②	問三	問四	問五
問六	問七 1	2			

(注) この解答用紙は実物を縮小してあります。A３用紙に163%拡大コピーすると、ほぼ実物大で使用できます。(タイトルと配点表は含みません)

〔国　語〕100点(学校配点)

一～三　各１点×30　四　問１　３点　問２　２点　問３，問４　各３点×４　問５のⅠ　２点　Ⅱ　３点　問６　３点　五　問１　３点　問２　２点　問３　３点　問４　２点　問５，問６　各３点×２　問７　２点　問８　３点　問９　各２点×２　六　問１～問６　各２点×７　問７　各３点×２

２０２２年度　佐野日本大学中等教育学校

算数解答用紙　第１回

番号	
氏名	
評点	／100

1

(1)	(2)	(3)	(4)
	：		

(5)	(6)	(7)
(8)	(9)	(10)

2

(1)	(2)	(3)
(4)	(5)	

3

(1)	(2)	(3)
：	m	点
(4)	(5)	
	cm²	

4

(1)	(2)
(3)	(4)
□□□□□	□□□□□

5

(1)	(2)
cm³	通り
(3)	(4)
通り	個

（注）この解答用紙は実物を縮小してあります。Ａ３用紙に149％拡大コピーすると、ほぼ実物大で使用できます。（タイトルと配点表は含みません）

〔算　数〕100点（学校配点）

1 各３点×10　2 各３点×５　3 各３点×５　4 各５点×４　5 各５点×４

２０２２年度　佐野日本大学中等教育学校

社会解答用紙　第１回

番号		氏名		評点	／50

1

問1	
問2	
問3	
問4	
問5	
問6	大王

2

問1	
問2	
問3	
問4	
問5	
問6	
問7	

3

問1	
問2	
問3	
問4	
問5	
問6	
問7	

4

問1	①	②	③	④
問2				
問3				
問4				
問5	選んだ権力			
	選んだ理由			

(注) この解答用紙は実物を縮小してあります。A３用紙に161％拡大コピーすると、ほぼ実物大で使用できます。(タイトルと配点表は含みません)

〔社　会〕50点(学校配点)

1　各２点×６　2　各２点×７　3　各２点×７　4　各２点×５<問１，問５は完答>

２０２２年度　佐野日本大学中等教育学校

理科解答用紙　第１回

番号		氏名		評点	／50

1

問1	問2	問3
問4	問5	kg

2

問1

問2

問3

3

問1	問2	問3	問4
問5			

4

問1

問2

問3

5

問1

問2

問3

問4

問5

問6

（注）この解答用紙は実物を縮小してあります。175％拡大コピーすると、ほぼ実物大で使用できます。（タイトルと配点表は含みません）

〔理　科〕50点（学校配点）

1　問１～問４　各２点×４　問５　３点　2　問１　２点　問２，問３　各３点×２　3　各２点×５　4　問１，問２　各３点×２　問３　２点　5　問１～問５　各２点×５　問６　３点

二〇二二年度　佐野日本大学中等教育学校

国語解答用紙　第一回

番号　　氏名　　評点　／100

一
1　2　3　4 く　5 く
6　7　8　9 す　10 く

二
1　2　3　4　5　6　7　8　9　10

三
1　2　3　4　5

四
問一　I　II　ア　イ　ウ
問二　I　II　ア　イ　ウ
問三　一か所目　I　II　二か所目　I　II
問四

五
問一
問二
問三　だから。
問四　問五
問六　I　II　問七

六
問一　問二　1　2　3　4　5
問三　問四　問五

（注）この解答用紙は実物を縮小してあります。A３用紙に159％拡大コピーすると、ほぼ実物大で使用できます。（タイトルと配点表は含みません）

〔国　語〕100点(学校配点)

一 各1点×10　二 各1点×10　三 各2点×5　四 問1　I　2点　II　各1点×3　問2　I　2点　II　各1点×3　問3　各3点×4　問4　3点　五 問1　4点　問2～問7　各3点×7　六 問1～問3　各2点×7　問4，問5　各3点×2

Memo

Memo

Memo

大人に聞く前に解決できる!!

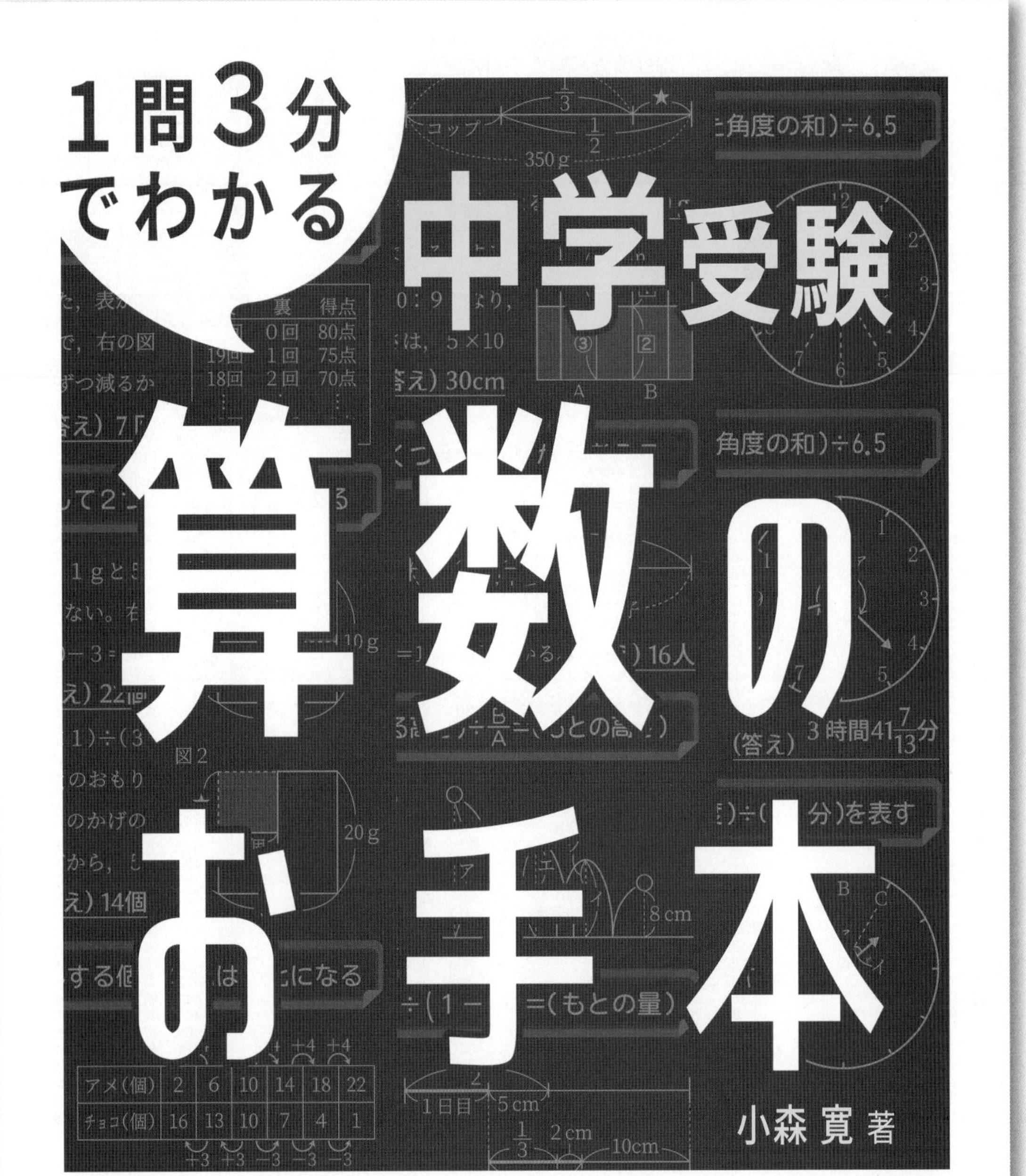

基本から応用まで全受験生対応!!

定価1980円(税込)

中学スーパー過去問　抜群の解説・解答!!　声の教育社版

合格必需品

定価2,200円～2,970円（税込）

都立中高一貫校
適性検査問題集

定価1,320円（税込）

首都圏版
中学受験案内

定価2,310円（税込）

「今の説明、もう一回」を何度でも
web過去問
ストリーミング配信による入試問題の解説動画

もっと古いカコモンないの？
中学
カコ過去問
「さらにカコの」過去問をHPに掲載（DL）

①優秀な解説・解答スタッフが執筆!!　②くわしい出題傾向分析と対策　③解答用紙が別冊、自己採点ができる!!

●東京都
ア 23 青山学院中等部
2 麻布中学校
73 足立学園中学校
51 跡見学園中学校
54 郁文館中学校
65 穎明館中学校
113 江戸川女子中学校
8 桜蔭中学校
98 桜美林中学校
76 鷗友学園女子中学校
45 大妻中学校
122 大妻多摩中学校
131 大妻中野中学校
12 お茶の水女子大附属中学校
カ 19 海城中学校
3 開成中学校
150 開智日本橋学園中学校
94 かえつ有明中学校
38 学習院中等科
20 学習院女子中等科
61 吉祥女子中学校
149 共栄学園中学校
48 暁星中学校
44 共立女子中学校
130 共立女子第二中学校
5 慶應義塾中等部
55 京華中学校
56 京華女子中学校
77 恵泉女学園中学校
71 光塩女子学院中等科
136 工学院大附属中学校
34 攻玉社中学校
91 麴町学園女子中学校
69 佼成学園中学校
97 佼成学園女子中学校
31 香蘭女学校中等科
70 国学院大久我山中学校
118 国士舘中学校
121 駒込中学校
99 駒沢学園女子中学校
4 駒場東邦中学校
サ 135 桜丘中学校
126 サレジアン国際学園中学校
79 サレジアン国際学園世田谷中学校
139 実践学園中学校
24 実践女子学園中学校
35 品川女子学院中等部
27 芝中学校
87 芝浦工業大附属中学校
95 芝国際中学校
103 渋谷教育学園渋谷中学校
40 十文字中学校
86 淑徳中学校
93 淑徳巣鴨中学校
124 順天中学校
30 頌栄女子学院中学校
117 城西大附属城西中学校
85 城北中学校
25 昭和女子大附属昭和中学校
7 女子学院中学校
90 女子聖学院中学校
127 女子美術大付属中学校
49 白百合学園中学校
41 巣鴨中学校
89 聖学院中学校
60 成蹊中学校
21 成城中学校
75 成城学園中学校
132 青稜中学校
82 世田谷学園中学校
タ 105 高輪中学校
83 玉川学園（中）
106 玉川聖学院中等部
64 多摩大附属聖ケ丘中学校
134 多摩大目黒中学校
120 中央大附属中学校
108 千代田国際中学校
11 筑波大附属中学校
1 筑波大附属駒場中学校
88 帝京中学校
151 帝京大学中学校
78 田園調布学園中等部
14 東京学芸大世田谷中学校
13 東京学芸大竹早中学校
50 東京家政学院中学校
115 東京家政大附属女子中学校
26 東京女学館中学校
100 東京成徳大中学校
160 東京大学附属中等教育学校
112 東京電機大中学校
119 東京都市大等々力中学校
80 東京都市大付属中学校
145 東京農業大第一高校中等部
59 桐朋中学校
109 桐朋女子中学校
28 東洋英和女学院中学部
58 東洋大京北中学校
33 トキワ松学園中学校
110 豊島岡女子学園中学校
53 獨協中学校
153 ドルトン東京学園中等部
ナ 128 中村中学校
133 日本工業大駒場中学校
129 日本学園中学校
92 日本大第一中学校
68 日本大第二中学校
84 日本大第三中学校
52 日本大豊山中学校
116 日本大豊山女子中学校
ハ 147 八王子学園八王子中学校
144 広尾学園中学校
152 広尾学園小石川中学校
74 富士見中学校
63 藤村女子中学校
9 雙葉中学校
32 普連土学園中学校
146 文化学園大杉並中学校
57 文京学院大女子中学校
101 文教大付属中学校
62 法政大中学校
148 宝仙学園中学校理数インター
42 本郷中学校
マ 114 三田国際学園中学校
143 明星学園中学校
46 三輪田学園中学校
16 武蔵中学校
96 武蔵野大学中学校
104 明治学院中学校
72 明治大付属中野中学校
123 明治大付属八王子中学校
43 明治大付属明治中学校
66 明星中学校（府中）
125 目黒学院中学校
22 目白研心中学校
ヤ 140 八雲学園中学校
102 安田学園中学校
29 山脇学園中学校
ラ 37 立教池袋中学校
67 立教女学院中学校
36 立正大付属立正中学校
ワ 17 早稲田中学校
18 早稲田実業学校中等部
81 早稲田大高等学院中学部
47 和洋九段女子中学校
【東京都立・区立６年制中高一貫校】
161 九段中等教育学校
162 白鷗高校附属中学校
163 両国高校附属中学校
164 小石川中等教育学校
165 桜修館中等教育学校
166 武蔵高校附属中学校
167 立川国際中等教育学校
168 大泉高校附属中学校
169 三鷹中等教育学校
170 富士高校附属中学校
171 南多摩中等教育学校
●神奈川県
320 青山学院横浜英和中学校
304 浅野中学校
301 栄光学園中学校
332 神奈川学園中学校
343 県立相模原・平塚中等教育学校
316 神奈川大附属中学校
328 鎌倉学園中学校
322 鎌倉女学院中学校
331 カリタス女子中学校
344 市立川崎高校附属中学校
314 関東学院中学校
339 公文国際学園中等部
321 慶應義塾湘南藤沢中等部
6 慶應義塾普通部
311 サレジオ学院中学校
325 自修館中等教育学校
315 湘南学園中学校
336 湘南白百合学園中学校
327 逗子開成中学校
303 聖光学院中学校
323 聖セシリア女子中学校
337 清泉女学院中学校
310 洗足学園中学校
341 中央大附属横浜中学校
335 鶴見大附属中学校
302 桐蔭学園中等教育学校
318 東海大付属相模高校中等部
317 桐光学園中学校
330 藤嶺学園藤沢中学校
306 日本女子大附属中学校
309 日本大中学校（日吉）
340 日本大藤沢中学校
10 フェリス女学院中学校
308 法政大第二中学校
347 聖園女学院中学校
312 森村学園中等部
313 山手学院中学校
342 横須賀学院中学校
307 横浜共立学園中学校
305 横浜国立大横浜・鎌倉中学校
326 横浜女学院中学校
345 市立南中学校
346 市立横浜サイエンスフロンティア中学校
324 横浜翠陵中学校
333 横浜創英中学校
319 横浜富士見丘学園中学校
329 横浜雙葉中学校
●千葉県
352 市川中学校
361 光英VERITAS中学校
355 国府台女子学院中学部
360 芝浦工業大柏中学校
354 渋谷教育学園幕張中学校
369 秀明八千代中学校
365 昭和学院中学校
362 昭和学院秀英中学校
363 西武台千葉中学校
359 専修大松戸中学校
364 千葉県立千葉・東葛飾中学校
368 千葉市立稲毛国際中等教育学校
356 千葉日本大第一中学校
357 東海大付属浦安高校中等部
351 東邦大付属東邦中学校
358 麗澤中学校
353 和洋国府台女子中学校
●埼玉県
413 浦和明の星女子中学校
418 浦和実業学園中学校
415 大妻嵐山中学校
416 大宮開成中学校
406 開智中学校
425 開智未来中学校
414 春日部共栄中学校
428 川口市立高校附属中学校
424 埼玉県立伊奈学園中学校
412 埼玉栄中学校
419 さいたま市立浦和中学校
427 さいたま市立大宮国際中等教育学校
401 埼玉大附属中学校
407 埼玉平成中学校
404 栄東中学校（A・東大Ⅰ）
426 栄東中学校（B・東大Ⅱ）
417 淑徳与野中学校
402 城西川越中学校
422 昌平中学校
411 城北埼玉中学校
403 西武学園文理中学校
405 聖望学園中学校
421 東京農業大第三高校附属中学校
410 獨協埼玉中学校
409 星野学園中学校
420 本庄東高校附属中学校
408 立教新座中学校
●茨城県
452 茨城中学校
458 茨城キリスト教学園中学校
459 茨城県立中等教育学校・中学校
451 江戸川学園取手中学校
455 常総学院中学校
454 土浦日本大中等教育学校
456 水戸英宏中学校
453 茗溪学園中学校
●栃木県
503 国学院大栃木中学校
504 作新学院中等部
501 佐野日本大中等教育学校
502 白鷗大足利中学校
●兵庫・鹿児島県
601 灘中学校
602 ラ・サール中学校
●算数の過去問25年分
701 筑波大附属駒場中学校
702 麻布中学校
703 開成中学校

声の教育社　〒162-0814 東京都新宿区新小川町8-15
https://www.koenokyoikusha.co.jp
TEL 03（5261）5061㈹　FAX 03（5261）5062